■ 高校外语教育与研究文库

《老乞大》《朴通事》研究系列之二

《老乞大谚解》谚文研究

朱炜 著

华中科技大学出版社
http://press.hust.edu.cn
中国·武汉

内 容 提 要

《老乞大》是古代朝鲜通行的汉语会话教本之一,《老乞大谚解》利用谚文(古朝鲜语)对其中的汉语进行注音和注释,真实反映了17世纪中期朝鲜语的音韵特点及标记方法。由于谚文与现代朝鲜语有较大区别,研究者认读谚文往往存在困难。本书在作者前期开发的谚译《老朴》数据库基础上,对《老乞大谚解》进行文本对照整理,用现代朝鲜语对其中的谚文逐句译注,并对重要和疑难谚文词汇进行语义解释。本书是《老乞大》《朴通事》研究系列的第二本,有助于读者认识和研究古代朝鲜语的演变过程。

图书在版编目(CIP)数据

《老乞大谚解》谚文研究 / 朱炜著. -- 武汉：华中科技大学出版社,2024.12. --（高校外语教育与研究文库）. -- ISBN 978-7-5772-1403-0

Ⅰ. H55

中国国家版本馆 CIP 数据核字第 2024H4A432 号

《老乞大谚解》谚文研究　　　　　　　　　　　　　　朱炜　著
《Laoqida Yanjie》Yanwen Yanjiu

策划编辑：	刘　平
责任编辑：	刘　平
封面设计：	廖亚萍
责任校对：	张汇娟
责任监印：	周治超

出版发行：华中科技大学出版社（中国·武汉）　　电话：（027）81321913
　　　　　武汉市东湖新技术开发区华工科技园　　邮编：430223

录　　排：	孙雅丽
印　　刷：	武汉开心印印刷有限公司
开　　本：	880mm×1230mm　1/32
印　　张：	13.375
字　　数：	357 千字
版　　次：	2024 年 12 月第 1 版第 1 次印刷
定　　价：	88.00 元

本书若有印装质量问题,请向出版社营销中心调换
全国免费服务热线：400-6679-118　竭诚为您服务
版权所有　侵权必究

目録

緒論 　　　　　　　　　　　　　　　　　　　　　　　1
　1. 朝鮮語的時期劃分 　　　　　　　　　　　　　　1
　2.《訓民正音》　　　　　　　　　　　　　　　　　2
　3. 現代朝鮮語 　　　　　　　　　　　　　　　　　7
　4.《老乞大》《朴通事》及《老乞大諺解》　　　　　8
　5.《老乞大諺解》諺文注釋所見的17世紀中期
　　朝鮮語音韻特點 　　　　　　　　　　　　　　11
　6. 專著結構 　　　　　　　　　　　　　　　　　30

第一章　結伴同行 　　　　　　　　　　　　　　　33
　1. 我從高麗王京来 　　　　　　　　　　　　　　33
　2. 我漢兒人上學文書 　　　　　　　　　　　　　39
　3. 師傅前撤簽背念書 　　　　　　　　　　　　　42
　4. 學他漢兒文書怎麽 　　　　　　　　　　　　　48
　5. 我師傅性兒温克 　　　　　　　　　　　　　　53
　6. 漢兒地面裏不慣行 　　　　　　　　　　　　　56
　7. 京裏馬價如何 　　　　　　　　　　　　　　　59
　8. 咱們今夜那裏宿去 　　　　　　　　　　　　　63
　9. 每夜喫的草料通該多少錢 　　　　　　　　　　69
　10. 到王京多少價錢賣 　　　　　　　　　　　　73

11. 前後住了多少時 　　　　　　　　　　77
12. 這三箇火伴是你親眷那 　　　　　　79

第二章　瓦店投宿 　　　　　　　　　　83
13. 那店子便是瓦店 　　　　　　　　　83
14. 這鑌刀不快 　　　　　　　　　　　87
15. 你打火那不打火 　　　　　　　　　91
16. 我是高麗人都不會炒肉 　　　　　　94
17. 咱們筭了房錢火錢着 　　　　　　　97
18. 火伴你將料撈出來 　　　　　　　101
19. 我明日五更頭早行 　　　　　　　106
20. 賊 1 　　　　　　　　　　　　　112
21. 賊 2 　　　　　　　　　　　　　115
22. 等到天明時慢慢的去怕甚麽 　　　119
23. 那裏有井 　　　　　　　　　　　122
24. 咱們輪着起來勤喂馬 　　　　　　125
25. 留一箇看房子 　　　　　　　　　127
26. 我兩箇牽馬去 　　　　　　　　　130
27. 你高麗地面裏沒井阿怎麽 　　　　133
28. 再牽將別箇的來飲 　　　　　　　136
29. 辭了主人家去來 　　　　　　　　139

第三章　進京途中 　　　　　　　　　142
30. 肚裏好生飢了 　　　　　　　　　142
31. 怎生糶與些米做飯喫 　　　　　　144
32. 你外頭還有火伴麽 　　　　　　　149
33. 好看千里客萬里要傳名 　　　　　152
34. 大哥貴姓 　　　　　　　　　　　155
35. 咱打馳馱 　　　　　　　　　　　157
36. 這裏到夏店還有十里來地 　　　　160

37. 你別處尋宿處去　　　　　　　　　　161
38. 我不是歹人　　　　　　　　　　　　164
39. 教我那裏尋宿處去　　　　　　　　　167
40. 他是高麗人　　　　　　　　　　　　171
41. 一客不犯二主　　　　　　　　　　　174
42. 今年這裏田禾不收　　　　　　　　　179
43. 又那裏將馬的草料來　　　　　　　　182
44. 你兩箇先放馬去　　　　　　　　　　186
45. 你兩箇疾快起來　　　　　　　　　　188
46. 這裏到夏店敢有三十里地　　　　　　190
47. 咱們喫些甚麼茶飯好　　　　　　　　193
48. 咱們喫幾盞酒觧渴　　　　　　　　　197
49. 大哥受禮　　　　　　　　　　　　　200
50. 大哥與些好的銀子　　　　　　　　　202
51. 這裏離城有的五里路　　　　　　　　206

第四章　京城買賣　　　　　　　　　　　208

52. 我共通四箇人十箇馬　　　　　　　　208
53. 你兩箇到這裏多少時　　　　　　　　211
54. 你這馬要賣麼　　　　　　　　　　　213
55. 我是他親眷纔從高麗地面來　　　　　217
56. 如今價錢如何　　　　　　　　　　　219
57. 那箇不是李舍來了　　　　　　　　　221
58. 你將甚麼貨物來　　　　　　　　　　226
59. 我且到下處去再廝見　　　　　　　　230
60. 兩箇是買馬的客人一箇是牙子　　　　232
61. 這些馬裏頭歹的十箇只有五箇好馬　　235
62. 你這馬相滾着要多少價錢　　　　　　242
63. 我且聽你乞之的價錢　　　　　　　　246
64. 這馬恰纔牙家乞之來的價錢還虧着我了　247

65. 低銀子不要與我   250
66. 文契着誰寫   252
67. 我寫了這一箇契了我讀俰聽   254
68. 咱們筭了牙稅錢着   258
69. 這箇馬元來有病   260
70. 我買些羊到涿州地面賣去   265
71. 量這些羊討這般大價錢   267
72. 一發買緞子將去   271
73. 我要官綾子   278
74. 只要深青織金胷背緞子   280
75. 這箇柳青紵絲有多少尺頭   283
76. 你這鞍子   287
77. 再買一張弓去   290
78. 有賣的弓弦時將來   295
79. 再買幾隻箭   296
80. 再買些椀子什物   298
81. 今日備辦了些箇茶飯   301
82. 如今正是臘月   306
83. 咱們遠垜子放着射   310
84. 咱們做漢兒茶飯着   313
85. 我有些腦痛頭眩   323

第五章　爲人之道   328

86. 咱們每年每月每日快活   328
87. 從小來好教道的成人時   330
88. 火伴中間自家能處休說   333
89. 咱們做奴婢的人   336
90. 咱們結相識行時   339
91. 做男兒行時   342
92. 穿衣服時   347

93. 繫腰時　　　　　　　　　　　　　351
　　94. 戴帽時　　　　　　　　　　　　　353
　　95. 穿靴時　　　　　　　　　　　　　355
　　96. 喫飯時　　　　　　　　　　　　　358

第六章　辭別起程　　　　　　　　　　　364
　　97. 我買這貨物要去涿州賣去　　　　　364
　　98. 這蔘是好麼　　　　　　　　　　　365
　　99. 你這毛施布細的價錢麤的價錢要多少　370
　　100. 你這布裏頭長短不等　　　　　　　375
　　101. 都與好銀子是　　　　　　　　　　379
　　102. 你都使了記號着　　　　　　　　　381
　　103. 咱們買些甚麼迴貨去時好　　　　　383
　　104. 買些零碎的貨物　　　　　　　　　386
　　105. 再買些麤木綿一百疋　　　　　　　393
　　106. 我揀箇好日頭迴去　　　　　　　　395
　　107. 辭別那漢兒火伴　　　　　　　　　399

詞彙及語法索引　　　　　　　　　　　　401

參考文獻　　　　　　　　　　　　　　　417

緒　　論

1. 朝鮮語的時期劃分

　　朝鮮語在音韻、詞彙、語法、標記等方面經歷了不同時期的演變，這種變化與社會變遷有著緊密的聯繫。1446年《訓民正音》的頒佈標誌著朝鮮語的誕生，自此朝鮮半島結束了沒有自己文字、借用中國漢字進行標記的歷史，讓朝鮮語從口頭語轉變成書面語。因此，《訓民正音》是朝鮮語時期劃分的一個重要因素。朝鮮語大致可以劃分爲古朝鮮語、中世紀朝鮮語、近代朝鮮語和現代朝鮮語四個時期。

　　古朝鮮語時期是從統一新羅時代到《訓民正音》頒布之前。668年，朝鮮半島進入統一新羅時代，古朝鮮語以新羅語言（慶尚道）爲基礎，形成了以本土語言爲中心的語言體系。隨著佛教的傳入，用漢字書寫的佛教術語隨之引入，誓記體[1]、吏讀[2]等漢字借字標記法開始盛行。由於這一時期的語言用漢字書寫，因此無法考證當時朝鮮語的實際情況。

　　中世紀朝鮮語時期根據《訓民正音》頒布時間分爲中世紀前期和中世紀後期。中世紀前期的朝鮮語隨著高麗朝的建國（918年），語言發展中心從慶尚道移到開城和現在的京畿道一帶。高麗朝光宗時期（949年—975年）開始實行科舉制度，選用中國的經書作爲考試專用書籍，這一時期的中央公文書撰寫語言和教育語言大量引用漢字詞。此外，高麗朝時期北方民族頻繁入侵，契丹、女真、蒙古等地區詞彙大量流入，造成這一時期的朝鮮語固有詞大幅度減少。

---

　　[1] 誓記體是一種漢字借用記法，寫句子時漢字按照韓文的順序排列，沒有助詞和語尾。"誓記"這個名字來源於1934年發現的"壬申誓記石"。

　　[2] 吏讀是古代朝鮮的一種文體，將漢字作爲記音符號標記諺文虛詞，插入漢字文本中，實詞爲漢音漢義，虛詞爲漢音朝義，全文皆由中文漢字構成。

中世紀後期朝鮮語是從《訓民正音》頒布到壬辰倭亂（1592年—1598年）結束時期。《訓民正音》的頒佈使得之前只存在於口頭表述的朝鮮語終於可以用文字記錄下來。自此朝鮮語的詞形和語法慢慢趨向穩定，形成了新的音韻體系。朝鮮語固有詞重新被記錄、保存和使用。然而統治階層和兩班士大夫繼續推崇漢字爲官方正式語言，使得這個時期的語言和文字保持著雙重體系，且維持了很長一段時間。

近代朝鮮語時期是從壬辰倭亂以後到甲午改革（1894年）。這一時期擠喉音出現變化，語法也呈現多樣化，但因國土受日本侵略，人民疲憊不堪，也造成了朝鮮語大幅度萎縮。現代朝鮮語時期從20世紀初開始一直到現在。1910年，日本政府對朝鮮實行殖民統治，日語被定爲國語並限制朝鮮語的教學，朝鮮語面臨巨大危機。以周時經爲代表的一批語言學者以朝鮮語的統一和發展爲目的，展開了一系列研究活動，1927年創刊同人雜志《韓文》，1933年公佈《韓文拼寫統一方案》，1938年出版《朝鮮語詞典》，1941年公佈《外來語表記法統一案》等，朝鮮語終於迎來語言和文字統一的新局面。

2.《訓民正音》

《訓民正音》既是一本書籍的名稱，又是諺文——朝鮮語文字的另一種名稱。《訓民正音》由朝鮮朝第四代君主世宗大王於1443年親自創制。關於《訓民正音》的記錄可見於《世宗實錄》102卷世宗二十五年（1443年）："是月，上親制諺文二十八字，其字仿古篆，分爲初中終聲，合之然後乃成字，凡于文字及本國俚語，皆可得而書，字雖簡要，轉換無窮，是謂訓民正音。"又見《世宗實錄》113卷世宗28年（1446年）："是月，訓民正音成。"

《訓民正音》分解例本和諺解本，解例本爲漢文本，諺解本爲朝鮮語本。《訓民正音》解例本（漢文本）被公認爲原本，由例義篇、解例篇和鄭麟趾的序文組成。例義篇包括世宗大王禦制《訓民正音》的序文、28個字的音值和使用方法；解例篇包括制字解、初聲解、中聲解、終聲解、合字解、用字例；鄭麟趾的序文中注明了八位編撰者的姓名，分別是鄭麟趾、申叔舟、成三問、崔恆、朴彭年、姜希顏、李塏、李善老。1940年，《訓民正音》解例本在韓國廣尚北道安東郡一個私人藏書閣中被發現，如今收藏在位於首爾城北洞的澗松美術館。1962年，《訓民正音》解例本被指定爲韓國第70號國寶，1997年被聯合國教科文組織指定爲世界文化遺產。

《訓民正音》制字解："天地之道，一陰陽五行而已。坤復之間爲太極，而動靜之後爲陰陽。凡有生類在天地之間者，捨陰陽而何之。故人之聲音，皆有陰陽之理。顧人不察耳，今正音之作，初非智營而力索，但因其聲音而極其理而已。理既不二，則何得不與天地鬼神同其用也。正音二十八字，各象其形而制之。……初聲凡十七字。……中聲凡十一字。……終聲之復用初聲者。"

諺文創制之初共有28個字，其中初聲17個、中聲11個，終聲復用初聲。下面逐一進行說明。

1) *初聲*

《訓民正音》例義篇這樣記載17個初聲的發音（原文無括號內容）：

"ㄱ牙音如君(군)字初發聲、並書[1](ㄲ)如虯(뀨)字初發聲、ㅋ牙音如快(쾌)字初發聲、ㆁ牙音如業(업)字初發聲、ㄷ舌音如斗(두)字初發聲、並書(ㄸ)如覃(땀)字初發聲、ㅌ舌音如呑(튼)字初發聲、ㄴ舌音如那(낭)字初發聲、ㅂ脣音如彆(볃)字初發聲、並書(ㅃ)如步(뽕)字初發聲、ㅍ脣音如漂(푱)字初發聲、ㅁ脣音如彌(밍)字初發聲、ㅈ齒音如即(즉)字初發聲、並書(ㅉ)如慈(쫑)字初發聲、ㅊ齒音如侵(침)字初發聲、ㅅ齒音如戌(슏)字初發聲、並書(ㅆ)如邪(썅)字初發聲、ㆆ喉音如挹(흡)字初發聲、ㅎ喉音如虛(헝)字初發聲、並書(ㆅ)如洪(쭝)字初發聲、ㅇ喉音如欲(욕)字初發聲、ㄹ半舌音如閭(령)字初發聲、ㅿ半齒音如穰(샹)字初發聲。"

---

[1] 參見下文4)之(2)並書。

《訓民正音》制字解:"初聲凡十七字,牙音ㄱ象舌根閉喉之形,舌音ㄴ象舌附上腭之形,唇音ㅁ象口形,齒音ㅅ象齒形,喉音ㅇ象喉形。"

初聲根據牙、舌、唇、齒、喉的形狀先創制出5個基本字,即牙音"ㄱ"、舌音"ㄴ"、唇音"ㅁ"、齒音"ㅅ"、喉音"ㅇ"。

再通過加劃的原理創制出9個加劃字,即牙音"ㅋ"、舌音"ㄷ/ㅌ"、唇音"ㅂ/ㅍ"、齒音"ㅈ/ㅊ"、喉音"ㆆ/ㅎ",另有3個異體字"ㆁ"、半舌音"ㄹ"、半齒音"ㅿ"。

17個初聲字按牙、舌、唇、齒、喉發音部位排列依次如下:"ㄱ/ㅋ/ㆁ/ㄷ/ㅌ/ㄴ/ㅂ/ㅍ/ㅁ/ㅈ/ㅊ/ㅅ/ㆆ/ㅎ/ㅇ/ㄹ/ㅿ"。

2)中聲

《訓民正音》例義篇這樣記載11個中聲的發音(原文無括號內容):

"·如吞(튼)字中聲、ㅡ如即(즉)字中聲、ㅣ如侵(침)字中聲、ㅗ如洪(薨)字中聲、ㅏ如覃(땀)字中聲、ㅜ如君(군)字中聲、ㅓ如業(업)字中聲、ㅛ如欲(욕)字中聲、ㅑ如穰(샹)字中聲、ㅠ如戌(슒)字中聲、ㅕ如彆(볋)字中聲。"

《訓民正音》制字解:"中聲凡十一字,·舌縮而聲深,天開於子也,形之圓,象乎天也。ㅡ舌小縮而聲不深不淺,地闢於丑也,形之平,象乎地也。ㅣ舌不縮而聲淺,人生於寅也,形之立,象乎人也。"

中聲取象於天地人"·/ㅡ/ㅣ",並衍生另外8個,即"ㅗ/ㅏ/ㅜ/ㅓ/ㅛ/ㅑ/ㅠ/ㅕ"。

《訓民正音》制字解:"·ㅡㅣ三字爲八聲之首,而·又爲三字之冠也。"

11個中聲由此排序依次爲:"·/ㅡ/ㅣ/ㅗ/ㅏ/ㅜ/ㅓ/ㅛ/ㅑ/ㅠ/ㅕ"。

3)終聲

《訓民正音》例義篇對終聲的解釋："終聲復用初聲。"

《訓民正音》終聲解："然ㄱㆁㄷㄴㅂㅁㅅㄹ八字可足用也。"

終聲雖複用初聲，實際17個初聲中只使用其中的8個"ㄱㆁㄷㄴㅂㅁㅅㄹ"，其中"ㄷ"和"ㅅ"是書寫和發音均不相同的終聲。

4)標記法

《訓民正音》例義篇最後介紹連書、並書、附書、聲調旁點："ㅇ連書脣音之下，則爲脣輕音。初聲合用則並書，終聲同。

·ㅡㅗㅜㅛㅠ附書初聲之下，ㅣㅏㅓㅑㅕ附書於右，凡字必合而成音。左加一點則去聲，二則上聲，無則平聲，入聲加點同而促急。"

（1）連書。

連書而成的輕脣音"ㅱ/ㅸ/ㆄ/ㅹ"未納入《訓民正音》初聲，其中"ㅱ/ㅸ/ㆄ"主要用來標記微母非母敷母奉母漢字的發音[1]，實際在古朝鮮語中用到的輕脣音只有"ㅸ"，如"수비>쉬이"。

（2）並書。

並書有兩種情況。一種是各自並書，由兩個相同初聲組成，如：

牙音"ㄲ"、舌音"ㄸ"、脣音"ㅃ"、齒音"ㅉ/ㅆ"、喉音"ㆅ"。

---

[1] 輕脣音用來標記微母非母敷母奉母漢字的發音，《老乞大諺解》漢字左音注音用例如下：

"ㅱ"見漢語中古微母，晚"왼"、物"뭉"、文"문"、未"븨"。

"ㅸ"見漢語中古非母，非"비"、粉"븐"、府"부"、輻"붕"。

"ㆄ"見漢語中古敷母，肺"븨"、副"부"、蜂"붕"、番"반"。

"ㅹ"見漢語中古奉母，肥"삐"、飯"뻔"、浮"뿔"、父"뿌"。

《訓民正音》制字解："ㄲㄸㅃㅉㅆㆅ爲全濁。"各自並書標記漢字全濁聲母[1]。

另一種是合用並書，由2～3個不同初聲字組成，如：

ㅂ系合用並書"ㅲ/ㅄ/ㅶ/ㅷ"、ㅄ系合用並書"ㅴ/ㅵ"、ㅅ系合用並書"ㅺ/ㅼ/ㅽ"。

（3）附書。

附書有兩種情況。一種是下書法，中聲寫在初聲下方，如"고，누，드"。

另一種是右書法，中聲寫在初聲的右方，如"가，너，디"。

（4）聲調旁點。

在音節的左側，通過旁點標記各音節的聲調，如：

平聲無點"나"、去聲一點"·미"、上聲兩點":말"。

《訓民正音》合字解："初聲二字三字合用並書，如諺語·ᄯᅡ為地，ᄧᅡᆨ為隻，·ᄢᅳᆷ為隙之類；各自並書，如諺語為·혀舌而·ᅘᅧ而為引，괴·여為我愛人而괴·ᅇᅧ為人愛我，소·다為覆物而쏘·다為射之之類。中聲二字三字合用，如諺語·과為琴柱，·홰為炬之類。終聲二字三字合用，如諺語흙為土，·낛為釣，ᄃᆞᇌ·ᄣᅢ為酉時之類。其合用並書，自左而右，初中終三聲皆同。"

以上是《訓民正音》28個字的音值和使用方法。楊裕國先生（1963:11）曾指出："諺文拼音屬於音素綴字的範疇，對於音素分

[1] 各自並書用來標記群母定母並母從母邪母匣母漢字的發音，《老乞大諺解》漢字左音注音用例如下：

"ㄲ"見漢語中古群母，近"낀"、及"끼ᇰ"、騎"끼"、橋"꺄ᇰ"。

"ㄸ"見漢語中古定母，大"따"、達"따ᇹ"、地"띠"、惰"떠"。

"ㅃ"見漢語中古並母，白"삐ᇹ"、伴"뻔"、捕"뿌"、鼻"삐"。

"ㅉ"見漢語中古從母，財"째"、槽"짜ᇢ"、自"쯔ᇫ"、賤"쪈"。

"ㅆ"見漢語中古邪母，尋"씬"、隨"쒸"、謝"쎠"。

"ㆅ"見漢語中古匣母，還"ᅘᅪᆫ"、後"ᅘᅳᇢ"、狐"ᅘᅮ"、話"ᅘᅪ"。

析達到了最精密的程度,比八思巴字[1]的拼法更完善。"

3. 現代朝鮮語

現代朝鮮語子音(即初聲)共19個,其中單子音14個、緊音5個。

單子音"ㄱ/ㄴ/ㄷ/ㄹ/ㅁ/ㅂ/ㅅ/ㅇ/ㅈ/ㅊ/ㅋ/ㅌ/ㅍ/ㅎ"。

緊音"ㄲ/ㄸ/ㅃ/ㅆ/ㅉ"。

現代朝鮮語母音(即中聲)共21個,由10個單母音和11個複合母音組成。

單母音"ㅏ/ㅓ/ㅗ/ㅜ/ㅡ/ㅣ/ㅐ/ㅔ/ㅚ/ㅟ"。

複合母音"ㅑ/ㅕ/ㅛ/ㅠ/ㅒ/ㅖ/ㅘ/ㅙ/ㅝ/ㅞ/ㅢ"。

現代朝鮮語收音(即終聲)共27個,由16個單收音和11個雙收音組成。

單收音"ㄱ/ㄴ/ㄷ/ㄹ/ㅁ/ㅂ/ㅅ/ㅇ/ㅈ/ㅊ/ㅋ/ㅌ/ㅍ/ㅎ/ㄲ/ㅆ"。

雙收音"ㄳ/ㄵ/ㄶ/ㄺ/ㄻ/ㄼ/ㄽ/ㄾ/ㄿ/ㅀ/ㅄ"。

收音在書寫上雖然有27個,但實際發音只有7個,即"ㄱ/ㄴ/ㄷ/ㄹ/ㅁ/ㅂ/ㅇ"。

現代朝鮮語作爲音素文字,拼寫時以音節爲單位,所有音節都以子音開頭。一個音節可以由一個子音和一個母音組成,也可以由一個子音、一個母音、一個単收音或一個雙收音組成。如"나/밥/흙"。

書寫遵循從上到下、從左到右的原則。上下結構:"고/노/

---

[1] 八思巴字是13世紀60年代忽必烈皇帝特命國師爲蒙古汗國創制的國字,八思巴字的字母主要來源於藏文字母和梵文字母。除蒙古語外,八思巴字還用於書寫漢語、藏語、梵語、畏吾兒語等。這些語言使用八思巴字書寫的方法有兩種,一種是按口語語音拼寫(例如用於蒙古語和漢語),另一種是按書面語音撰寫(例如藏語和梵語)。(照那斯圖、楊耐思,1982:115)。

드"; 左右結構: "가/너/디"。

一個句子的字詞之間需要隔寫。如: "언해문은 한문을 한글로 풀어 쓴 문장입니다."

4.《老乞大》《朴通事》及《老乞大諺解》

《訓民正音》創制之初,朝鮮貴族士大夫繼續將中國奉爲中心,用漢字寫成的文章稱爲"真書",用朝鮮語文字書寫的文章稱爲"諺文"。爲了讓老百姓學習漢語,用諺文注音並注釋的韻書、辭書和漢語教科書相繼問世,這些對音文獻是近代漢語和中世紀後期朝鮮語在語音、詞彙、句法研究方面非常珍貴的第一手資料。值得一提的是用諺文注音並注釋的《老乞大》《朴通事》(或簡稱《老朴》)系列漢語教科書,從16世紀到18世紀,《老朴》由崔世珍等朝鮮歷代漢語學家根據不同年代漢語的變化進行多次修訂,分別是:1515年的《翻譯老乞大》和《翻譯朴通事》;1670年的《老乞大諺解》和1677年的《朴通事諺解》、1745年的《平安監營重刊老乞大》、1763年的《老乞大新釋諺解》、1765年的《朴通事新釋諺解》、1795年的《重刊老乞大諺解》[1]。胡明揚先生是國內最早對《老朴》的漢語、朝鮮語進行研究的學者,他(1963:185)曾指出這兩本書是"中國元代(1271年—1368年)的作品";1988年《原本老乞大》在韓國大邱市的一個私人藏書閣裏被發現,之後韓國學術界普遍認爲《原本老乞大》的成書時間在1346年至1350年之間(朱煒,2024:8-9)。迄今爲止,尚未發現《原本朴通事》。

"乞大"據說是蒙古語的譯音,義爲契丹,通指中國,"老乞大"就是"中國通"的意思。"朴"是姓,"通事"泛指譯者。《老乞大》全書情節連貫,記述四個高麗商人和一個姓王的中國遼陽商人結伴去北京等地進行買賣活動,經過數月後返回的全過程,涉及旅行

---

[1] 《重刊朴通事諺解》尚未發現。

途中吃飯投宿，在京城的買賣、契約、醫藥、飲食、宴會等方面的內容，使用當時實用漢語會話，文筆簡約流暢，是元末人民生活情境的真實寫照。《朴通事》則分段介紹了中國當時的節日、娛樂、飲食、字謎、"西遊記"、人情世故等內容，與《老乞大》相比，涉及的範圍更廣，使用的詞彙更多，可以說是《老乞大》的提高篇。崔世珍在《四聲通解》(1517年)自序中說："夫始肆華語者，先讀《老乞大》《朴通事》二書，以爲學語之階梯。"

《翻譯老乞大》與《老乞大諺解》之間相差150餘年，社會變遷影響語言的變化。本書主要探討《翻譯老乞大》之後的另一個版本——《老乞大諺解》。該書現收藏於奎章閣（奎2044/3917）。1944年由京城帝國大學[1]法文學部刊行影印本，編號"奎章閣叢書第九"，書後附《老乞大》純漢語本和《四聲通解》中收錄的《翻譯老乞大朴通事凡例》。

《老乞大諺解》沒有序、跋和刊記，無法知道其具體成書時期，不過我們通過其他兩條線索可以獲知《老乞大諺解》的成書時期。《朴通事諺解》序文中有這樣一段文字："并之歲丁巳十月日通訓大夫行吏曹正郎知製教兼校書館校理漢學教授東學教授臣李聃命拜手稽首謹序。"故《朴通事諺解》成書時間丁巳年（1677年），由此推測《老乞大諺解》成書期應在《朴通事諺解》之前；此外，《通文館志》（1720年）卷八書籍條有這樣一條信息："內賜老乞大諺解，二本康熙庚戌陽坡鄭相國啟令芸閣鑄字印行。"故《老乞大諺解》成書時間康熙庚戌年（1670年、朝鮮顯宗11年），譯者陽坡鄭相國——鄭太和（1602年—1673年）。

《老乞大諺解》分上、下兩卷兩書，活字印刷。正文第一列如圖1所示以"老乞大諺解上"和"老乞大諺解下"加以區分。上卷64張128面、下卷66張132面，每面10列，每列19字，上、下兩卷共有2956

---

[1] 京城帝國大學,1924年日本在京畿道京城部（現首爾特別市）建立的第六所帝國大學，簡稱城大。二戰後，在被美軍政府接收並改編爲美式國立綜合大學的過程中，根據《關於設立國立首爾大學的法令》，京城帝國大學被吸納進國立首爾大學。

個漢語句子和2956個諺文句子，因斷句上略有不同，總體比《翻譯老乞大》各少30個句子。如：

《老乞大諺解》：放箭射下馬來。[上27a]
《翻譯老乞大》：放箭射，下馬來。[上30a]

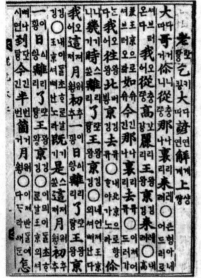 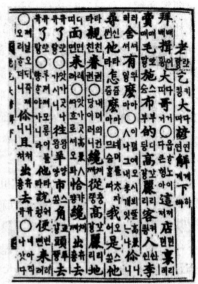

圖1 《老乞大諺解》上、下

正文首先是漢語句子，漢語句子的每個漢字下方有兩個諺文注音，左右各一，分別標注該漢字的正音和俗音[1]，正音和俗音的左側

---

[1] 崔世珍在《翻譯老乞大朴通事凡例》正俗音條中說道："凡字有正音而又有俗音者，故通考先著正音於上，次著俗音於下。今之反譯書正音於右，書俗音於左。"另外，崔世珍在同一凡例的諺音條中說道："在左者即《通考》所製之字，在右者今以漢音依國俗撰字之法而作字者也。"根據《凡例》解釋，左音來自申叔舟15世紀中期著錄的《四聲通考》《洪武正韻譯訓》的俗音體系，亦稱申音，右音爲崔世珍16世紀初的現實音體系，亦稱崔音（朱燁，2012:6–7）。《老乞大諺解》漢字注音系統延續前人的做法，即左音來自申叔舟15世紀中期著錄的《四聲通考》《洪武正韻譯訓》的俗音體系，右音爲17世紀中期的現實音體系。

無聲調旁點。一個漢語句子結束後是諺文句子，是用諺文對上面漢語句子的解釋（以下簡稱爲諺文注釋），諺文注釋在同一列內再分兩小列書寫。注釋的諺文也無聲調旁點，漢語句子和諺文注釋之間用"○"區分，一段內容結束後不換列書寫，用魚尾紋🅇加以區分。

本書主要討論《老乞大諺解》的諺文注釋部分，諺文注釋真實反映了17世紀中期朝鮮語的實際面貌，這個時期朝鮮語與《翻譯老乞大》所反映的16世紀初朝鮮語以及現代朝鮮語均有差異。本書對諺文注釋進行數字化處理，通過諺譯《老朴》數據庫對其進行窮盡式的統計與分析，介紹這個時期朝鮮語的音韻特點及標記方法，幫助我們瞭解朝鮮語的演變過程。

《翻譯老乞大》漢字的左右音聲母系統研究可以參見朱煒2012年博士學位論文和2018年著作，正文中"烟""燃""狄"等漢字的考證詳見朱煒2016年、2017年、2023年三文，《翻譯老乞大》諺文注釋研究見朱煒2024年著作。

5.《老乞大諺解》諺文注釋所見的17世紀中期朝鮮語音韻特點

爲了便於與現代朝鮮語比較，我們以子音、母音、收音及標記方法進行分類講解，子音、母音和收音對應《訓民正音》中的初聲、中聲、終聲。

《老乞大諺解》諺文注釋中出現的諺文字節去掉重複項，一共有901個諺文音節和12個字母（ㄱ/ㄴ/ㄷ/ㄹ/ㅅ/ㅆ/ㅊ/ㅋ/ㅌ/ㅍ/ㅎ/ㅣ），這些字節反映了17世紀中期諺文子音、母音、收音及標記方法的實際使用情況。

1）子音

《老乞大諺解》諺文注釋共出現24個子音，按順序排列如下："ㄱ/ㄴ/ㄷ/ㄹ/ㅁ/ㅂ/ㅲ/ㅳ/ㅄ/ㅶ/ㅅ/ㅺ/ㅼ/ㅽ/ㅆ/ㅿ/ㅇ/ㅈ/ㅊ/ㅋ/ㅌ/ㅍ/ㅎ/ㆆ"。

《翻譯老乞大》[1]ᄡ系合用並書中的"ᄢ/ᄣ",在《老乞大諺解》分別變爲"ᄭ/ᄯ"。

《翻譯老乞大》的"ㆁ"在《老乞大諺解》變爲"ㅇ"。

下面通過《翻譯老乞大》和《老乞大諺解》中的部分用例,展示16世紀初至17世紀中期朝鮮語子音的變化情況。"→"左側爲《翻譯老乞大》用例,"→"右側爲《老乞大諺解》用例。

ᄢ   ᄢ→ᄭ

    ᄢ나들다→쒜나들다,흠ᄢ→흠쐭,ᄢ다→쒜다.

ᄣ   ᄣ→ᄯ

    ᄣ→쩨.

ㆁ   ㆁ→ㅇ

    아ㆁ니→아니,이다→이다.

《老乞大諺解》諺文注釋24個子音中,部分子音在現代朝鮮語中發生了變化。

《老乞大諺解》ㅂ系合用並書"ㅴ/ㅵ/ᄢ/ᄣ",分別變成"ㄸ/ㅆ/ㅉ/ㅌ"。

《老乞大諺解》ㅅ系合用並書"ᄭ/ᄯ/ᄲ",分別變成"ㄲ/ㄸ/ㅃ"。

《老乞大諺解》的"ㅿ"變成"ㅇ"。

《老乞大諺解》的"ㆆ"變成"ㅇ"。

下面通過《翻譯老乞大》和《老乞大諺解》中的部分用例,展示16世紀初至17世紀中期朝鮮語子音與現代朝鮮語子音的變化情況。如果《翻譯老乞大》和《老乞大諺解》用例相同,兩者之間用"="連接;如果不同,用"→"表示,"→"左側爲《翻譯老乞大》用例,"→"右側爲《老乞大諺解》用例。《老乞大諺解》与現代朝鮮

---

[1] 《翻譯老乞大》諺文注釋共出現27個子音,按順序排列如下:
"ㄱ/ㄴ/ㄷ/ㄹ/ㅁ/ㅂ/ㅴ/ㅵ/ᄢ/ᄣ/ᄠ/ᄡ/ㅅ/ᄭ/ᄯ/ᄲ/ㅆ/ㅿ/ㅇ/ㆁ/ㅈ/ㅊ/ㅋ/ㅌ/ㅍ/ㅎ/ㆆ"。

語之間用"＞"表示，"＞"左側爲《老乞大諺解》用例，"＞"右側爲現代朝鮮語。依次爲《翻譯老乞大》=《老乞大諺解》＞現代朝鮮語，或者《翻譯老乞大》→《老乞大諺解》＞現代朝鮮語。

ᄠ   ᄠ＞ᄄ

 ᄠ떠나다=ᄠ떠나다＞떠나다,ᄠ릐우다=ᄠ릐우다＞띄우다,ᄠᅳᆮ→ᄠᅳᆺ＞뜻,ᄠᅩ로=ᄠᅩ로＞따로,ᄤᅢ→ᄠᅢ＞때,ᄠᅩᆷ→ᄠᅳᆷ＞뜸.

ᄡ   ᄡ＞ᄊ

 ᄡᅳ다=ᄡᅳ다＞쓰다, 조ᄡᅡᆯ=조ᄡᅡᆯ＞좁쌀,ᄡᅡᇰ→ᄡᅡᆼ＞쌍,ᄡᅩ다=ᄡᅩ다＞쏘다,ᄡᅬ이다=ᄡᅬ이다＞쐬이다.

ᄢ   ᄢ＞ᄍ

 ᄢᅡ다=ᄢᅡ다＞짜다.

ᄩ   ᄩ＞ᄐ

 ᄩᅡ다=ᄩᅡ다＞타다,ᄩᅳ다=ᄩᅳ다＞타다.

ᄭ   ᄭ＞ᄁ

 ᄭᅴ→ᄮᅦ＞께,긇다→싫다＞끓다,ᄭᅵᆯ다=ᄭᅵᆯ다＞깔다,구지람→ᄭᅮ지람＞꾸지람,ᄭᅢ야나다=ᄭᅢ야나다＞깨어나다.

ᄯ   ᄯ＞ᄄ

 ᄯᅡᇂ=ᄯᅡᇂ＞땅,ᄯᅥᆨ=ᄯᅥᆨ＞떡.

ᄲ   ᄲ＞ᄈ

 ᄲᅢ혀다=ᄲᅢ혀다＞빼다,ᄲᅣ리=ᄲᅣ리＞빨리,ᄲᆞᄅᆞ다=ᄲᆞᄅᆞ다＞빠르다.

ㅿ   ㅿ＞ㅇ

 마ᅀᆞᆯ=마ᅀᆞᆯ＞마을,아ᅀᆞ=아ᅀᆞ＞아우.

"ㅿ"，반시옷。

《訓民正音》曰:"△半齒音如穰字初聲。"穰"샹"。
《訓民正音》曰:"ㅇㄴㅁㅇㄹ△爲不清不濁。""△"主要作初聲,也有作終聲的用例[1],16世紀後期逐漸消失。初聲"△"標記日母漢字[2]。

ㆆ　ㆆ>ㅇ

아니ㆆ야잇ᄂᆞ·녀→아니ㆆ야시니>아니하였으니.

"ㆆ",여린히읗、된이응。
《訓民正音》曰:"ㆆ喉音如挹字初聲。"挹古同揖"挹"。"ㆆ"在17個初聲中最先消失,《訓蒙字會》[3]初聲16個,"ㆆ"歸入"ㅇ",如挹흡>읍。初聲"ㆆ"標記影母漢字[4],終聲"ㆆ"標記漢字的入聲[5]。《老乞大諺

---

[1]《翻譯老乞大》"△"終聲用例:짗다、깃다、줃다。
[2] "△"用來標記中古日母漢字的發音,《老乞大諺解》漢字左音注音用例如下:然"연"、熱"엵"、人"신"、入"슣"。
[3]《訓蒙字會》是1527年(中宗22年)漢學家崔世珍撰寫的兒童用漢字學習書,在3360個漢字上用諺文標注發音和含義。
[4] "ㆆ"用來標記中古影母漢字的發音,《老乞大諺解》漢字左音注音用例如下:安"한"、烏"후"、椀"원"、要"얄"。
[5]《訓民正音》終聲解曰:"聲有緩急之殊,故平上去其終聲不類入聲之促急。不清不濁之字其聲不厲,故用於終則宜於平上去。全清次清全濁之字,其聲爲厲,故用於終則宜於入,所以ㅇㄴㅁㅇㄹ△六字爲平上去聲之終,而餘皆爲入聲之終也。……半舌之ㄹ,當用於諺而不可用於文。如入聲之彆字,終聲當用ㄷ。"故終聲解中,彆爲"볃"。然《訓民正音》諺解本中,彆爲"볋"、發爲"벓"、舌爲"쎯"。
《東國正韻》一書中解釋這種注音的變化,即用"以影補來"將入聲字"ㄷ"改用"ㆆ"。該書於1448年(世宗30年)由申叔舟、崔恆、朴彭年等文臣奉世宗之命編撰出版,是朝鮮朝的第一本韻書。
"ㆆ"以影母"ㆆ"補來母"ㄹ"之意,標記熱"엻"、列"렳"、厥"궗"、屈"꿇"、弗"붏"、佛"뿛"、鬱"훓"、彆"볋"、發"벓"、戌"슗"、舌"쎯"等入聲字,反映其封閉的性質。

解》雖有初聲"ㆆ"用例，但僅此一例。

"-ㆆ"在其他文獻中的用法如下：

① "-ㆆ"在15世紀文獻中作屬格助詞"-의"，《龍飛御天歌》[1]中用例，">"右側爲現代朝鮮語，如：

先考ㆆ 뜯 몯 일우시니>선친의 뜻을 못 이루시니.

② 《訓民正音》諺解本用例，是轉成語尾"ㄹ"後加"-ㆆ"成"ㅭ"，">"右側爲現代朝鮮語，如：

어·린 百빅姓성이 니르·고·져 홇 ·배 이·셔도>어리석은 백성이 말하고자 할 바가 있어도.

③ "ㄹ"收音的名詞後加屬格助詞"-ㆆ"，《月印釋譜》[2]用例，">"右側爲現代朝鮮語，如：

天耳는 하눓 귀니 하눓 소리며>天耳는 하늘의 귀이니 하늘의 소리며.

"-ㆆ"作屬格助詞，之後被"-ㅅ"替代。

2）母音

《老乞大諺解》諺文注釋母音共25個，按順序排列如下：

"ㅏ/ㅐ/ㅑ/ㅓ/ㅔ/ㅕ/ㅖ/ㅗ/ㅘ/ㅙ/ㅚ/ㅛ/ㆉ/ㅜ/ㅝ/ㅞ/ㅟ/ㅠ/ㆌ/ㅡ/ㅢ/ㅣ/·/·ㅣ/ㆌ".

《翻譯老乞大》諺文注釋25個母音[3]中，"ㅒ"未見於《老乞大諺解》。

《翻譯老乞大》"ㅒ"用例"·ㅎ·얘·라"，《老乞大諺解》中的

---

[1] 《龍飛禦天歌》由朝鮮朝權踶、安止、鄭麟趾等文臣奉世宗之命用諺文編撰而成，是第一首朝鮮語詩歌，記述朝鮮朝開國君主及其祖先的創業史，於1447年（世宗29年）2月出版。

[2] 《月印釋譜》是《月印千江之曲》和《釋譜詳節》的合刊，於1459年（世祖5年）出版的佛教書籍。

[3] 《翻譯老乞大》諺文注釋共出現25個母音，按順序排列如下：

"ㅏ/ㅐ/ㅑ/ㅒ/ㅓ/ㅔ/ㅕ/ㅖ/ㅗ/ㅘ/ㅙ/ㅚ/ㅛ/ㆉ/ㅜ/ㅝ/ㅞ/ㅟ/ㅠ/ㆌ/ㅡ/ㅢ/ㅣ/·/·ㅣ".

用例爲"ᄒ여라"。

《老乞大諺解》諺文注釋25個母音中,"ㅠ"首次出現。

"ㅠ"在《老乞大諺解》諺文注釋中僅出現一個用例:튜튜멋[下34a],脫脫麻食。

"脫脫麻食"在《翻譯老乞大》用例:튜튜·멋[下37b]。

"脫脫麻食"在《平安監營重刊老乞大》用例:튜튜멋[下34a]。

《老乞大諺解》漢字右音註音有"ㅠ"用例,如:走쥬、狗규、投튜,"脫"右音注音"토",故諺文註釋中的"튜튜"並非來自漢字註音。

"脫脫麻食",又稱"禿禿麻什"或"禿禿麻失",其詞源爲突厥語"Tutmaq",在古代也被譯作"禿禿麼思"或"吐吐麻食"等。

《老乞大諺解》諺文注釋"튜튜"使用母音"ㅠ",可能受到外來詞發音的影響,關於母音"ㅠ"的使用有待後續發現其他用例來做旁證。

《老乞大諺解》諺文注釋24個母音中,部分母音在現代朝鮮語發生變化。

《老乞大諺解》的"ㅚ"變成"ㅗ"。

《老乞大諺解》的"ㅟ"變成"ㅟ"。

《老乞大諺解》的"·"變成"ㅏㅓㅕㅗㅜㅣ"。

《老乞大諺解》的"·ㅣ"變成"ㅏㅐㅖㅚㅜㅡㅣㅣ"。

下面通過《翻譯老乞大》和《老乞大諺解》中的部分用例,展示16世紀初至17世紀中期朝鮮語母音與現代朝鮮語母音的變化情況。如果《翻譯老乞大》和《老乞大諺解》用例相同,兩者之間用"="連接;如果不同,用"→"表示,"→"左側爲《翻譯老乞大》用例,"→"右側爲《老乞大諺解》用例。《老乞大諺解》与現代朝鮮語之間用例,用">"表示,">"左側爲《老乞大諺解》用例,">"右側爲現代朝鮮語。依次爲《翻譯老乞大》=《老乞大諺解》>現代朝鮮語,或者《翻譯老乞大》→《老乞大諺解》>現代朝鮮語。

ㅚ   ㅚ>ㅗ

쇠거름=쇠거름>소걸음, 쇠쌸→쇠섈>소뿔.

ㅟ   ㅟ>ㅟ

춰ᄒᆞ다=춰ᄒᆞ다>취하다.

① ㆍ>ㅏ

ᄀᆞ리히다=ᄀᆞ리히다>가리다, ᄀᆞᆮ다=ᄀᆞᆺ다>같다, ᄂᆞᄅᆞ=ᄂᆞᄅᆞ>나루, ᄂᆞᆷ=ᄂᆞᆷ>남, ᄂᆞᆺ설다=ᄂᆞᆺ설다>낯설다, ᄃᆞᆯ=ᄃᆞᆯ>달, ᄃᆞᆰ=ᄃᆞᆰ>닭, ᄆᆞᅀᆞᆷ→ᄆᆞᄋᆞᆷ>마음, 다ᄆᆞᆫ=다ᄆᆞᆫ>다만, ᄆᆞᆯ=ᄆᆞᆯ>말, ᄆᆞᆮ→ᄆᆞᆺ>만, ᄇᆞᆰ다=ᄇᆞᆰ다>밝다, ᄯᆞᆫ=ᄯᆞᆫ>딴, ᄇᆞᄅᆞᆷ=ᄇᆞᄅᆞᆷ>바람, ᄡᆞ다=ᄡᆞ다>싸다, ᄡᆞᆯ=ᄡᆞᆯ>쌀, ᄡᆞᆷ=ᄡᆞᆷ>쌈, ᄡᆞ다=ᄡᆞ다>타다, 요ᄉᆞᅀᅵ→요ᄉᆞ이>요사이, ᆞᆱ다=ᆞᆱ다>삶다, 보ᆞᆱ피다=보ᆞᆱ피다>보살피다, ᆞᆷ셩→ᆞᆷ셩>삼셩, 깃ᄀᆞ→길ᄉᆞ>길가, 실다=실다>깔다, ᄉᆞ론→ᄉᆞᆫ>깐, ᄯᆞᆯ=ᄯᆞᆯ>딸, ᄯᆞᆷ어치=ᄯᆞᆷ어치>땀언치, ᄲᆞᄅᆞ다=ᄲᆞᄅᆞ다>빠르다, ᄲᆞᆯ리=ᄲᆞᆯ리>빨리, 구ᄌᆞ=구ᄌᆞ>구자, 즌둥=즌둥>잔등, ᄎᆞ다=ᄎᆞ다>차다, ᄎᆞᆫ믈=ᄎᆞᆫ믈>찬물, 춤외=춤외>참외, ᄎᆞᆺ다=ᄎᆞᆺ다>찾다, ᄐᆞ다=ᄐᆞ다>타다, ᄑᆞᆯ다=ᄑᆞᆯ다>팔다, 흑당→흑당>학당, 홈ᄭᅴ=홈ᄭᅴ>함께.

② ㆍ>ㅐ

ᄂᆞ려디다=ᄂᆞ려디다>내려지다.

③ ㆍ>ㅓ

여ᄃᆞᆲ=여ᄃᆞᆲ>여덟, ᄇᆞ리다=ᄇᆞ리다>버리다, 다ᄉᆞᆺ=다ᄉᆞᆺ>다섯.

④ ㆍ>ㅗ

서ᄅᆞ=서ᄅᆞ>서로.

⑤ ·＞ㅜ

비로→비ㄹ>비루,아ᄉ=아ᄉ>아우,겨ᅀᆯ→겨올>겨울.

⑥ ·＞ㅡ

마ᄂᆞᆯ=마ᄂᆞᆯ>마늘,ᄀᆞ둑=ᄀᆞ둑>가득,므르다→므ᄅ다>무르다,그릇=그릇>그릇.

⑦ ·＞ㅣ

아ᄎᆞᆷ=아ᄎᆞᆷ>아침.

"·"俗稱"아래아","·"爲中喉舌非圓唇中低母音[ʌ],20世紀初消失。現代朝鮮語中,"·"用來標記濟州島方言中喉舌圓唇低母音[ɒ]。"ㅏ"叫"위아"。

在《老乞大諺解》諺文注釋中,含母音"·"的不重複音節共87個。

·ㅣ ① ·ㅣ＞ㅏ

ᄆᆡᆼᄀᆞᆯ다→ᄆᆡᆼ글다>만들다,ᄒᆡ여곰=ᄒᆡ여곰>하여금.

② ·ㅣ＞ㅐ

ᄂᆡ일=ᄂᆡ일>내일,ᄀᆞᆯ잇썩→ᄀᆞᆯ틱썩>가래떡,ᄆᆡ다=ᄆᆡ다>매다,ᄆᆡ화=ᄆᆡ화>매화,ᄆᆡᆺ다=ᄆᆡᆺ다>맺다,ᄇᆡ=ᄇᆡ>배,일ᄇᆡᆨ=일ᄇᆡᆨ>일백,옥ᄉᆡᆨ=옥ᄉᆡᆨ>옥색,ᄭᆡ다=ᄭᆡ다>깨다,ᄋᆡᆨ=ᄋᆡᆨ>액,가지=가지>가재,치소=치소>채소,ᄎᆡᆨ=ᄎᆡᆨ>책,구틔여→구틱여>구태여,올ᄒᆡ=올ᄒᆡ>올해,ᄒᆡᆼ여=ᄒᆡᆼ혀>행여.

③ㆍㅣ>ㅔ

나그내→나그늬>나그네,업슨듸=업슨듸>없는데,딋=딧>뎃,그테→긋틔>끝에,앏픠→알픠>앞에.

④ㆍㅣ>ㅚ

쇼듸=쇼듸>있으되.

⑤ㆍㅣ>ㅜ

부치=부치>부추.

⑥ㆍㅣ>ㅡ

즘싱→즘싱>짐승.

⑦ㆍㅣ>ㅟ

오늬→온늬>오늬.

⑧ㆍㅣ>ㅣ

본듸=본듸>본디,어듸=어듸>어디,소릐=소릐>소리,아희=아희>아이.

"ㆍㅣ"俗稱"아래애"。是"ㆍ"和"ㅣ"的合成母音,先發"ㆍ",然後迅速到"ㅣ"。

在《老乞大諺解》諺文注釋中,含母音"ㆍㅣ"的不重复音節共26個。

3) 收音

《老乞大諺解》諺文注釋收音共20個,按順序排列如下:

"ㄱ/ㄴ/ㄵ/ㄷ/ㄹ/ㄺ/ㄻ/ㄼ/ㄽ/ㅀ/ㅁ/ㅂ/ㅄ/ㅅ/ㅇ/ㆁ/ㅈ/ㅊ/ㅌ/ㅎ"。

《翻譯老乞大》諺文注釋收音共25個[1]，其中"ㅄ/ㅣㅅ/ㅵ/ㅿ/ㅆ/"未見於《老乞大諺解》。下面舉例說明這5個收音在《翻譯老乞大》和《老乞大諺解》中的變化，"→"左側爲《翻譯老乞大》用例，"→"右側爲《老乞大諺解》用例。

ㅄ   삾→갑

《翻譯老乞大》諺文注釋收音"ㅄ"，用例"삾"。

漢語句子：   咱們筭了房錢……。

諺文注釋：   우·리 집 삾·시·며…. [上22b]

錢：   삾: 어떤 물건이나 시설을 이용하고 주는 돈.

《老乞大諺解》諺文注釋：우리 집의 잔 갑과…. [上20b]

錢：   갑: 값.

"삾"雖未出現於《老乞大諺解》，同時期《朴通事諺解》有相關用例：

뎌를 적은 삭 갑슬 주되 三十 낫 돈에 혼 짐식 호고. [上13a]

這個時期"삾"與"삭"只是標記上的不同，意思相同。

ㅣㅅ   ①귽→근

《翻譯老乞大》諺文注釋收音"ㅣㅅ"，用例"귽"。

漢語句子：   打着三斤麵的餠着。

諺文注釋：   :서 ·귽 ᄀᆞᆯ·잇 ·쩍 밍·ᄀᆞᆯ·라. [上20b]

斤：   귽: 근(斤)+-ㅅ(屬格助詞，-의).

《老乞大諺解》諺文注釋：서 근 ᄀᆞ리쩍 밍글라. [上18b]

斤：   근.

---

[1] 《翻譯老乞大》諺文注釋共出現 25 個收音，按順序排列如下："ㄱ/ㄳ/ㄴ/ㅥ/ㅦ/ㄷ/ㄹ/ㄺ/ㄻ/ㄼ/ㄽ/ㅀ/ㅁ/ㅯ/ㅂ/ㅄ/ㅅ/ㅿ/ㅇ/ㆁ/ㅆ/ㅈ/ㅊ/ㅌ/ㅎ"。

②녔ᄀ→년근

《翻譯老乞大》諺文注釋收音"ㅆ",用例"녔ᄀ"。

漢語句子:　　這藕菜。

諺文注釋:　　·이 녔ᄀ. [下38a]

藕:　　녔ᄀ: 년(蓮)+-ㅅ(屬格助詞, -의)+ᄀ(根), 연근.

《老乞大諺解》諺文注釋: 이 년근치. [下34a]

藕:　　년근: 년근(蓮根), 연근.

③비닶→비단

《翻譯老乞大》諺文注釋收音"ㅆ",用例"비닶"。

漢語句子:　　這緞子價錢。

諺文注釋:　　·이 :븨·닶·갑슬. [下27a]

緞子:　　비닶: 비단(緞子)+-ㅅ(屬格助詞, -의).

《老乞大諺解》諺文注釋: 이 비단 갑슬. [下24b]

緞子:　　비단.

④ᄅᆻ곳→蓮

《翻譯老乞大》諺文注釋收音"ㅆ",用例"ᄅᆻ곳"。

漢語句子:　　銀紅西蕃蓮。

諺文注釋:　　은홍비·체 효·근 ᄅᆻ·곳 문흔 :비·단. [下24b]

蓮:　　ᄅᆻ곳[명]: 련(蓮)+-ㅅ(屬格助詞, -의)+곳(花), 연꽃.

《老乞大諺解》諺文注釋: 은홍빗체 西蕃蓮 문흔 비단. [下22a]

蓮:　　蓮.

⑤닶→만한

《翻譯老乞大》諺文注釋收音"ㅼ"，用例"닶"。

漢語句子： 縱有五分病。

諺文注釋： 닷 :분닶 ·병·이라·도…. [下47b]

有： －닶: －만(程度助詞)＋－ㅅ(屬格助詞, －의), 만큼.

《老乞大諺解》諺文注釋：비록 五分만한 병이라도. [下43a]

有： 만한: 만하－(輔助形容詞, 和……一樣)＋－ㄴ(轉成語尾).

⑥산골→뫼골

《翻譯老乞大》諺文注釋收音"ㅼ"，用例"산골"。

漢語句子： 把那賊圍在一箇山峪裏。

諺文注釋： 그 도ᄌᆞ·글 ᄒᆞᆫ 산고·래 에·워. [上30a]

山峪： 산골: 산(山)＋－ㅅ(屬格助詞, －의)＋골(峪), 산골짜기.

《老乞大諺解》諺文注釋：그 도적을다가 흔 뫼골의 에워. [上27a]

山峪： 뫼골: 산골.

⑦앗깁→안깁

《翻譯老乞大》諺文注釋收音"ㅼ"，用例"앗깁"。

漢語句子： 染做小紅裏絹。

諺文注釋： :쇼홍·를 :드·려 앗·깁 :삼·고. [上13b]

裏絹： 앗깁: 안(裏)＋－ㅅ(屬格助詞, －의)＋깁(絹), 안찝, 안감.

《老乞大諺解》諺文注釋：小紅 드려 안찝 삼고. [上12b]

裏絹：　　　　안찝: 안찝, 안감.

⑧윽 둫→銀ㅅ 둫

《翻譯老乞大》諺文注釋收音"ㅄ"，用例"윽 둫"。

漢語句子：　　這銀子裏頭。

諺文注釋：　　·이 윽 둫·에·셔. [下64a]

銀子裏：　　윽 둫: 은(銀)＋-ㅅ(屬格助詞，-의)＋둫
　　　　　　(裏)，은의 중.

《老乞大諺解》諺文注釋：이 銀ㅅ 둫에. [下58a]

銀子裏：　　銀ㅅ 둫: 銀＋-ㅅ(屬格助詞，-의)＋둫
　　　　　　(裏)，은의 중.

助詞"-ㅅ"是15世紀和16世紀朝鮮語常見的標記方法，通常加在以"ㄴ"收音的名詞後，表示所屬關係"的"。

ㄸ ①맛갏→-ㅅ

《翻譯老乞大》諺文注釋收音"ㄸ"，用例"맛갏"。

漢語句子：　　你夜來怎麼說十里來路。

諺文注釋：　　:네 어·제 :엇·디 ·십·리 ·맛갏 ·길·히라 ᄒᆞ더
　　　　　　리. [上59b]

來：　　맛갏: -맛감(程度助詞)＋-ㅅ(屬格助詞，
　　　　　-의)，만큼.

《老乞大諺解》諺文注釋：네 어제 엇디 十里ㅅ 낄히라 니ᄅᆞ더니. [上53b]

來：　　-ㅅ: 屬格助詞，의.

②즈릅→즈름

《翻譯老乞大》諺文注釋收音"ㄸ"，用例"즈릅"。

漢語句子：　　你要過的牙錢。

諺文注釋：　　네 바·다 잇ᄂᆞᆫ 즈릅· 갑·도. [下20a]

牙(人)：　　즈릆: 즈름(牙人)+－ㅅ(屬格助詞，-의)，주름의.

《老乞大諺解》諺文注釋：네 바다 잇는 즈름 갑도. [下18a]

牙(人)：　　즈름: 주름.

③쉰숨→人蔘ㅅ

《翻譯老乞大》諺文注釋收音"ㅁㅅ"，用例"쉰숨".

漢語句子：　　咱們人蔘價錢。

諺文注釋：　　·우·리 쉰·슴 ·갑·도. [下65b]

人蔘：　　쉰슴: 쉰슴(人蔘)+－ㅅ(屬格助詞，-의)，인삼의.

《老乞大諺解》諺文注釋：우리 人蔘ㅅ 갑도. [下59a]

人蔘：　　人蔘ㅅ: 人蔘+－ㅅ(屬格助詞，-의)，인삼의.

助詞"－ㅅ"是15世紀和16世紀朝鮮語常見的標記方法，通常加在以"ㅁ"收音的名詞後，表示所屬關係"的"。

△　①깃(다)→짓(다)

《翻譯老乞大》諺文注釋收音"△"，用例"깃(다)".

漢語句子：　　草地裏撒了。

諺文注釋：　　긴·슨 싸·해 노·하. [下45a]

草多的：　　기슨: 깃－(草多)+－은(轉成語尾)，기슨.

《老乞大諺解》諺文注釋：플 기슨 싸히 노하. [下40b]

草多的：　　기슨: 짓－(草多)+－은(轉成語尾)，기슨.

現代朝鮮語"깃다"在15世紀就已出現同樣的標記並一直延續至今。

"깃-"碰到子音開頭的語尾以"깃-"、碰到母音開頭的語尾時以"깄-"交替出現,母音開頭語尾下"깄-"的活用形標記爲"기서,기은"。

16世紀後期隨著"△"的消失,便是"ㅅ"的不規則活用形,如"깃다","깃-"母音開頭語尾的活用形標記爲"기어,기은"。

"깃-"《翻譯老乞大》中標記爲"깃-/기은"。

"깃-"《老乞大諺解》中標記爲"깃-/기은"。

②줍(다)→줏(다)

《翻譯老乞大》諺文注釋收音"△",用例"줍(다)"。

漢語句子：　　拾來的糞將來。

諺文注釋：　　조·쉬 온 믈똥 가·져다·가. [下35b]

拾：　　　　　주서: 줍-(拾)+-어(連接語尾), 주서.

《老乞大諺解》諺文注釋：주어 온 믈똥 가져다가. [下32a]

拾：　　　　　주어: 줏-(拾)+-어(連接語尾), 주어.

"줏다"是現代朝鮮語"줍다"的古老標記。

"줏-"碰到子音開頭的語尾以"줏-"、碰到母音開頭的語尾時以"줗-"交替出現,母音開頭語尾下"줗-"的活用形標記爲"주서,주스면"。

16世紀後期隨著"△"的消失,便是"ㅅ"的不規則活用形,如"줏다","줏-"母音開頭語尾的活用形標記爲"주어,주으면"。

"줍-"《翻譯老乞大》中標記爲"줍-/주서"。

"줏-"《老乞大諺解》中標記爲"줏-/주어"。

③짓(다)→짓(다)

《翻譯老乞大》諺文注釋收音"△",用例"짓(다)"。

漢語句子:　做火伴去。

諺文注釋:　:벋 지·서 가·고·려. [上7b]

做（伴）:　지어: 짓-(做)+-어(連接語尾), 지어.

《老乞大諺解》諺文注釋: 벗 지어 가고려. [上7a]

做（伴）:　지어: 짓-(做)+-어(連接語尾), 지어.

"짓-"碰到子音開頭的語尾以"짓-"、碰到母音開頭的語尾時以"짓-"交替出現,母音開頭語尾下"짓-"的活用形標記爲"지어, 지은"。

16世紀後期隨著"△"的消失,便是"ㅅ"的不規則活用形,如"짓다","짓-"母音開頭語尾的活用形標記爲"지어, 지은"。

"짓-"《翻譯老乞大》中標記爲"짓-/지어"。

"짓-"《老乞大諺解》中標記爲"짓-/지어"。

④댱→丈

《翻譯老乞大》諺文注釋收音"ᇰᆺ",用例"댱"。

漢語句子:　最深殺的没一丈。

諺文注釋:　ᄀ·장 기·프니·도 흔 ·댱 기·픠 :업·서. [上36a]

丈:　댱: 댱(丈)+-ㅅ(屬格助詞, -의), 댱(丈)의.

《老乞大諺解》諺文注釋: ᄀ장 깁프니도 一丈 깁픠 업서. [上32b]

丈:　丈.

助詞"-ㅅ"是15世紀和16世紀朝鮮語常見的標記方法,通常加在以"ㅇ"收音的名詞後,表示所屬關係"的"。

《老乞大諺解》諺文注釋20個收音中，"ㆁ"在現代朝鮮語中演變成"ㅇ"。

下面通過《老乞大諺解》中的部分用例，展示17世紀中期朝鮮語收音與現代朝鮮語收音的變化情況。"＞"左側爲《老乞大諺解》用例，"＞"右側爲現代朝鮮語。

ㆁ　　ㆁ＞ㅇ

경미＞갱미,맛당ᄒ다＞마땅하다,초댱＞초장.

"ㅇ"，옛이응。

即作初聲也作終聲，初聲和終聲的音都爲[ŋ]。主要對疑母漢字進行注音[1]。

在《老乞大諺解》諺文注釋中無子音用例，作爲收音，仍有"ㆁ"和"ㅇ"混用現象，兩者共計77個音節，前者少後者多。其中，含收音"ㆁ"不重複音節10個（約13%），分別是："경/당/댱/동/등/룽/명/방/병/쳥"；含收音"ㅇ"不重複音節67個（約87%）。用例略。

4）標記方法

《老乞大諺解》所反映的17世紀中期朝鮮語標記方法有以下幾個特點：

①相同詞彙多種標記。

名詞　　利錢：니쳔,리쳔.
　　　　早上：아츔,앗츔.

---

[1]《訓民正音》曰："唯牙之ㆁ，雖舌根閉喉聲氣出鼻，而其聲與ㅇ相似，故韻書疑與喩多相混用。"

《老乞大諺解》中古疑母漢字左音注音中，"ㆁ/ㅇ"混用現象依舊存在。

"ㆁ"標記的有：疑"이"、我"어"、牙"야"、魚"유"。

"ㅇ"標記的有：藕"읍"、鴈"연"、銀"인"、元"원"。

| | 臉：大,大갓츠,大츠,大.
| | 牲口：즘싱,즘승.
| 動詞 | 等：기드리다,기들오다,기돌오다.
| | 不会：몯ᄒ다,못ᄒ다.
| | 做：민글다,밍글다.
| | 辛苦：슈고ᄒ다,슈구ᄒ다.
| 形容詞 | 細：ᄀ늘다,ᄀ롤다.
| | 相同：ᄀᄐ다,ᄀ다.
| | 軟：므르다,므르다.
| | 短：댜ᄅ다,뎌ᄅ다,뎌르다.
| 副詞 | 非得：구틔여,구틔야,구틔여.
| | 必須：모로매,모로미.
| | 立即：즉재,즉제.
| | 提早：일,일즉,일즙,일ᄌ기.

②按照發音標記書寫。"＞"左側爲《老乞大諺解》標記，"＞"右側爲現代朝鮮語標記。

連音	거믄＞검은,브튼＞붙은,노하＞놓아,머기라＞먹이라,업스니＞없으니,자바＞잡아,모라＞몰아,늘그니＞늙은이,이러틋＞이러트시.
添加	믌고기＞물고기,올쏨＞올봄,밤쯩＞밤중,믈쎨＞물결,블쌉시＞불값이,길ㅅ가＞길가,등잔쁠＞등잔불.
送氣	올커니와＞옳거니와,이러틋＞이렇듯,쓸커든＞끓거든,가티다＞갇히다.
同化	초ᄒᄅᆫ날＞초ᄒᆞᆺ날,열 랏＞열 낫.

③子音變化。">"左側爲《老乞大諺解》標記,">"右側爲現代朝鮮語標記。

ㄱ > ㄲ 그르다>끄르다.	ㄴ > ㄹ 셕뉴>석류.
ㄴ > ㅇ 넒다>읽다.	ㄷ > ㅈ 어딜다>어질다.
ㄷ > ㅌ 사당>사탕.	ㄷ > ㄸ 폴독>팔뚝.
ㅅ > ㅆ 솽류>쌍류.	ㅇ > ㅎ 마은>마흔.
ㅌ > ㅊ 고틴다>고치다.	

④母音變化。">"左側爲《老乞大諺解》標記,">"右側爲現代朝鮮語標記。

ㅑ > ㅏ 세샹>세상.	ㅑ > ㅓ 쟉다>적다.
ㅕ > ㅐ 경미>갱미.	ㅕ > ㅓ 졍히>정히.
ㅕ > ㅑ 엷다>얇다.	ㅗ > ㅓ 몬져>먼저.
ㅗ > ㅜ 너모>너무.	ㅗ > ㅡ 그몸>그믐.
ㅚ > ㅔ 모시뵈>모시베.	ㅚ > ㅗ 뾔이다>쏘이다.
ㅛ > ㅜ 대쵸>대추.	ㅛ > ㅠ 돌귀요>돌구유.
ㅜ > ㅗ 황양뭇>황양목.	ㅠ > ㅜ 쥬인>주인.
ㅡ > ㅜ 버므리다>버무리다.	ㅡ > ㅣ 즘승>짐승.
ㅓ > ㅐ 구틔여>구태여.	ㅓ > ㅜ 아믜>아무.

⑤收音變化。">"左側爲《老乞大諺解》標記,">"右側爲現代朝鮮語標記。

ㄱ > ㅋ 북녁>북녘.	ㄷ > ㅅ 몯ᄒ다>못ᄒ다.
ㄻ > ㄿ 읇기>읊기.	ㅂ > ㅍ 딥>짚.
ㅅ > ㄷ 것다>걷다.	ㅅ > ㅆ 잇다>있다.
ㅅ > ㅊ 붓곳>붓꽃.	

⑥字詞之間無隔寫。"→"左側爲《老乞大諺解》諺文注釋，"→"右側添加隔寫。

다시져기소곰두라→다시 져기 소곰 두라.

우리져그나므슴도라가뿔황호롤사가야됴홀고→우리 져그나 므슴 도라가 뿔 황호롤 사 가야 됴홀고?

네몃벗이잇ᄂᆞ뇨→네 몃 벗이 잇ᄂᆞ뇨?

네이蔘이몃근므긔고→네 이 蔘이 몃 근 므긔고?

⑦在諺文注釋中大量使用漢字詞。《老乞大諺解》諺文注釋中共使用400個漢字，大大超出《翻譯老乞大》諺文註釋中的漢字使用量。"→"左側爲《翻譯老乞大》諺文注釋，"→"右側爲《老乞大諺解》諺文注釋。

올·ᄒ·니 :외·니→是非, 싱앙 달·힌 ·므·레→生薑湯.

·ᄧᆞ·녀 슴거·우·녀 :엿·더흔·고→鹹淡이 엇더ᄒᆞ뇨?

·디·후ᄒᆞ·게 ᄒᆞ·라→伺候ᄒᆞ게 ᄒᆞ라, ·의·뎡·ᄒᆞ·야→議之ᄒᆞ야.

하·ᄂᆞ·리 ·편·ᄒᆞ:며 ·짜·히 ·편흔 ·둣·ᄒᆞ·도·다→天平 地平이로나.

간·곡ᄒᆞ·고 아·니완즐ᄒᆞ·고 게으르·기·둘 :말·라→姦猾ᄒᆞ기와 懶惰티 말라.

6. 專著結構

全書由四部分組成。

第一部分爲緒論，介紹朝鮮語的時期劃分、《訓民正音》、現代朝鮮語、《老乞大》《朴通事》及《老乞大諺解》、《老乞大諺解》諺文注釋所見的17世紀中期朝鮮語音韻特點等。

第二部分爲正文，根據《老乞大諺解》上、下內容情節分成六

章，上、下兩卷用"一"和"二"區分，再按內容鋪陳分成107個段落，段落用"1、2……"編號。第一章：結伴同行，12個段落（1-12）；第二章：瓦店投宿，17個段落（13-29）；第三章：進京途中，22個段落（30-51）；第四章：京城買賣，34個段落（52-85）；第五章：爲人之道，11個段落（86-96）；第六章：辭別起程，11個段落（91-107）。正文內容分成左右兩部分逐句進行說明，左側爲原著中的漢語句子，並附其在原著中的頁碼及正、背面，[a]爲正面，[b]爲背面；右側從上至下依次是原著的諺文注釋（[諺]）、諺文對應的現代朝鮮語（[現]）、諺文詞彙及語法釋義（部分有，位於"◇◇"標識下方）。現代朝鮮語句尾使用"하십시오체"，同一詞彙或語法存在多種解釋時，用"詞彙或語法+1、2……"區分。原著中部分漢字若Unicode漢字數據庫中無對應的字符，用圖片展示原文漢字字形。諺文註釋有不清晰或諺文有誤，根據上下文內容使用校對文字，不清晰或有誤的諺文用（）標注在校對文字之後，如"엇더(디)오"。

諺文註釋中若有明顯漏掉的字，根據上下文用{}加以補充，如"곳{틸}"。現代朝鮮語中部分漢字用（）標注在其後，如"사（紗）"。其他[]縮寫內容參考下表。

[감]	감탄사/感嘆詞	[수]	수사/數詞
[관]	관형사/冠詞	[어미]	어미/語尾
[대]	대명사/代詞	[의]	의존명사/依存名詞
[동]	동사/動詞	[접두]	접두사/前綴
[명]	명사/名詞	[접미]	접미사/後綴
[보동]	보조동사/補助動詞	[조]	조사/助詞
[보형]	보조형용사/補助形容詞	[형]	형용사/形容詞
[부]	부사/副詞		

第三部分爲詞彙及語法索引，正文中出現的詞彙和語法，只取詞條，按子音、母音、收音排序：

子音"ㄱ/ㄴ/ㄷ/ㄹ/ㅁ/ㅂ/ㅲ/ㅄ/ㅶ/ㅷ/ㅅ/ㅺ/ㅼ/ㅽ/ㅆ/ㅿ/ㅇ/ㅈ/ㅊ/ㅋ/ㅌ/ㅍ/ㅎ/ㆅ"。

母音"ㅏ/ㅐ/ㅑ/ㅓ/ㅔ/ㅕ/ㅖ/ㅗ/ㅘ/ㅙ/ㅚ/ㅛ/ㅜ/ㅝ/ㅞ/ㅟ/ㅠ/ㆌ/ㅡ/ㅢ/ㅣ/ㆍ/ㆎ/ㆊ"。

收音"ㄱ/ㄴ/ㄵ/ㄷ/ㄹ/ㄺ/ㄻ/ㄼ/ㄽ/ㅀ/ㅁ/ㅂ/ㅄ/ㅅ/ㅇ/ㆁ/ㅈ/ㅊ/ㅌ/ㅎ"。

然後從左到右共分四列，每列從上至下排列，詞條在原著中的頁碼標注在其右側，如"경미　上8b"，表示"경미"出現在上卷第8頁b面。

第四部分爲參考文獻。

《老乞大諺解》上

第一章　結伴同行

1. 我從高麗王京来

[1a]大哥伱　　[諺]큰형아 네 어드러로셔브터 온다?
從那裏来?　　[現]큰 형님, 당신은 어디서 왔습니까?
　　　　　　◇◇◇
　　　　　　네1[대]: 네가.
　　　　　　어드러: 어디로, 어느 곳으로.
　　　　　　-로셔브터[조]: -로부터.
　　　　　　-ㄴ다[어미]: 받침 없는 동사 어간, 'ㄹ' 받침인 동사 어간 또는 어미 '-으시-' 뒤에 붙어, 해라할 자리에 쓰여, 자기 스스로에게 묻는 물음을 나타내는 종결 어미. 주로 '누구, 무엇, 언제, 어디' 따위의 의문사가 있는 문장에 쓴다.

我從高麗王　　[諺]내 高麗王京으로셔브터 오롸.
京来。　　　　[現]나는 고려 왕경에서 왔습니다.
　　　　　　◇◇◇
　　　　　　내1[대]: 내가.
　　　　　　-롸[어미]: 예스러운 표현으로 동사, 형용사 어간 뒤에 붙어 일인칭 주어와 함께 쓴다. -ㄴ다, -는다.

如今那裏
去？

[諺]이제 어드러 가는다?
[現]이제 어디로 갑니까?
◇◇◇
-는다1[어미]: 동사, 형용사 어간 뒤에 붙어, 이인칭 주어와 함께 쓰여, 물음을 나타내는 종결 어미.
-느냐.

我徃北京
去。

[諺]내 北京으로 향ᄒᆞ야 가노라.
[現]나는 북경으로 향하여 갑니다.
◇◇◇
-노라[어미]: 예스러운 표현으로 동사 어간 뒤에 붙어, 주로 일인칭 주어와 함께 쓰여 현재 사건이나 사실을 서술하는 뜻을 나타내는 종결 어미. -다. -ㄴ다.
-야1[어미]: 예스러운 표현으로 'ᄒᆞ다'의 어간 뒤나 끝음절의 모음이 'ㅣ'인 어간 뒤에 붙어, 시간상의 선후 관계를 나타내거나 방법 따위를 나타내는 연결 어미. -어, -여.

你幾時離了
王京？

[諺]네 언제 王京의셔 떠난다?
[現]당신은 언제 왕경에서 떠났습니까?
◇◇◇
-의셔[조]: -에서.
떠나다[동]: 떠나다.

我這月初一
日離了王
京。

[諺]내 이 돌 초ᄒᆞ룬날 王京셔 떠난노라.
[現]나는 이 달 초하룻날 왕경에서 떠났습니다.
◇◇◇
돌[명]: 달.
초ᄒᆞ룬날[명]: 초하룻날.

既是這月初 一日離了王 京,	[諺]이믜 이 둘 초ᄒᆞᄅᆞᆫ날 王京의셔 ᄠᅥ나시면, [現]이미 이 달 초하룻날 왕경에서 떠났으면 ◇◇◇ 이믜[부]: 이미, 벌써, 기왕.
到今半箇 月,	[諺]이제 반둘에 다ᄃᆞ라써든, [現]이제 반 달에 다다랐거든 ◇◇◇ -거든[어미]: 예스러운 표현으로 앞 절의 사실과 뒤 절의 사실을 비교하여, 앞 절의 사실이 이러하니 뒤 절의 사실은 더욱 당연히 어떠하다는 뜻을 나타내는 연결 어미. 흔히 뒤에는 의문 형식이 온다. -거든.
[1b]怎麼繞 到的這裏?	[諺]엇디 ᄀᆞᆺ 여긔 오뇨? [現]어째서 이제 막 여기에 왔습니까? ◇◇◇ 엇디[부]: 어찌, 어째서. ᄀᆞᆺ[부]: 갓, 이제 막. 여긔[대]: 여기. -뇨[어미]: '이다'의 어간, 받침 없는 형용사 어간 또는 어미 '-으시-' 뒤에 붙어, 해라할 자리에 쓰여, 의문을 나타내는 종결 어미. '-냐'에 비해 예스러운 느낌을 주며 시와 같은 문학 작품 따위에 주로 쓰인다.

我有一箇火伴落後了来,	[諺]내 훈 벗이 이셔 뻐뎌 오매, [現]내 벗 한 명이 뒤떨어져 오매 ◇◇◇ 이셔: 있어. 뻐디다1[동]: 뒤떨어지다. -매[어미]: '이다'의 어간, 받침 없는 용언의 어간, 'ㄹ' 받침인 용언의 어간 또는 어미 '-으시-' 뒤에 붙어, 어떤 일에 대한 원인이나 근거를 나타내는 연결 어미.
我沿路上慢慢的行着等俟来,	[諺]내 길흘 조차 날호여 녜여 기드려 오노라 호니, [現]나는 길을 따라 천천히 걸어 기다려 오노라 하니 ◇◇◇ 긿[명]: '길'의 옛말, 여정, 노정. 좇다[동]: 좇다, 따르다. 날호여[부]: 천천히, 느릿느릿. 녜다[동]: 가다.
因此上,	[諺]이런 젼츠로, [現]이런 까닭으로 ◇◇◇ 젼츠[명]: 까닭, 원인.
来的遲了。	[諺]오미 더듸여라. [現]오는 게 늦었습니다. ◇◇◇ 더듸다[형]: 더디다, 늦다. -어라1[어미]: 끝음절의 모음이 'ㅏ, ㅗ'가 아닌 형용사 어간 뒤에 붙어 감탄의 뜻을 나타내는 종결 어미.

那火伴如今趕上來了不曾?	[諺]그 벗이 이제 미처 올가? 못 올가? [現]그 벗이 이제 뒤따라 왔을까요? 못 왔을까요? ◇◇◇ 및다1[동]: 미치다, 따라잡다, 뒤따르다. -ㄹ가[어미]: 예스러운 표현으로 어간 뒤에 붙어, 의문사가 없는 의문문에 쓰여 어떤 일에 대한 물음이나 추측을 나타내는 종결 어미. -ㄹ까.	
這箇火伴便是,	[諺]이 벗이 곧 긔니, [現]이 벗이 곧 그 사람이니 ◇◇◇ 긔: 그 사람.	
夜來纔到。	[諺]어제 굿 오니라. [現]어제 갓 왔습니다. ◇◇◇ -니라[어미]: 예스러운 표현으로 '이다'의 어간, 받침 없는 형용사 어간, 'ㄹ' 받침인 형용사 어간 또는 어미 '-으시-' 뒤에 붙어, 해라할 자리에 쓰여, 진리나 으례 있는 사실을 일러 줄 때에 예스럽게 쓰이는 종결 어미.	
你這月盡頭,	[諺]네 이 둘 그몸쯰, [現]당신들은 이 달 그믐께 ◇◇◇ 그몸[명]: 그믐. -쯰1[접미]: -께('그때 또는 장소에서 가까운 범위'의 뜻을 더하는 접미사).	
到的北京麼?	[諺]北京의 갈가? [現]북경에 갈 수 있을까요?	

到不得？	[諺]가디 못 홀가?
	[現]가지 못할까요?
[2a]知他！	[諺]모로리로다.
	[現]모르겠습니다.

◇◇◇

-리로다[어미]: '이다'의 어간, 받침 없는 용언의 어간, 'ㄹ' 받침인 용언의 어간 또는 어미 '-으시-', '-으오-' 뒤에 붙어, 해라할 자리에 쓰여, 상황에 대한 화자의 추측을 나타내는 종결 어미. '-리라'보다 장엄한 느낌을 나타낸다.

那話怎敢說？	[諺]그 말을 엇디 니르리오?
	[現]그런 말을 어찌 합니까?

◇◇◇

-리오[어미]: '이다'의 어간, 받침 없는 용언의 어간, 'ㄹ' 받침인 용언의 어간 또는 어미 '-으시-', '-으오-' 뒤에 붙어, 혼잣말에 쓰여, 사리로 미루어 판단하건대 어찌 그러할 것이냐고 반문하는 뜻을 나타내는 종결 어미. 한탄하는 뜻이 들어 있을 때도 있으며, '-랴'보다 장중한 느낌이 있다.

天可憐見,	[諺]하늘이 어엿비 너기샤,
	[現]하늘이 가엾이 여기시어

◇◇◇

-샤[어미]: 예스러운 표현으로 동사, 형용사 어간 뒤에 붙어, -시어.

身己（己）安樂時，也到。	[諺]몸이 편안ᄒᆞ면,
	[現]몸이 편안하면
	[諺]가리라.
	[現]갈 것입니다.

2. 我漢兒人上學文書

你是高麗人，
[諺]너논 高麗ㅅ 사롬이어니,
[現]당신은 고려 사람이니
◇◇◇
-논1[조]: -는, -은.
-ㅅ[조]: 옛말, 'ㄱ, ㅋ, ㆁ, ㄷ, ㅌ, ㄴ, ㄹ, ㅂ, ㅍ, ㅁ, ㅸ'으로 끝나는 체언류나 받침 없는 체언류 뒤에 붙고 무정 체언과 존칭 체언류 뒤에 붙는다. -의.
-어니[어미]: 예스러운 표현으로 '이다'의 어간, 용언의 어간 또는 어미 '-으시-', '-었-', '-겠-' 따위의 뒤에 붙어, 이미 정해진 어떤 사실을 인정하면서 그것이 다른 사실의 전제나 조건이 됨을 나타내는 연결 어미. 흔히 뒤에는 의문 형식이 온다. -거니, -으니.

却怎麽漢兒言語說的好？
[諺]쏘 엇디 漢語 니롬을 잘 ᄒᆞᄂᆞ뇨?
[現]또 어찌 한어 말을 잘 합니까?
◇◇◇
니ᄅᆞ다[동]: 이르다, 말하다.
-ᄂᆞ뇨[어미]: 예스러운 표현으로 '있다', '없다', '계시다'의 어간, 동사 어간 또는 어미 '-으시-', '-었-', '-겠-' 뒤에 붙어, 해라할 자리에 쓰여, 물음을 나타내는 종결 어미. -느냐.

我漢兒人上　　[諺]내 漢ㅅ 사름의손ᄃᆡ 글 ᄇᆡ호니,
學文書,　　　[現]나는 한인한테 글을 배웠으니
　　　　　　　◇◇◇
　　　　　　　-의손ᄃᆡ[조]: -에게, -한테.
　　　　　　　ᄇᆡ호다[동]: 배우다.
因此上,　　　[諺]이런 젼ᄎᆞ로,
　　　　　　　[現]이런 까닭으로
些少漢兒言　　[諺]져기 漢ㅅ말을 아노라.
語省的。　　　[現]한인의 말을 조금 압니다.
　　　　　　　◇◇◇
　　　　　　　져기[부]: 적이, 조금, 적게.
你誰根底學　　[諺]네 뉘손ᄃᆡ 글 ᄇᆡ혼다?
文書来?　　　[現]당신은 누구한테서 글을 배웠습니까?
　　　　　　　◇◇◇
　　　　　　　-손ᄃᆡ1[조]: -로부터, -에게서.
[2b]我在漢　　[諺]내 漢혹당의셔,
兒學堂裏,　　[現]나는 한인 학당에서
學文書来。　　[諺]글 ᄇᆡ호라.
　　　　　　　[現]글을 배웠습니다.
　　　　　　　◇◇◇
　　　　　　　-오라[어미]: 예스러운 표현으로 동사나 형용사 어간 뒤에 붙어, 주로 일인칭 주어와 함께 쓰여 현재 사건이나 사실을 서술하는 뜻을 나타내는 종결어미. -다. -ㄴ다.
你學甚麽文　　[諺]네 므슴 글을 ᄇᆡ혼다?
書来?　　　　[現]당신은 무슨 글을 배웠습니까?
　　　　　　　◇◇◇
　　　　　　　므슴1[관]: 무슨.

讀論語孟子小學。	[諺]論語, 孟子, 小學을 닐그롸. [現]논어(論語), 맹자(孟子), 소학(小學)을 읽었습니다. ◇◇◇ 닑다[동]: 읽다.
你每日做甚麼工課?	[諺]네 每日 므슴 공부 ᄒᆞᄂᆞᆫ다? [現]당신은 매일 무슨 공부를 했습니까?
每日清早晨起來,	[諺]每日 이른 새배 니러, [現]매일 이른 새벽에 일어나 ◇◇◇ 새배[명]: 새벽. 닐다[동]: 일어나다.
到學裏,	[諺]學堂의 가, [現]학당에 가서 ◇◇◇ -의1[조]: -에.
師傅上受了文書,	[諺]스승님끠 글 ᄇᆡ호고, [現]스승님께 글을 배우고 ◇◇◇ -끠2[조]: -께, -에게.
放學,	[諺]學堂의셔 노하든, [現]학당에서 파하면 ◇◇◇ 놓다1[동]: 파하다, 끝나다. -아든[어미]: 예스러운 표현으로 끝음절의 모음이 'ㆍ, ㅏ, ㅗ'인 어간 뒤에 붙어, 앞 절의 사실을 가정하여 뒤 절의 조건으로 삼음을 나타내는 연결 어미. -거든.

到家裏喫飯罷，	[諺]집의 와 밥먹기 뭋고,
	[現]집에 와서 밥먹기 마치고
却到學裏寫做書。	[諺]쏘 흑당의 가 셔품 쓰기 ᄒ고,
	[現]또 학당에 가서 글씨 쓰기를 하고

◇◇◇

셔품[명]: 습자(글씨 쓰기를 배워 익힘. 특히 붓글씨를 연습하는 것을 이른다).

| 寫做書罷對句， | [諺]셔품 쓰기 뭋고 년구ᄒ기 ᄒ고, |
| | [現]글씨 쓰기를 마치고 연구(聯句)를 하고 |

◇◇◇

년구ᄒ다[동]: 연구(聯句)하다, 시를 짓다.

| [3a]對句罷吟詩， | [諺]년구ᄒ기 뭋고 글 읊기 ᄒ고, |
| | [現]연구를 마치고 글읊기를 하고 |

◇◇◇

읊기[명]: 읊기.

吟詩罷師傅前講書。	[諺]글 읊기 뭋고 스승 앒픠셔 글을 강ᄒ노라.
	[現]글읊기를 마치고 스승 앞에서 글을 강설했습니다.
講甚麽文書？	[諺]므슴 글을 강ᄒᄂ뇨?
	[現]무슨 글을 강설했습니까?
講小學論語孟子。	[諺]小學, 論語, 孟子를(을) 강ᄒ노라.
	[現]소학, 논어, 맹자를 강설했습니다.

3. 師傅前撤簽背念書

| 說書罷又做甚麽工課？ | [諺]글 니르기를 뭋고 쏘 므슴 공부 ᄒᄂ뇨? |
| | [現]글 이르기를 마치고 또 무슨 공부를 했습니까? |

到晚,	[諺]나죄 다둣거든, [現]낮에 다다르면 ◇◇◇ 다둣다[동]: 다다르다, 이르다.
師傅前撤簽 背念書。	[諺]스승 앏픠셔 사술 쌔혀 글 외오기 ᄒ야. [現]스승 앞에서 제비를 뽑아내 글 외우기를 했습니다. ◇◇◇ 앏프1[명]: '앞'의 옛말, 전면. 사술[명]: 사슬, 제비, 추첨. 쌔히다[동]: 빼다, 빼내다, 뽑다, 뽑아내다. 외오다[동]: 외우다, 암송하다. -야2[어미]: 예스러운 표현으로 'ᄒ다'의 어간 뒤나 끝음절의 모음이 'ㅣ'인 어간 뒤에 붙어, 어떤 사실을 서술하거나 물음・명령・청유를 나타내는 종결 어미. -어, -여.
背過的,	[諺]외오니란, [現]외운 사람들은 ◇◇◇ -란[조]: -은, -는.
師傅與免帖 一箇;	[諺]스승이 免帖 ᄒ나흘 주고, [現]스승님이 면첩(免帖) 하나를 주고 ◇◇◇ 면첩[명]: 면첩(免帖), 어떤 허물이나 잘못을 면제하여 줌을 약속한 쪽지. ᄒ낳[수]: '하나'의 옛말.

若背不過時，	[諺]ᄒᆞ다가 외오디 몯ᄒᆞ여든, [現]만약 외우지 못하면 ◇◇◇ ᄒᆞ다가[부]: 하다가, 만약, 만일.
[3b]教當直的學生背起，	[諺]딕일 션븨 ᄒᆞ여 어피고, [現]당직 학생을 시켜 그 학생을 엎드리게 하고 ◇◇◇ 딕일[명]: 직일(直日), 당직(當直), 당번. 션븨[명]: 선비, 학생. ᄒᆞ여: 시켜서. 어피다[동]: 엎드리게 하다.
打三下。	[諺]세흘 티ᄂᆞ니라. [現]셋을 쳤습니다. ◇◇◇ 셓[수]: '셋'의 옛말. -ᄂᆞ니라[어미]: 예스러운 표현으로 동사, 형용사 어간 뒤에 붙어, 해라할 자리에 쓰여, 현재 사건이나 사실을 서술하는 뜻을 나타내는 종결 어미. -ㄴ다, 는다.
怎的是撤簽背念書？	[諺]엇디ᄒᆞᆯ 순 사술 ᄲᅢ혀 글 외오기며, [現]어찌할 것은 제비를 뽑아내 글 외우는 것이며 ◇◇◇ 엇디ᄒᆞ다[동]: 어찌하다. -ㄹ순[어미]: 예스러운 표현으로 동사, 형용사 어간 뒤에 붙는다. -ㄹ 것은.

怎的是免帖?	[諺]엇디홀 슨 免帖인고? [現]어찌할 것은 면첩입니까?

◇◇◇

-ㄴ고[어미]: 예스러운 표현으로 어간이나 어미 뒤에 붙어, 해라할 자리에 쓰여, 현재의 사실에 대한 물음을 나타내는 종결 어미. 주로 '누구, 무엇, 언제, 어디' 따위의 의문사가 있는 문장에 쓰며 근엄한 어감을 띤다. -ㄴ가.

每一箇竹簽上,	[諺]每 혼 대뽁에, [現]매 대나무 제비에

◇◇◇

대뽁[명]: 대쪽, 대나무 제비.

寫着一箇學生的姓名,	[諺]혼 션븨 일홈을 쓰고, [現]한 학생의 이름을 쓰고

◇◇◇

일홈[명]: 이름.

衆學生的姓名,	[諺]모든 션븨 일홈을, [現]모든 학생의 이름을
都這般寫着,	[諺]다 이리 써, [現]다 이렇게 써서
一箇簽筒兒裏盛着,	[諺]혼 사술통애 담아, [現]한 제비통에 담아

◇◇◇

-애1[조]: -에.

教當直的學生,	[諺]딕일 션븨 ᄒ여, [現]당직 학생을 시켜
將簽筒来摇動,	[諺]사술통 가져다가 흔드러, [現]제비통을 가져다가 흔들어

[4a]內中撤	[諺]그 듕에 ᄒᆞ나흘 ᄲᅢ혀,
一箇,	[現]그 가운데 하나를 뽑아,
	◇◇◇
	듕[명]: 중, 가운데.
撤着誰的,	[諺]ᄲᅢ히니 뉜고 ᄒᆞ야,
	[現]뽑아낸 사람이 누구인가 해서
便着那人背	[諺]믄득 그 사ᄅᆞᆷ ᄒᆞ여 글 외오ᄃᆡ,
書。	[現]갑자기 그 사람을 글 외우게 하되
	◇◇◇
	믄득[부]: 문득, 갑자기.
	-ᄃᆡ1[어미]: 예스러운 표현으로 '이다'의 어간, 용언의 어간 또는 어미 '-으시-' 뒤에 붙어, 어떤 사실을 서술하면서 그와 관련된 조건이나 세부 사항을 뒤에 덧붙이는 뜻을 나타내는 연결 어미. -되.
背念過的,	[諺]외온 이ᄂᆞᆫ,
	[現]외운 사람은
師傅與免帖	[諺]스승이 免帖 ᄒᆞ나흘 주ᄂᆞ니.
一箇。	[現]스승이 면첩 하나를 주었네요.
	◇◇◇
	-ᄂᆞ니1[어미]: 예스러운 표현으로 동사, 형용사 어간이나 어미 뒤에 붙어, 하게할 자리에 쓰여, 단순한 서술의 뜻을 나타내는 종결 어미. -네.
那免帖上,	[諺]그 免帖 우희,
	[現]그 면첩 위에
	◇◇◇
	웋[명]: '위'의 옛말. 휴지(休止) 앞에서는 'ㅎ'이 탈락하여 '우'로 나타난다.

寫着免打三下,	[諺]세 번 마즈믈 면ᄒ라 ᄒ여 쓰고, [現]세 번 맞기를 면(免)하라고 시켜 쓰고	

◇◇◇

면ᄒ다[동]: 면(免)하다, 벗어나다.

師傅上頭畫着花押。	[諺]스승이 우희 도셔 두ᄂ니라. [現]스승이 위에 서명을 했습니다.	

◇◇◇

도셔[명]: 서명, 표기.

若再撤簽試不過, 將出免帖来毀了,	[諺]ᄒ다가 다시 사슬 쌔혀 외오디 몯ᄒ여도, [現]만약 다시 제비를 빼어내 외우지 못해도 [諺]免帖 내여 해여ᄇ리고, [現]면첩을 내어 찢어버리고	

◇◇◇

해여ᄇ리다1[동]: 헐어버리다, 찢어버리다.

[4b]便將功折過免了打。	[諺]곳 功을다가 過에 마초아 마즘을 면ᄒ거니와, [現]곧 공을 과에 맞춰 맞음을 면하거니와	

◇◇◇

곳1[부]: 곧.
공[명]: 공(功), 공로, 공적.
-다가[조]: '을/를'의 뜻.
과[명]: 과(過), 죄, 잘못.
-거니와[어미]: 예스러운 표현으로 '이다'의 어간, 용언의 어간 또는 어미 '-으시-', '-었-', '-겠-' 뒤에 붙어, 앞 절의 사실을 인정하면서 관련된 다른 사실을 이어 주는 연결 어미.

若無免帖，　　[諺]ᄒ다가 免帖곳 업스면,
　　　　　　　[現]만약 면첩만 없으면
　　　　　　　◇◇◇
　　　　　　　-곳2[조]: -곧(예스러운 표현으로 앞말을 강조하는 뜻을 나타내는 보조사), -만.
　　　　　　　없다[형]: 없다.

乞然喫打三　　[諺]일뎡 세 번 마ᄌᆷ을(올) 닙ᄂ니라.
下。　　　　　[現]반드시 세 번 맞음을 입었습니다.
　　　　　　　◇◇◇
　　　　　　　일뎡[부]: 반드시, 필연코, 꼭, 틀림없이.
　　　　　　　닙다1[동]: 입다, 당하다, 받다.

4. 學他漢兒文書怎麼

你是高麗　　　[諺]너는 高麗ㅅ 사ᄅᆞᆷ이어니,
人,　　　　　 [現]당신은 고려 사람이니
學他漢兒文　　[諺]뎌 漢ㅅ 글 ᄇᆡ화 므슴ᄒᆞᆯ다?
書怎麼?　　　 [現]저 한인의 글을 배워서 무엇하겠습니까?
　　　　　　　◇◇◇
　　　　　　　뎌[대][관]: '저'의 옛말.
　　　　　　　-ㄹ다[어미]: 예스러운 표현으로 동사, 형용사 어간 뒤에 붙는다. -겠느냐.

你說的也　　　[諺]네 니ᄅᆞᆷ도 올커니와,
是,　　　　　 [現]당신의 말씀도 옳거니와
各自人都有　　[諺]각각 사ᄅᆞᆷ이 다 主見이 잇ᄂ니라.
主見。　　　　[現]사람은 제각기 다 주된 견해가 있습니다.
　　　　　　　◇◇◇
　　　　　　　각각[부]: 각자, 제각기.
　　　　　　　주견[명]: 주견(主見), 주된 견해.

第一章　結伴同行　49

| 你有甚麼主見？ | [諺]네 므슴 主見이 잇ᄂ뇨?
[現]당신은 무슨 견해가 있습니까? |
| 你說我聽着。 | [諺]네 니ᄅ라. 내 드ᄅ마.
[現]당신이 말해 보십시오. 내가 듣겠습니다. |

◇◇◇

-마[어미]: 받침 없는 동사 어간이나 'ㄹ' 받침인 동사 어간 뒤에 붙어, 해라할 자리에 쓰여, 상대편에게 약속하는 뜻을 나타내는 종결 어미.

| 如今朝廷一統天下， | [諺]이제 朝廷이 天下를 一統ᄒ여시니,
[現]이제 조정(朝廷)이 천하(天下)를 통일하셨으니 |

◇◇◇

-룰[조]: -를.

| [5a]世間用着的是漢兒言語。 | [諺]셰간에 ᄡᅳ는 거슨 한말이니,
[現]세상에 쓰는 것은 중국말이니 |

◇◇◇

셰간[명]: 세간, 세상.
-는2[어미]: -는.
ᄡᅳ다[동]: 쓰다, 사용하다.
한말[명]: 한어(漢語), 중국말, 중국어.

| 我這高麗言語， | [諺]우리 이 高麗ㅅ 말은,
[現]우리 이 고려의 말은 |
| 只是高麗地面裏行的； | [諺]다만 高麗ㅅ 싸히만 ᄡᅳ고,
[現]다만 고려의 땅에만 쓰고 |

◇◇◇

ᄯᅡ1[명]: '땅'의 옛말, 뭍, 육지.

| 過的義州， | [諺]義州 디나, |
| | [現]의주(義州)를 지나 |

◇◇◇

디나다[동]: 지나다.

漢兒地面来，	[諺]漢ㅅ 따히 오면,
	[現]중국 땅에 오면
都是漢兒言語。	[諺]다 한말이라.
	[現]다 중국말입니다.

◇◇◇

-라1[어미]: 예스러운 표현으로 '이다', '아니다'의 어간이나 어미 '-으시-', '-더-', '-으리-' 뒤에 붙어, 해라할 자리에 쓰여, 현재 사건이나 사실을 서술하는 뜻을 나타내는 종결 어미.

| 有人問着一句話， | [諺]아믜나 흔 말을 무러든, |
| | [現]아무나 한 마디 말을 묻거든 |

◇◇◇

아믜[대]: 아무.

-어든[어미]: 예스러운 표현으로 끝음절의 모음이 'ㆍ, ㅏ, ㅗ'인 어간 뒤에 붙어, 앞 절의 사실을 가정하여 뒤 절의 조건으로 삼음을 나타내는 연결 어미. -거든.

| 也說不得時， | [諺]쏘 디답디 못ᄒ면, |
| | [現]또 대답하지 못하면 |

◇◇◇

못ᄒ다1[보동]: 못하다.

| 別人將咱們， | [諺]다른 사롬이 우리를다가, |
| | [現]다른 사람이 우리를 |

做甚麼人看？	[諺]므슴 사룸을 사마 보리오?	
	[現]무슨 사람으로 삼아 볼까요?	
伱這般學漢兒文書時，	[諺]네 이리 漢ㅅ 글을 빈홀쟉시면,	
	[現]당신은 이렇게 중국말을 배울 것 같으면	

◇◇◇

쟉[의]: 적, 시절.

-ㄹ쟉시면[어미]: 예스러운 표현으로 동사 어간이나 '이다'의 어간 뒤, 또는 어미 뒤에 붙는다. -ㄹ 것 같으면, -ㄹ 편이면, -ㄹ 터이면.

[5b]是伱自心裏學来？	[諺]이 네 무움으로 빈호는다?	
	[現]당신의 마음으로 배웠는가요?	

◇◇◇

네2: 너의.

무움[명]: 마음.

伱的爺娘教伱學来？	[諺]네 어버이 널로 ᄒᆞ야 빈호라 ᄒᆞᄂᆞ냐?	
	[現]당신의 부모님이 당신을 시켜서 배우라 했는가요?	

◇◇◇

어버이[명]: 아버지와 어머니, 부모님.

ᄒᆞ야: 시켜서.

是我爺娘教我學来。	[諺]올ᄒᆞ니. 우리 어버이 날로 ᄒᆞ여 빈호라 ᄒᆞᄂᆞ니라.	
	[現]옳습니다. 우리 부모님이 나를 시켜서 배우라 했습니다.	

◇◇◇

올ᄒᆞ다[형]: 옳다.

你學了多少時節?	[諺]네 비환 디 언머 오라뇨?
	[現]당신은 배운 지 얼마나 오랩니까?
	◇◇◇
	디[의]: '지'의 옛말. 어미 '-ㄴ, -은' 뒤에 쓰여 어떤 일이 있었던 때로부터 지금까지의 동안을 나타내는 말.
	언머1[부]: 얼마나.
	오라다[형]: 오래다.
我學了半年有餘。	[諺]내 비환 디 반 히 남즉ᄒ다.
	[現]나는 배운 지 반 년 남짓합니다.
	◇◇◇
	히1[명]: 해, 년.
	남즉ᄒ다[형]: 남짓하다, 넉넉하다, 유여하다.
省的那省不的?	[諺]알리로소냐? 아디 못ᄒ리로소냐?
	[現]알 것인가요? 모를 것인가요?
	◇◇◇
	-리로소냐[어미]: 예스러운 표현으로 동사, 형용사 어간 뒤에 붙는다. -ㄹ 것이냐.
每日和漢兒學生們,	[諺]每日에 漢ㅅ 션븨들과,
	[現]매일 중국 학생들과
一處學文書來,	[諺]ᄒᆞᆫ디셔 글 비호니,
	[現]한곳에서 글을 배우니
	◇◇◇
	ᄒᆞᆫ디1[명]: 한데, 한곳, 한군데.
因此上,	[諺]이런 젼ᄎ로,
	[現]이런 까닭으로
[6a]些少理會的。	[諺]져기 아노라.
	[現]조금 압니다.

5. 我師傅性兒溫克

| 你的師傅是
甚麼人? | [諺]네 스승이 엇던 사롬고?
[現]당신의 스승은 어떤 사람입니까?
◇◇◇
엇던[관]: 어떤, 어떠한. |

是漢兒人
有。

[諺]이 漢ㅅ 사롬이라.
[現]중국 사람입니다.
◇◇◇
이[관][대]: 시(是), 이.

多少年紀?

[諺]나히 언머나 ᄒᆞ뇨?
[現]나이는 얼마나 합니까?
◇◇◇
낳[명]: '나이'의 옛말, 휴지(休止) 앞에서는 'ㅎ'이 탈락하여 '나'로 나타난다.

三十五歲
了。

[諺]셜흔 다숫시라.
[現]서른 다섯입니다.
◇◇◇
셜흔[수][관]: 서른.
다숫[수][관]: 다섯.

耐繁教那不
耐繁教?

[諺]즐겨 ᄀᆞᄅ치ᄂᆞ냐? 즐겨 ᄀᆞᄅ치디 아니ᄒᆞᄂ
냐?
[現]즐겨 가르쳤는가요? 즐겨 가르치지 아니하였
는가요?
◇◇◇
ᄀᆞᄅ치다[동]: 가르치다.
아니ᄒᆞ다1[보동]: 아니하다.

我師傅性兒 溫克，	[諺]우리 스승이 셩이 온화ᄒᆞ여, [現]우리 스승은 성격이 온화하여 ◇◇◇ 셩1[명]: 성(性), 성격, 성품.	
好生耐繁 教。	[諺]ᄀᆞ장 즐겨 ᄀᆞᄅᆞ치ᄂᆞ니라. [現]매우 즐겨 가르쳤습니다. ◇◇◇ ᄀᆞ장[부]: 가장, 매우, 아주.	
你那衆學生 內中，	[諺]네 뎌 모든 션븨 듕에, [現]당신들 저 모든 학생 중에	
多少漢兒人 多少高麗 人？	[諺]언머는 漢ㅅ 사ᄅᆞ미며 언머는 高麗ㅅ 사ᄅᆞᆷ고? [現]중국 사람은 얼마이며 고려 사람은 얼마입니까?	
[6b]漢兒高 麗中半。	[諺]漢과 高麗ㅣ 바로 반이라. [現]중국 사람과 고려 사람이 바로 반반입니다. ◇◇◇ -ㅣ[조]: 예스러운 표현으로 일부 받침 없는 체언류 뒤에 붙는다. -가.	
裏頭也有頑 的麼?	[諺]그 듕에 ᄀᆞ래ᄂᆞ니 잇ᄂᆞ냐? [現]그 중에 말썽을 피우는 사람이 있었습니까? ◇◇◇ ᄀᆞ래다[동]: 가래다, 말썽을 피우다, 말썽을 부리다.	
可知有頑 的!	[諺]그리어니. ᄀᆞ래ᄂᆞ니 잇ᄂᆞ니라. [現]그렇습니다. 말썽을 피우는 사람이 있었습니다. ◇◇◇ 그리어니[형]: 그렇다.	

每日學長,	[諺]每日 學長이,
	[現]매일 학장(學長)이
	◇◇◇
	학장[명]: 학장(學長), 선배.
將那頑學生,	[諺]뎌 ㄱ래ᄂ 學生을다가,
	[現]저 말썽을 피우는 학생을
師傅上稟了,	[諺]스승의 숣고,
	[現]스승께 아뢰고
	◇◇◇
	숣다[동]: 사뢰다, 아뢰다, 여쭙다.
那般打了時,	[諺]그리 티되,
	[現]그렇게 치되
只是不怕。	[諺]그저 젓티 아니ᄒᄂ니라.
	[現]그저 두려워하지 아니하였습니다.
	◇◇◇
	젖다[동]: 두려워하다.
漢兒小厮們十分頑,	[諺]漢ㅅ 아히들은 ㄱ장 ㄱ래거니와,
	[現]중국인 아이들은 말썽을 심하게 피우거니와
	◇◇◇
	아히[명]: 아이.
高麗小厮們較好些。	[諺]高麗ㅅ 아히들은 져기 어디니라.
	[現]고려인 아이들은 조금 어집니다.
	◇◇◇
	어딜다[형]: 어질다.

6. 漢兒地面裏不慣行

大哥,	[諺]큰형아!
	[現]큰형님!
你如今那裏去?	[諺]네 이제 어듸 가는다?
	[現]당신은 이제 어디에 갑니까?
[7a]我也徃北京去。	[諺]나도 北京 향ᄒᆞ야 가노라.
	[現]나도 북경을 향해 갑니다.
你既徃北京去時,	[諺]네 이믜 北京을 향ᄒᆞ야 갈쟉시면,
	[現]당신은 이미 북경을 향해 갈 것 같으면
我是高麗人,	[諺]나ᄂᆞᆫ 高麗ㅅ 사ᄅᆞᆷ이라,
	[現]나는 고려 사람이라
漢兒地面裏不慣行,	[諺]漢ㅅ 싸히 니기 ᄃᆞ니디 못ᄒᆞ엿노니,
	[現]중국 땅에 익숙하게 다니지 못했노니

◇◇◇

니기[부]: 익숙하게, 익히.

ᄃᆞ니다[동]: 다니다.

-노니[어미]: 예스러운 표현으로 동사 어간이나 어미 '-으시-', '-었-', '-겠-', '-삽-', '-옵-' 뒤에 붙어, 앞말이 뒷말의 원인이나 근거, 전제 따위를 나타내는 연결 어미. 근엄하게 말하는 태도가 드러난다. '-나니'보다 엄숙한 문어적 말투로 쓰임.

你好歹拖帶我,	[諺]네 모로미 나를 ᄃᆞ려,
	[現]당신은 모름지기 나를 데리고

◇◇◇

모로미[부]: 모름지기, 반드시.

ᄃᆞ리다[동]: 데리다.

做火伴去。	[諺]벗 지어 가고려. [現]벗을 삼아 가 주십시오. ◇◇◇ -고려[어미]: 예스러운 표현으로 동사 어간이나 어미 '-으시-' 뒤에 붙어 하오할 자리에 쓰여, 상대에게 권하는 태도로 시키는 뜻을 나타내는 종결 어미. -구려. 짓다1[동]: (벗을) 짓다, 삼다.	
這們時,	[諺]이러면, [現]이렇다면	
咱們一同去來。	[諺]우리 홈씌 가쟈. [現]우리 함께 갑시다. ◇◇◇ -쟈[어미]: 예스러운 표현으로 동사 어간 뒤에 붙어, 해라할 자리에 쓰여, 어떤 행동을 함께하자는 뜻을 나타내는 종결 어미. -자.	
哥哥你貴姓?	[諺]형아! 네 셩이여? [現]형님! 당신의 성씨는 어떻게 됩니까? ◇◇◇ 셩2[명]: 성(姓), 성씨.	
我姓王。	[諺]내 셩이 王개로라. [現]내 성은 왕(王)가이라고 합니다. ◇◇◇ -로라[어미]: 예스러운 표현으로 '이다', '아니다'의 어간 뒤에 붙어, 간접 인용절에 쓰여 자신의 행동을 의식적으로 드러내어 나타내는 종결 어미.	
你家在那裏住?	[諺]네 집이 어듸셔 사는다? [現]당신은 어디서 삽니까?	

[7b]我在遼 [諺]내 遼陽 잣 안해셔 사노라.
陽城裏住。 [現]나는 요양(遼陽) 성 안에서 삽니다.
◇◇◇
잣[명]: 성.
안ㅎ[명]: 안.

你京裏有甚 [諺]네 셔울 므슴 일 이셔 가는다?
麼勾當去？ [現]당신은 북경에 무슨 일이 있어어 갑니까?
◇◇◇
셔울[명]: 서울, 여기는 북경을 가리킨다.

我將這幾箇 [諺]내 이 여러 물 가져 풀라 가노라.
馬賣去。 [現]나는 이 몇 마리의 말을 가지고 팔러 갑니다.
◇◇◇
물[명]: 말.
-라2[어미]: 예스러운 표현으로 동사, 형용사 어간 뒤에 붙어, 어떤 행동을 할 의도나 욕망을 가지고 있음을 나타내는 연결 어미. -려고.
풀다[동]: 팔다.

那般時最 [諺]그러면 ᄀ장 됴토다.
好。 [現]그렇다면 아주 좋습니다.
◇◇◇
둏다[형]: 좋다.
-도다[어미]: 예스러운 표현으로 '이다'의 어간, 용언의 어간 또는 어미 '-으시-', '-었-', '-겠-' 뒤에 붙어, 해라할 자리에 쓰여, 감탄을 나타내는 종결 어미. 장중한 어조를 띤다.

我也待賣這 [諺]나도 이 여러 물 풀라 가며,
幾箇馬去， [現]나도 이 몇 마리의 말을 팔러 가며

這馬上馱着的些少毛施布,	[諺]이 믈쎄 실은 져근 모시뵈도, [現]이 말에게 실은 모시베도 ◇◇◇ -쎄[조]: -께, -에게. 모시뵈[명]: 모시베, 모시(苧麻布, 夏布. 모시풀 껍질의 섬유로 짠 피륙. 베보다 곱고 빛깔이 희며 여름 옷감으로 많이 쓰인다).	
一就待賣去。	[諺]이믜셔 폴고져 ᄒ여 가노라. [現]가서 함께 팔고자 합니다. ◇◇◇ 이믜셔[부]: 함께, 곧, 즉시, 바로. -고져[어미]: 예스러운 표현으로 '있다, 없다, 계시다'의 어간, 동사 어간 또는 어미 '-으시-' 뒤에 붙어, 어떤 행동을 할 의도나 욕망을 가지고 있음을 나타내는 연결 어미. -고자.	
你既賣馬去時,	[諺]네 이믜 ᄆᆞᆯ 폴라 가거든, [現]당신이 기왕 말을 팔러 간다면	
咱們恰好做火伴去。	[諺]우리 벗지어 가미 마치 됴토다. [現]우리 벗을 삼아 가는 게 마치 좋습니다.	

7. 京裏馬價如何

哥哥,	[諺]형은, [現]형은	
[8a]曾知得,	[諺]일즉 아ᄂᆞ니? [現]일찍감치 알고 계십니까? ◇◇◇ 일즉[부]: 일찍, 일찌감치, 전에. -ᄂᆞ니2[어미]: 예스러운 표현으로 동사, 형용사 어간이나 어미 뒤에 붙어, 해라할 자리에 쓰여, 물음을 나타내는 종결 어미. -ㄴ냐.	

京裏馬價如何？	[諺]셔울 물 갑시 엇더ᄒ고? [現]북경 말 값이 어떠합니까? ◇◇◇ 엇더ᄒ다[형]: 어떠하다.
近有相識人來說，	[諺]요ᄉᆞ이 서르 아는 사ᄅᆞ미 와 니ᄅᆞ되, [現]요사이 서로 아는 사람이 와서 말하되 ◇◇◇ 요ᄉᆞ이[명]: 요사이.
馬的價錢這幾日好。	[諺]ᄆᆞᆯ 갑시 요ᄉᆞ이 됴ᄒ니, [現]말 값이 요사이 좋으니
似這一等的馬，	[諺]이 ᄒᆞᆫ 등엣 ᄆᆞᆯ은, [現]이 등급 된 말은
賣十五兩以上；	[諺]열닷 냥 우흐로 풀고, [現]열닷 냥 이상으로 팔고 ◇◇◇ 닷[관]: 그 수량이 다섯임을 나타내는 말('되', '말', '냥', '돈' 따위의 단위를 나타내는 말 앞에 쓰임). 우흐로: 위로, 이상으로, 넘게.
這一等的馬，	[諺]이 ᄒᆞᆫ 등엣 ᄆᆞᆯ은, [現]이 등급 된 말은
賣十兩以上。	[諺]열 량 우흐로 폴리라 ᄒ더라. [現]열 냥 이상으로 팔 것이라고 하더래요. ◇◇◇ -리라1[어미]: 모음이나 'ㄹ'로 끝나는 용언, '이다'의 어간 또는 선어말 어미 '-으시-'의 뒤에 붙어, 추측하는 어떤 사실을 간접적으로 인용하여 나타내는 연결 어미. -더라[어미]: '이다'의 어간, 용언의 어간 또는 어미 '-으시-', '-었-', '-겠-' 뒤에 붙어, 해라할 자리에 쓰여, 화자가 과거에 직접 경험하여 새로이 알게 된 사실을 그대로 옮겨 와 전달한다는 뜻을 나타내는 종결 어미. 어미 '-더-'와 어미 '-라'가 결합한 말.

曾知得,	[諺]일즉 아ᄂ니? [現]일찍감치 알고 계십니까?
布價高低麽?	[諺]븻 갑시 쓰던가? 디던가? [現]베 값이 비싸던가요? 싸던가요?

◇◇◇

쓰다[형]: 값있다, 비싸다.
디다1[형]: 싸다, 값싸다.
-던가[어미]: '이다'의 어간, 용언의 어간 또는 어미 '-으시-', '-었-', '-겠-' 뒤에 붙어, 하게할 자리에 쓰여, 과거의 사실에 대하여 자기 스스로에게 묻는 물음이나 추측을 나타내는 종결 어미.

布價如徃年的價錢一般。	[諺]븻 갑슨 徃年 갑과 ᄒ가지라 ᄒ더라. [現]베 값은 지난해 값과 한가지라고 하더래요.

◇◇◇

왕년[명]: 왕년(徃年), 지난해 ,전년.
ᄒ가지[명]: 한가지(형태, 성질, 동작 따위가 서로 같은 것).

[8b]京裏喫食貴賤?	[諺]셔울 머글 거시 노든가? 흔튼가? [現]북경에서 먹을 것이 비싸든가요? 싸든가요?

◇◇◇

노다[형]: 값이 비싸다, 귀하다.
흔ᄒ다[형]: 값싸다.
-든가[어미]: -던가('-던가'는 지난 일을 물을 때 쓰는 어미이다. 비슷한 발음으로 '-든가'를 쓰는 경우가 있으나 '-던가'만 표준어로 삼는다).

我那相識人曾說,	[諺]내 뎌 아는 사ᄅᆷ이 일즉 니ᄅ되, [現]내가 저 아는 사람이 일찍 말하되

他来時,　　　[諺]제 올 저긔,
　　　　　　　[現]그가 올 적에
　　　　　　　◇◇◇
　　　　　　　제1[대]: 저이가, 그이가, 그가.

八分銀子一　　[諺]팔 푼 은애 ᄒᆞᆫ 말 경미오,
斗粳米,　　　[現]팔 푼 은자에 갱미 한 말이고,
　　　　　　　◇◇◇
　　　　　　　푼[의]: 푼(한 돈의 십분의 일).
　　　　　　　경미[명]: 멥쌀, 갱미.
　　　　　　　-오1[어미]: 예스러운 표현으로 모음 'ㅣ' '나' 'ㄹ'
　　　　　　　받침으로 끝나는 어간 뒤에 붙어, 두 가지 이상의
　　　　　　　사실을 대등하게 벌여 놓는 연결 어미. -고.

五分一斗小　　[諺]오 푼애 ᄒᆞᆫ 말 조ᄡᆞᆯ이오,
米,　　　　　[現]오 푼에 좁쌀 한 말이고,
　　　　　　　◇◇◇
　　　　　　　조ᄡᆞᆯ[명]: 좁쌀.

一錢銀子十　　[諺]ᄒᆞᆫ 돈 은애 열 근 ᄀᆞ루리오,
斤麵,　　　　[現]한 돈 은자에 가루 열 근이고,
　　　　　　　◇◇◇
　　　　　　　돈1[의]: 돈(한 냥의 십 분의 일).
　　　　　　　ᄀᆞ루[명]: 가루.

二分銀子一　　[諺]두 푼 은애 ᄒᆞᆫ 근 羊肉이라 ᄒᆞ더라.
斤羊肉。　　　[現]두 푼 은자에 양고기 한 근이라고 하더래요.

似這般時,　　[諺]이러ᄐᆞᆺ ᄒᆞ면,
　　　　　　　[現]이렇게 한다면
　　　　　　　◇◇◇
　　　　　　　이러ᄐᆞᆺ[부]: 이렇듯, 이렇게.

我年時在京	[諺]내 前年에 셔울 잇더니,
裏来,	[現]내가 작년에 북경에 있을 때
	◇◇◇
	젼년[명]: 전년(前年), 작년, 지난해.
	잇다1[형]: 있다.
價錢都一	[諺]갑시 다 ᄒᆞ가지로다.
般。	[現]값이 다 한가지입니다.

8. 咱們今夜那裏宿去

[9a]咱們今夜那裏宿去?	[諺]우리 오늘 밤의 어듸 자고 가료?
	[現]우리 오늘 밤에 어디에 자고 갈까요?
	◇◇◇
	-료[어미]: 예스러운 표현으로 동사, 형용사 어간 뒤에 붙어, 혼잣말에 쓰여, 사리로 미루어 판단하건대 어찌 그러할 것이냐고 반문하는 뜻을 나타내는 종결 어미. 한탄하는 뜻이 들어 있을 때도 있으며, '-랴'보다 장중한 느낌이 있다. -리오, -리요.
咱們徃前行的,	[諺]우리 앏흐로 향ᄒᆞ여 녜여,
	[現]우리 앞으로 가서
	◇◇◇
	앏ㅎ[명]: '앞'의 옛말.
十里来田地裏,	[諺]十里는 ᄒᆞᆫ ᄯᅡ히,
	[現]십 리 되는 곳에
	◇◇◇
	ᄯᅡᇂ2[명]: '땅'의 옛말, 지역, 구역, 거리, 곳.

有箇店子，	[諺]훈 店이 이쇼딕，	
	[現]한 여관이 있으되	

◇◇◇

-요딕1[어미]: 예스러운 표현으로 'ㅣ' 'ㅏ' 'ㅣ' 계열 이중 모음으로 끝나는 어간이나 '호다'의 어간 뒤에 붙어, 어떤 사실을 서술하면서 그와 관련된 조건이나 세부 사항을 뒤에 덧붙이는 뜻을 나타내는 연결 어미. -되.

名喚瓦店。	[諺]일홈을 瓦店이라 브르느니.	
	[現]이름을 와점(瓦店)이라 부릅니다.	
咱們到時，	[諺]우리 가면，	
	[現]우리가 가면	
或早或晚，	[諺]혹 일으나 혹 느즈나，	
	[現]혹시 일으나 혹시 늦으나	

◇◇◇

혹[부]: 혹, 혹시, 어쩌면, 아마.
일다1[형]: 이르다.
-으나[어미]: 'ㄹ'을 제외한 받침 있는 용언의 어간이나 어미 '-었-', '-겠-' 뒤에 붙어, '-으나 -으나' 구성으로 쓰여 비교의 뜻을 나타내는 연결 어미.

只那裏宿去。	[諺]그저 뎌긔 자고 가쟈.	
	[現]그저 저기에 자고 갑시다.	

◇◇◇

뎌긔[대]: 저기.

若過去了時，	[諺]호다가 디나가면，	
	[現]만약 지나가면	

那邊有二十里地,	[諺]뎌 편 二十里 짜히,
	[現]저 편 이십 리 되는 땅에
沒人家。	[諺]人家ㅣ 업스니라.
	[現]인가(人家)가 없습니다.

◇◇◇

인가[명]: 인가(人家), 집, 남의 집.
-으니라[어미]: 예스러운 표현으로 'ㄹ'을 제외한 받침 있는 형용사 어간 뒤에 붙어, 해라할 자리에 쓰여, 진리나 으레 있는 사실을 일러 줄 때에 쓰이는 종결 어미.

既那般時,	[諺]이믜 그러면,
	[現]기왕 그렇다면
前不着村,	[諺]앏흐로 村애 다둣디 못ᄒ고,
	[現]앞으로는 촌에 다다르지 못하고
[9b]後不着店,	[諺]뒤흐로 뎜에 다둣디 못ᄒ리니,
	[現]뒤로는 여관에 다다르지 못할 것이니

◇◇◇

뎜1[명]: 여관, 여인숙.
-리니[어미]: '이다'의 어간, 받침 없는 용언의 어간, 'ㄹ' 받침인 용언의 어간 또는 어미 '-으시-', '-으오-' 뒤에 붙어, 앞 절 내용이 뒤 절의 조건이나 근거가 되는 추측의 뜻을 나타내는 연결 어미.

咱們只投那裏宿去。	[諺]우리 그저 뎌긔 드러 자고 가쟈.
	[現]우리는 그저 저기에 들어가 자고 갑시다.
到那裏便早時也好,	[諺]뎌긔 가 곳 일러도 됴흐니,
	[現]저기에 가는데 곧 일러도 좋으니

咱們歇息頭口,	[諺]우리 ᄆ쇼 쉬워, [現]우리는 짐승을 쉬게 해서 ◇◇◇ ᄆ쇼[명]: 마소, 가축의 총칭. 쉬우다[동]: 쉬게 하다.	
明日早行。	[諺]닉일 일 녜쟈. [現]내일 일찍 갑시다. ◇◇◇ 닉일[명]: 내일. 일[부]: 일찍.	
這裏到京裏,	[諺]예셔 셔울 가기, [現]여기서 북경 가는데 ◇◇◇ 예1[대]: 여기.	
有幾程地?	[諺]몃 즘게 길히 잇ᄂ뇨? [現]몇 거리의 길이가 있습니까? ◇◇◇ 몃[수][관]: 몇. 즘게[명]: 거리, 노정.	
這裏到京裏,	[諺]예셔 셔울 가기, [現]여기서 북경 가는데	
還有五百里之上。	[諺]당시롱 五百里 우흐로 잇ᄂ니. [現]아직 오백 리 넘게 있습니다. ◇◇◇ 당시롱[부]: 아직, 그래도, 도리어, 오히려.	
天可憐見,	[諺]하늘이 어엿비 너기샤, [現]하늘이 가엾이 여기시어	

身子安樂時,	[諺]몸이 편안ᄒᆞ면, [現]몸이 편안하면
再着五箇日頭到了。	[諺]쏘 닷쇄만ᄒᆞ면 가리라. [現]또 닷샛날만하면 갈 것입니다.

◇◇◇

닷쇄[명]: 닷새, 닷샛날, 오일.
-만ᄒᆞ다1[접미]: -만하다.

[10a]咱們到時,	[諺]우리 가면, [現]우리가 가면
那裏安下好?	[諺]어듸 브리워야 됴홀고? [現]어디에 묵어야 좋을까요?

◇◇◇

브리우다[동]: (짐을) 부리다, (짐을) 내리다, 묵다.
-ㄹ고[어미]: 예스러운 표현으로 어간 뒤에 붙어, 해할 자리에 쓰여, 어떤 일에 대하여 상대편의 의사를 묻는 종결 어미. -ㄹ까.

咱們往順城門官店裏下去来。	[諺]우리 順城門읫 官店을 향ᄒᆞ야 브리오라 가쟈. [現]우리는 순성문(順城門)에 있는 관점(官店)을 향해 묵으러 갑시다.

◇◇◇

-읫: -엣, -에의, -에 있는.

那裏就便投馬市裏去却近些。	[諺]뎌셔 곳 둘 져제 가미 쏘 갓가오니라. [現]저기에서 바로 말 시장에 가는 것도 가깝습니다.

◇◇◇

뎌1[대]: 제, 저기.
져제[명]: 저자, 시장, 가게, 점포.
갓갑다[형]: 가깝다.

你說的是。　　　[諺]네 니르미 올타.
　　　　　　　　[現]당신의 말씀이 옳습니다.
我也心裏這　　　[諺]나도 무옴애 이리 싱각ᄒ엿더니,
般想着,　　　　[現]나도 마음에 이렇게 생각하였는데
　　　　　　　　◇◇◇
　　　　　　　　싱각ᄒ다[동]: 생각하다.
你說的恰和　　　[諺]네 닐오미 맛치 내 ᄠᅳᆮ과 굿다.
我意同。　　　　[現]당신의 말씀이 마침 내 뜻과 같습니다.
　　　　　　　　◇◇◇
　　　　　　　　닐오다[동]: 이르다, 말하다.
　　　　　　　　맛치[부]: 마침, 바로.
　　　　　　　　ᄠᅳᆮ[명]: 뜻.
　　　　　　　　굿다[형]: 같다.
只除那裏好,　　　[諺]다만 게만 됴ᄒ니,
　　　　　　　　[現]다만 거기만 좋으니
　　　　　　　　◇◇◇
　　　　　　　　게1[대]: 거기, 거기에.
[10b]但是遼　　　[諺]믈읫 遼東으로셔 가는 나그내들히,
東去的客人　　　[現]무릇 요동(遼東)으로셔 가는 나그네들이
們,　　　　　　◇◇◇
　　　　　　　　믈읫[부]: 무릇(대체로 헤아려 생각하건대).
　　　　　　　　-들ㅎ[접미]: (일부 명사 뒤에 붙어) '-들'의 옛말.
別處不下,　　　[諺]다른 듸 브리오디 아니ᄒ고,
　　　　　　　　[現]다른 곳에 묵지 아니하고
　　　　　　　　◇◇◇
　　　　　　　　듸2[의]: 데('곳'이나 '장소'의 뜻을 나타내는 말).

都在那裏安下。	[諺]다 뎌긔 브리오ᄂ니.
	[現]다 저기에 묵습니다.
我年時也在那裏下來,	[諺]나도 져년에 뎌긔 브리웟더니,
	[現]나도 지난해 저기에 묵었더니

◇◇◇

져년[명]: 전년(前年), 지난해.

十分便當。	[諺]ᄀ장 편당ᄒ더라.
	[現]아주 편리했습니다.

◇◇◇

편당ᄒ다[형]: 마땅하다, 편리하다.

9. 每夜喫的草料通該多少錢

你這幾箇頭口,	[諺]네 이 여러 ᄆ쇼들히,
	[現]당신의 이 여러 짐승들이

◇◇◇

-돓[접미]: (일부 명사 뒤에 붙어) '-들'의 옛말.

每夜喫的草料,	[諺]밤마다 먹는 딥과 콩이,
	[現]밤마다 먹는 짚과 콩이

◇◇◇

딥[명]: 짚.

通該多少錢?	[諺]대되 돈이 언메나 ᄒ고?
	[現]통틀어 돈이 얼마나 합니까?

◇◇◇

대되[부]: 모두, 통틀어, 온통.

언메나[부]: 얼마나.

這六箇馬,   [諺]이 여슷 물이,
           [現]이 여섯 마리의 말은
           ◇◇◇
           여슷[수][관]: 여섯.

每一箇五升   [諺]미 ᄒᆞ나헤 닷 되 콩과 흔 뭇 딥식 ᄒᆞ여,
料一束草,   [現]매 하나에 콩 닷 되와 짚 한 뭇씩 해서
           ◇◇◇
           ᄒᆞ낳[수]: '하나'의 옛말.
           -식[접미]: -씩.

通筭過来,   [諺]통ᄒᆞ여 혜오니,
           [現]통틀어 계산하니
           ◇◇◇
           통ᄒᆞ다[동]: 통하다, 통틀다, 아우르다, 합하다.
           혜다1[동]: 헤아리다, 계산하다, 셈하다.
           -오니[어미]: 예스러운 표현으로 동사, 형용사 어간 뒤에 붙어 주로 일인칭 주어와 함께 쓴다. 어떤 사실을 먼저 진술하고 이와 관련된 다른 사실을 이어서 설명할 때 쓰는 연결 어미. -니.

[11a]盤纏着   [諺]은 두 돈을 쓰고,
二錢銀子;   [現]은자 두 돈을 쓰고
這六箇馬,   [諺]이 여슷 물이,
           [現]이 여섯 마리의 말이
每夜喫的草   [諺]每夜의 먹ᄂᆞᆫ 딥과 콩이 ᄒᆞᆫ가지 아니라.
料不等。   [現]매일 밤에 먹는 짚과 콩이 한가지가 아닙니다.
草料貴廣,   [諺]콩딥 귀ᄒᆞᆫ 곳은,
           [現]콩과 짚이 귀한 곳은
           ◇◇◇
           곳3[명]: 곳(處).

盤纏三四錢銀子；	[諺]서너 돈 은을 쓰고, [現]은자 서너 돈을 쓰고
草料賤處,	[諺]콩딥 흔흔 곳은, [現]콩과 짚이 값싼 곳은
盤纏二錢銀子。	[諺]두 돈 은을 쓰ᄂ니라. [現]은자 두 돈을 씁니다.
這箇馬也行的好,	[諺]이 ᄆᆞᆯ도 거름이 됴코나! [現]이 말도 걸음이 좋구나!

◇◇◇

거름[명]: 걸음.

-고나[어미]: 형용사나 '이다'의 어간 또는 선어말 어미 '-으시-', '-엇-', '-겟-'의 뒤에 붙어, 화자가 새롭게 알게 된 사실에 대하여 감탄하거나 주목하는 뜻을 나타내는 종결 어미. 해라체로, 주로 혼잣말에 쓰인다. -구나.

可知有幾步慢竄。	[諺]그리어니. 여러 거름이 즈늑즈늑호ᄃᆡ 재니라. [現]그렇습니다. 여러 걸음이 느릿느릿하되 빠릅니다.

◇◇◇

즈늑즈늑ᄒᆞ다[형]: 느릿느릿하다.

-ᄃᆡ3[어미]: 예스러운 표현으로 '이다'의 어간, 용언의 어간 또는 어미 '-으시-' 뒤에 붙어, 대립적인 사실을 잇는 데 쓰는 연결 어미. -되.

재다1[형]: 빠르다.

除了這箇馬,	[諺]이 ᄆᆞᆯ을 덜고ᄂᆞᆫ, [現]이 말을 덜고는
別箇的都不好。	[諺]다ᄅᆞ니ᄂᆞᆫ 다 됴티 아니타. [現]다른 말은 다 좋지 않습니다.

[11b]你這馬 [諺]네 이 물과 뵈롤,
和布子,   [現]당신의 이 말과 베를
到北京賣了 [諺]北京의 가 풀고,
時,   [現]북경에 가서 팔고
却買些甚麼 [諺]또 므슴 貨物을 사,
貨物,   [現]또 무슨 화물(貨物)을 사서
迴還高麗地 [諺]高麗ㅅ 싸히 도라가 푸느뇨?
面裏賣去? [現]고려 땅에 돌아가서 팝니까?
我徃山東濟 [諺]내 山東 濟寧府엣 東昌 高唐의 가,
寧府東昌高 [現]나는 산동(山東) 제녕부(濟寧府)에 있는 동창
唐,   (東昌) 고당(高唐)에 가서
收買些絹子 [諺]깁과 능과 소옴을 거두어 사,
綾子綿子, [現]깁(絹) 비단과 능(綾) 비단과 솜을 거두어 사서
          ◇◇◇
          깁[명]: 깁(絹), 비단의 하나, 명주실로 바탕을 조
          금 거칠게 짠 비단.
          능[명]: 능(綾), 비단의 하나, 얼음 같은 무늬가 있
          고 얇은 비단.
          소옴[명]: 솜.
迴還王京賣 [諺]王京의 도라가 풀라 가노라.
去。   [現]왕경(王京)에 돌아가서 팔려고 합니다.
到伱那地面 [諺]네 뎌 싸히 가,
裏,   [現]당신의 저 땅에 가서 팔면
也有些利錢 [諺]져그나 니쳔 인느냐?
麼?   [現]적으나마 이젼이 있습니까?
          ◇◇◇
          져그나[부]: 적으나마, 적이.
          니쳔[명]: 이젼(利錢), 이익.

那的也中。	[諺]그는 또 므던ᄒᆞ니. [現]그거는 또 괜찮습니다. ◇◇◇ 므던ᄒᆞ다[형]: 무던하다, 괜찮다, 좋다, 무방하다.	
[12a]我年時，	[諺]내 젼년의, [現]내가 지난해 ◇◇◇ 젼년[명]: 전년(前年), 지난해.	
跟着漢兒火伴，	[諺]漢ㅅ 벗 조차, [現]중국 벗을 따라	
到高唐，	[諺]高唐의 가, [現]고당에 가서	
收買些綿絹，	[諺]소옴과 깁을 거두어 사, [現]솜과 깁 비단을 거두어 사서	
將到王京賣了，	[諺]王京의 가져가 ᄑᆞ라, [現]왕경에 가져가 팔아	
也尋了些利錢。	[諺]져기 니쳔(쳔) 어드롸. [現]이익을 조금 얻었습니다.	

10. 到王京多少價錢賣

你那綾絹綿子，	[諺]네 뎌 능과 깁과 소옴을, [現]당신의 저 능 비단과 깁 비단과 솜을
就地頭多少價錢買來？	[諺]믿짜히셔 언멋 갑스로 사, [現]원산지에서 얼마의 값으로 사서 ◇◇◇ 믿1-[접두]: 밑-('본래'의 뜻). 믿ᄯᅡᆼ[명]: 원산지, 생산지. 언멋: 얼마의.

到王京多少價錢賣?	[諺]王京의 가 언멋 갑식 포는다? [現]왕경에 가서 얼마의 값에 팝니까?
我買的價錢,	[諺]내 사논 갑슨, [現]내가 산 값은
小絹一匹三錢,	[諺]小絹 혼 필앤 서 돈에 호여, [現]폭이 좁은 비단 한 필에 서 돈으로 하여 ◇◇◇ 소견[명]: 소견(小絹), 폭이 좁은 비단. 필1[의]: 필(疋), 일정한 길이로 말아 놓은 피륙을 세는 단위.
[12b]染做小紅裏絹;	[諺]小紅 드려 안찝 삼고, [現]분홍색을 들여 안 깁 비단으로 삼고 ◇◇◇ 소홍[명]: 소홍(小紅), 분홍색. 안찝[명]: 안찝, 안감.
綾子每匹二兩家,	[諺]능 미 혼 필에 두 냥식 호여, [現]능 비단 매 한 필에 두 냥씩 하여
染做鴉青和小紅。	[諺]야쳥과 쇼홍 드리노라. [現]청흑색과 분홍색을 들입니다. ◇◇◇ 야쳥[명]: 짙은 남빛, 청흑색. 쇼홍[명]: 소홍(小紅), 분홍색.
絹子每匹,	[諺]깁 미 혼 필에논, [現]깁 비단 매 한 필에는
染錢二錢;	[諺]믈갑시 두 돈이오, [現]물들이는 값이 두 돈이고, ◇◇◇ 믈갑[명]: 물값, 물들이는 값, 염색하는 값.

綾子每匹染	[諺]능 미 흔 필에 믈갑슨,
錢,	[現]능 비단 매 한 필에 물들이는 값은
鴉靑的三	[諺]야쳥앤 서 돈이오,
錢;	[現]청흑색에는 서 돈이고,
小紅的二	[諺]小紅앤 두 돈이오,
錢。	[現]분홍색에는 두 돈이고,
又綿子每一	[諺]쏘 소옴 흔 근에눈,
斤,	[現]또 솜 한 근에는
價錢六錢銀	[諺]갑시 엿 돈 은이니.
子。	[現]값이 엿 돈 은자입니다.

◇◇◇

엿[관]: 그 수량이 여섯임을 나타내는 말(일부 단위를 나타내는 말 앞에 쓰임).

到王京,	[諺]王京의 가,
	[現]왕경에 가서
絹子一匹,	[諺]깁 흔 필에눈,
	[現]깁 비단 한 필에는
賣細麻布兩	[諺]가믄뵈 두 필에 프라,
匹,	[現]촘촘한 베 두 필에 팔아

◇◇◇

가믄뵈[명]: 세포(細布), 가는 베, 촘촘한 베.

| [13a]折銀一 | [諺]銀 흔 냥 두 돈애 혜고, |
| 兩二錢; | [現]은자 한 냥 두 돈으로 환산하고 |

◇◇◇

혜다2[동]: 헤아리다, 환산하다.

| 綾子一匹, | [諺]綾 흔 필엔, |
| | [現]능 비단 한 필에는 |

鴉靑的賣布 六匹,	[諺]야쳥의는 뵈 엿 셸에 포라, [現]청흑색 베 엿 필에 팔아 ◇◇◇ 셸[의]: 필(疋), 일정한 길이로 말아 놓은 피륙을 세는 단위.
折銀子三兩 六錢;	[諺]銀 석 냥 엿 돈에 혜고, [現]은자 석 냥 엿 돈으로 환산하고
小紅的賣布 五匹,	[諺]小紅의는 뵈 닷 셸에 포라, [現]분홍색 베 닷 필에 팔아
折銀子三 兩;	[諺]銀 석 냥에 혜고, [現]은자 석 냥으로 환산하고
綿子每四 兩,	[諺]소옴은 每 넉 냥의, [現]솜은 매 넉 냥에
賣布一匹,	[諺]뵈 흔 필애 포라, [現]베 한 필에 팔아
折銀子六 錢,	[諺]銀 엿 돈애 혜여, [現]은자 엿 돈으로 환산하여
通滾筭着,	[諺]모화 혜니, [現]한데 합해서 계산하면 ◇◇◇ 모호다[동]: 모으다, 한데 합하다.
除了牙稅繳 計外,	[諺]즐음갑세 물 썻 마몰라 혜여 덜온 밧씌, [現]소개료 낼 것을 마물러 계산해서 던 후에 ◇◇◇ 즐음값[명]: 소개료, 중개료. 물다[동]: (돈을) 물다, 갚다, 물리다, 내다. 마모르다[동]: 마무르다. 밧[명]: 밖, 이외. -쇠3[조]: -에.

[13b]也尋了　[諺]쏘 혀긔온 니쳔을 어들러라.
加五利錢。　[現]또 5할의 이익을 크게 덧붙인 밑전을 얻었을
　　　　　　것입니다.
　　　　　　◇◇◇
　　　　　　혀긔오다[동]: (5할의 이익을) 크게 덧붙이다.
　　　　　　-을러라[어미]: 예스러운 표현으로 'ㄹ'을 제외한
　　　　　　받침 있는 용언의 어간이나 어미 '-었-' 뒤에 붙
　　　　　　어, 해라할 자리에 쓰여, 추측을 나타내는 종결 어
　　　　　　미. '-겠더라'에서 '-더-'의 의미가 약해진 것으로
　　　　　　서 주로 옛 말투의 시문에서 쓰인다.

11. 前後住了多少時

你自來,　　　[諺]네 본디,
　　　　　　[現]당신은 원래
　　　　　　◇◇◇
　　　　　　본디[명][부]: 본디, 본래, 원래.
到京裏,　　　[諺]셔울 가,
　　　　　　[現]북경에 가서
賣了貨物,　　[諺]貨物을 프라,
　　　　　　[現]물품을 팔아
　　　　　　◇◇◇
　　　　　　화물[명]: 화물(貨物), 물품, 상품.
却買綿絹,　　[諺]쏘 소옴과 깁을 사,
　　　　　　[現]또 솜과 깁 비단을 사서
到王京賣　　[諺]王京에 가 프노라 ᄒ면,
了,　　　　　[現]왕경에 팔러 간다면

前後住了多少時？	[諺]前後에 언메나 오래 머믈러뇨? [現]앞뒤 얼마나 오래 머무릅니까? ◇◇◇ 전후[명]: 전후(前後), 앞뒤, 먼저와 나중. 머믈다[동]: 머물다, 머무르다, 묵다.
我從年時正月裏，	[諺]내 젼년 正月브터, [現]나는 지난해 정월부터
將馬和布子，	[諺]물과 뵈를 가져, [現]말과 베를 가지고
到京都賣了，	[諺]셔울 가 다 폴고, [現]북경에 가서 다 팔고
五月裏到高唐，	[諺]五月에 高唐의 가, [現]오월에 고당(高唐)에 가서
收起綿絹，	[諺]소옴과 깁을 거두워, [現]솜과 깁 비단을 거두어
到直沽裏上船過海，	[諺]直沽에 가 빈 타 바다 건너, [現]직고(直沽)에 가서 배를 타고 바다를 건너 ◇◇◇ 빈1[명]: 배(船).
[14a]十月裏到王京，	[諺]十月에 王京의 가, [現]시월에 왕경에 가서
投到年終，	[諺]年終애 다드라, [現]연말에 다다라
貨物都賣了，	[諺]貨物을 다 폴고, [現]물품을 다 팔고
又買了這些馬弁毛施布来了。	[諺]쏘 이 물과 모시뵈를 사오노라. [現]또 이 말과 모시베를 사왔습니다.

12. 這三箇火伴是伱親眷那

這三箇火伴，	[諺]이 세 벗이,
	[現]이 세 벗이
是伱親眷那？	[諺]이 네 권당가?
	[現]당신의 친척인가요?
	◇◇◇
	권당[명]: 친척, 친족.
是相合來的？	[諺]이 서르 못드라오니가?
	[現]서로 모여 달려온 사람인가요?
	◇◇◇
	못드라오다[동]: 모여 달려오다, 함께 달려오다.
都不曾問，	[諺]다 일즉 뭇디 아니ᄒ엿더니,
	[現]다 아직 묻지 아니하였는데
	◇◇◇
	뭇다[동]: 묻다.
姓甚麼？	[諺]姓이 므스것고?
	[現]성은 무엇입니까?
	◇◇◇
	므스것[대]: 무엇.
這箇姓金，	[諺]이는 姓이 金개니,
	[現]이 사람은 성이 김(金)가인데

是小人姑舅哥哥；	[諺]이는 小人의 아븨누의 어믜오라븨게 난 형이오, [現]소인의 고종사촌 형이고, ◇◇◇ 아븨: 아비의, 아버지의. 아븨누이[명]: 고모. 어믜: 어미의, 어머니의. 어미오라비[명]: 외삼촌. 아븨누의 어믜오라븨게 난 형[명]: 고종사촌 형(姑從四寸兄).
這箇姓李，	[諺]이는 姓이 李개니, [現]이 사람은 성이 이(李)가인데
[14b]是小人兩姨兄弟；	[諺]이는 小人의 어믜동싱의게 난 아이오, [現]소인의 이종사촌 동생이고, ◇◇◇ 어믜동싱[명]: 이모. 어믜동싱의게 난 아이[명]: 이종사촌 동생(姨從四寸弟弟).
這箇姓趙，	[諺]이는 姓이 趙개니, [現]이 사람은 성이 조(趙)가인데
是我街坊。	[諺]이 내 이우지라. [現]소인의 이웃입니다. ◇◇◇ 이우지[명]: 이웃.
你是姑舅弟兄，	[諺]네 이 姑舅의게 난 弟兄이어니, [現]당신들이 고종사촌 형제인데
誰是舅舅上孩兒？	[諺]누구는 어믜오라븨게 난 ᄌ식이며, [現]누구는 외삼촌의 자식이고

誰是姑姑上孩兒?	[諺]누구는 아븨누의게 난 ᄌ식고? [現]누구는 고모의 자식인가요?
小人是姑姑生的,	[諺]小人은 姑姑의 난 이오, [現]소인은 고모의 아이고,
他是舅舅生的。	[諺]뎌는 舅舅의 난 이라. [現]저 사람은 외삼촌의 아이입니다.
你兩姨弟兄,	[諺]너희 兩姨의게 난 兄弟라 ᄒ니, [現]당신들이 이종사촌 형제라고 하는데
是親兩姨那?	[諺]이 친동싱 兩姨가? [現]친동생인 이모인가요?
[15a]是房親兩姨?	[諺]이 同姓 六寸 兩姨가? [現]같은 성씨인 육촌 사이의 이모인가요?
是親兩姨弟兄,	[諺]이 親同生 兩姨의게 난 弟兄이로니, [現]친동생인 이모 사이에서 난 형제인데
我母親是姐姐,	[諺]우리 母親은 형이오, [現]우리 어머니는 언니이고
他母親是妹子。	[諺]뎌의 母親은 아이라. [現]저쪽 어머니는 동생입니다.
你既是姑舅兩姨弟兄,	[諺]너희 이믜 姑舅 兩姨예 난 弟兄일쟉시면, [現]당신들은 이미 고종사촌과 이종사촌 형제인 것 같으면

◇◇◇

-예2[조]: -에, -에게.

| 怎麼沿路穢 | [諺]엇디 길흘 조차셔 더러온 말을 회피티 아니ㅎ |
| 語不迴避？ | 느뇨? |

[現]어찌 길에서 막말을 피하지 아니합니까?

◇◇◇

길흘 조차셔: 길에서.

더러온 말[명]: 더러운 말, 막말.

| 我一們不會 | [諺]우리 ᄒᆞᆫ 뉴는 體例 모로는 사름이니, |
| 體例的人， | [現]우리 같은 사람은 격식을 모르는 사람이니 |

◇◇◇

뉴[명]: 유(類), 무리.

체례[명]: 체례(體例), 격식, 예절.

| 親弟兄也不隔 | [諺]親同生 兄弟도 말을 즈음 아니 ᄒᆞ거든. |
| 話， | [現]친동생 형제도 말을 할 때 간격을 안 합니다. |

◇◇◇

즈음[명]: 사이, 간격.

아니 ᄒᆞ다2[동]: 안 하다.

-거든[어미]: 해할 자리에 쓰여, 청자가 모르고 있을 내용을 가르쳐 줌을 나타내는 종결 어미. 자랑이나 감탄의 느낌을 띨 때가 있다.

| 姑舅兩姨更 | [諺]姑舅 兩姨야 또 어듸 무로리오? |
| 那裏問！ | [現]고종 이종 사이야 또 뭐가 상관합니까? |

◇◇◇

-야3[조]: 받침 없는 체언이나 부사어 또는 어미 뒤에 붙어, 강조의 뜻을 나타내는 보조사.

第二章　瓦店投宿

13. 那店子便是瓦店

[15b]咱們閑話且休說。	[諺]우리 잡말 아직 니ᄅ디 마쟈. [現]우리 잡말을 더이상 하지 맙시다.
那店子便是瓦店,	[諺]뎌 店은 곳 瓦店이니, [現]저 여관은 바로 와점(瓦店)이니
尋箇好乾淨店裏下去來,	[諺]ᄀ장 乾淨ᄒᆫ 店을 어더 브리우라 가, [現]아주 깨끗한 방을 얻어서 묵으러 가서
歇頭口着。	[諺]즘승들 쉬우쟈. [現]짐승들을 쉬게 합시다.

◇◇◇

즘승[명]: 짐승.

街北這箇店子,	[諺]거릿 븍녁키 이 店은, [現]거리의 북쪽에 있는 이 여관은

◇◇◇

븍녁ㅋ[명]: 북녘, 북쪽.

是我舊主人家,	[諺]이 내 녯 主人 집이니, [現]내 옛 주인 집이니
咱們只這裏下去來。	[諺]우리 그저 여긔 브리오라 가쟈. [現]우리는 그저 여기서 묵으러 갑시다.

◇◇◇

브리오다1[동]: (짐을) 부리다, (짐을) 내리다, 묵다.

拜揖主人家哥！	[諺]拜揖ᄒ노니 主人 형아！
	[現]배읍하노니 주인 형님！
	◇◇◇
	배읍ᄒ다[동]: 배읍(拜揖)하다, 읍하고 절을 하다, 인사하다.
噯却是王大哥！	[諺]애！ 또 王가든 형이로괴야！
	[現]아이고！ 또 왕 씨 형이로구나！
	◇◇◇
	애2[감]: 아！ 아이고！
	-로괴야[어미]: 예스러운 표현으로 해라할 자리나 혼잣말에 쓰여, 화자가 새롭게 알게 된 사실에 주목함을 나타내는 종결 어미. 흔히 감탄의 뜻이 수반된다. 어미 '-구나'보다 더 예스러운 표현이며, 더 분명한 표현이다. -로구나.
多時不見，	[諺]오래 보디 못ᄒ엿더니,
	[現]오래 보지 못했는데
[16a]好麽好麽？	[諺]이대？ 이대？
	[現]잘 있었습니까？ 잘 있었습니까？
	◇◇◇
	이대[부]: 잘, 좋게, 편안히.
你這幾箇火伴，	[諺]너희 이 여러 벗이,
	[現]당신의 이 여러 벗이
從那裏合將来？	[諺]어듸셔브터 못ᄃ라오뇨？
	[現]어디서부터 모여 달려왔습니까？
我沿路相合着，	[諺]우리 길흘 조차 서ᄅ 모다,
	[現]우리는 길에서 서로 모이다가
	◇◇◇
	모다[동]: 모이다.

第二章　瓦店投宿

做火伴北京去。	[諺]벗지어 北京으로 가노라.
	[現]벗을 삼아 북경으로 갑니다.
你這店裏草料都有阿沒?	[諺]네 이 店에 딥과 콩이 다 잇ᄂ가? 업슨가?
	[現]당신의 이 여관에 짚과 콩이 다 있는가요? 없는가요?

◇◇◇

-ᄂ가[어미]: 예스러운 표현으로, '있다', '없다', '계시다'의 어간, 동사 어간 또는 어미 '-으시-', '-었-', '-겠-' 뒤에 붙어, 주로 의문사가 없는 의문문에 쓰여 현재의 사실에 대한 물음을 나타내는 종결 어미. -는가.

草料都有,	[諺]딥과 콩이 다 이시되,
	[現]짚과 콩이 다 있으되
料是黑豆草是稈草。	[諺]콩은 거믄 콩이오, 딥픈 좃딥피라.
	[現]콩은 검은 콩이고 짚은 좃짚입니다.

◇◇◇

딥ㅍ[명]: 짚.
좃딥ㅍ[명]: 좃짚.

是稈草好,	[諺]이 좃딥피 됴ᄒ니,
	[現]좃짚이 좋은데
若是稻草時,	[諺]ᄒ다가 닛딥피면,
	[現]만약 볏짚이면

◇◇◇

닛딥ㅍ[명]: 잇짚, 볏짚.

這頭口們多有不喫的。	[諺]이 즘승들히 먹디 아니ᄒ리 만ᄒ니라.
	[現]이 짐승들 중 먹지 아니하는 놈이 많습니다.

◇◇◇

만ᄒ다2[형]: 많다.

[16b]黑豆多少一斗?	[諺]거믄 콩은 언머의 흔 말이며,
	[現]검은 콩은 얼마에 한 말이며
草多少一束?	[諺]딥픈 언머의 흔 뭇고?
	[現]짚은 얼마에 한 뭇입니까?
黑豆五十箇錢一斗,	[諺]거믄 콩은 쉰 낫 돈애 흔 말이오,
	[現]검은 콩은 쉰 돈에 한 말이고

◇◇◇

낫[의]: 낱, 개.

草一十箇錢一束。	[諺]딥픈 열 낫 돈애 흔 무시라.
	[現]짚은 열 돈에 한 뭇입니다.
是真箇麼?	[諺]이 진실로야?
	[現]정말이에요?
你却休瞞我。	[諺]네 또 날을 소기디 말라.
	[現]당신은 또 나를 속이지 마십시오.
這大哥甚麼言語!	[諺]이 큰형아!므슴 말고?
	[現]이 큰형님! 무슨 말씀이에요?
你是熟客人,	[諺]너는 니기 듣닌 나그내니,
	[現]당신은 익숙하게 다니는 나그네인데
咱們便是自家裏一般,	[諺]우리 곳 내 집 흔가지라.
	[現]우리는 곧 한 집과 같습니다.
我怎麼敢胡說?	[諺]내 엇디 敢히 간대로 니르리오?
	[現]나는 어찌 감히 간대로 말을 합니까?
[17a]怕你不信時,	[諺]저컨대 네 밋디 아니커든,
	[現]저어하건대 당신이 믿지 않다면

◇◇◇

-컨대[어미]: 모음이나 'ㄴ', 'ㄹ', 'ㅁ', 'ㅇ'으로 끝나는 일부 명사 뒤에 붙어, 뒤 절의 내용이 화자가 보거나 듣거나 바라거나 생각하는 따위의 내용임을 미리 밝히는 연결 어미. '-하건대'가 준 말.

밋다[동]: 믿다.

| 別箇店裏試
商量去。 | [諺]다룬 뎜에 시험ᄒᆞ여 商量ᄒᆞ라 가라.
[現]다른 여관에 시험 삼아 상의하러 가십시오. |
| 我只是這般
說。 | [諺]나는 그저 이리 니ᄅᆞ리라.
[現]나는 그저 이렇게 말해 봤습니다. |

14. 這鍘刀不快

我共通十一 箇馬,	[諺]우리 대되 열흔 낫 ᄆᆞ리이니, [現]우리는 모두 열한 마리의 말인데
量着六斗料 與十一束草 着。	[諺]혜아리니 엿 말 콩과 열흔 뭇 딥히로다. [現]혜아리니 콩 엿 말과 짚 열한 뭇입니다.
這鍘刀不 快,	[諺]이 쟉되 드디 아니ᄒᆞ니, [現]이 작두가 잘 베어지지 아니하니 ◇◇◇ 쟉도[명]: 작두. 들다[동]: 날이 날카로워 물건이 잘 베어지다.
許多草幾時 切得了?	[諺]하나한 딥흘 언제 싸ᄒᆞ뇨? [現]많고 많은 짚을 언제 썰겠습니까? ◇◇◇ 하나한: 많고 많은. 딥ㅎ[명]: 짚. 싸ᄒᆞ다[동]: 썰다.
主人家,	[諺]쥬인아! [現]주인집! ◇◇◇ 쥬인[명]: 주인.

別處快鍘刀	[諺]다른 딕 드는 쟉도 ᄒ나흘 비러오라.
借一箇来。	[現]다른 곳에 잘 드는 작두 하나를 빌려오십시오.
◇◇◇

빌다[동]: 빌다, 빌리다.
-라3[어미]: 받침 없는 동사 어간, 'ㄹ' 받침인 동사 어간 또는 어미 '-으시-' 뒤에 붙어, 하라체를 사용할 자리에 쓰여, 구체적으로 정해지지 않은 청자나 독자에게 책 따위의 매체를 통해 명령의 뜻을 나타내는 종결 어미.

[17b]這們	[諺]이러면,
時,	[現]이렇다면
我借去。	[諺]내 빌라 가마.
	[現]내가 빌러 가겠습니다.
這鍘刀是我	[諺]이 쟉도는 이 우리 권당의 집 거시니,
親眷家的,	[現]이 작두는 우리 친척 집 것인데
他不肯,	[諺]데 즐기디 아니커늘,
	[現]저 사람이 즐겨주지 아니하거늘,
◇◇◇

데2: 저 사람이.
-커늘[어미]: '이다'의 어간, 용언의 어간 또는 어미 '-으시-', '-었-', '-겠-', '-으옵-' 따위의 뒤에 붙어, 까닭이나 원인을 나타내는 연결 어미. '-하거늘'이 준 말.

我哀告借將	[諺]내 미이 닐너 비러오니,
来,	[現]내가 많이 말해 빌려왔는데
◇◇◇

미이[부]: 매우, 몹시.

風刃也似快,	[諺]ㅂ룸놀 굿티 쾌ᄒ니,
	[現]바람날 같이 날카로우니

◇◇◇

ㅂ룸놀[명]: 바람날.

굿티[부]: 같이.

쾌ᄒ다[형]: 날카롭다.

你小心些使,	[諺]네 조심ᄒ여 쓰고,
	[現]당신이 조심해서 쓰고
休壞了他的。	[諺]ᄂ믜 것 해여ᄇ리디 말라.
	[現]남의 것 못쓰게 하지 마십시오.

◇◇◇

해여ᄇ리다2[동]: 헐어버리다, 못쓰게 하다, 망치게 하다.

這火伴你切的草忒麤。	[諺]이 버다, 네 싸ᄒ는 딥히 너모 굵다.
	[現]이 친구, 당신이 썬 짚이 너무 굵습니다.

◇◇◇

너모[부]: 너무.

頭口們怎生喫的?	[諺]즘싱들히 엇디 먹으리오?
	[現]짐승들이 어찌 먹습니까?

◇◇◇

즘싱[명]: 짐승.

-으리오[어미]: 'ㄹ'을 제외한 자음으로 끝나는 용언의 어간이나 선어말 어미 '-었-'의 뒤에 붙어, 사리로 미루어 판단하건대 결코 그럴 수가 없음의 뜻을 나타내는 말. 주로 '어찌', '얼마나' 따위의 의문 부사와 함께 쓰인다.

好生細細的 切着。	[諺]ᄀ장 ᄀ눌게 싸흘라. [現]아주 가늘게 써십시오. ◇◇◇ ᄀ눌게[부]: 가늘게. 싸흘다[동]: 썰다.
[18a]這火伴 你敢不會煮 料（了）？	[諺]이 벗아, 네 콩 숢기를 아디 못ᄒᆞ는 둧ᄒ다. [現]이 친구, 당신이 콩 삶기를 모르는 듯합니다. ◇◇◇ 숢다[동]: 삶다. 둧ᄒ다[보형]: 듯하다.
你燒的鍋滾 時，	[諺]네 블 ᄶᅵ더 가매 쓸커든, [現]당신이 가마에 불을 때어 물이 끓으면 ◇◇◇ 블[명]: 불. ᄶᅵ다[동]: (불) 때다. 쓿다[동]: 끓다.
下上豆子，	[諺]콩을 녀허 두고, [現]콩을 넣어 두고 ◇◇◇ 넣다[동]: 넣다, 담다.
但滾的一霎 兒，	[諺]믈읫 쓸키 ᄒᆞᆫ 디위만ᄒ거든, [現]무릇 끓기가 한 번만하면 ◇◇◇ 디위[의]: 번.
將這切了的 草，	[諺]이 싸흔 딥흘다가, [現]이 썬 짚을

豆子上盖覆了,	[諺]콩 우희 덥고, [現]콩 위에 덮고	

◇◇◇

덥다[동]: 덮다.

休燒火,	[諺]블 씻디 말고, [現]불 때지 말고	
休教走了氣,	[諺]김나게 말라. [現]김나게 하지 마십시오.	
自然熟了。	[諺]自然히 니그리라. [現]자연히 익을 것입니다.	

15. 你打火那不打火

客人們,	[諺]나그닉네, [現]나그네들,

◇◇◇

나그닉[명]: 나그네.

-네3[접미]: -들.

你打火那不打火?	[諺]네 블 씻기 ᄒᆞᄂᆞᆫ다? 블 씻기 못ᄒᆞᄂᆞᆫ다? [現]당신은 불 땔가요? 안 땔가요?
我不打火喝風那?	[諺]내 블 씻기 못ᄒᆞ고 ᄇᆞᄅᆞᆷ 마시랴? [現]내가 불 안 때고 바람 마시랴?

◇◇◇

-랴[어미]: '이다'의 어간, 받침 없는 용언의 어간, '-ㄹ' 받침인 용언의 어간 또는 어미 '-으시-' 뒤에 붙어, 해라할 자리에 쓰여, 사리로 미루어 판단하건대 어찌 그러할 것이냐고 반문하는 뜻을 나타내는 종결 어미.

[18b]你疾快 做着五箇人 的飯着。	[諺]네 샐리 다숫 사룸의 밥을 지으라. [現]당신은 빨리 다섯 사람의 밥을 지으십시오. ◇◇◇ 샐리[부]: 빨리.	
你喫甚麼 飯？	[諺]네 므슴 밥을 머글다? [現]당신은 무슨 밥을 먹겠습니까?	
我五箇人，	[諺]우리 다숫 사룸에, [現]우리 다섯 사람에	
打着三斤麵 的餅着。	[諺]서 근 굴릭쩍 밍글라. [現]세 근의 가래떡을 만들어 주십시오. ◇◇◇ 굴릭쩍[명]: 가래떡. 밍글다[동]: 만들다.	
我自買下飯 去。	[諺]나는 반찬 사라 가마. [現]나는 반찬을 사러 가겠습니다.	
你買下飯去 時，	[諺]네 반찬 사라 가거든, [現]당신은 반찬을 사러 간다면	
這間壁肉案 上買猪肉 去。	[諺]이 브룸 쓰잇 집 도마엣 猪肉을 사라 가라. [現]이 옆집 푸줏간에 돼지고기를 사러 가십시오. ◇◇◇ 브룸1[명]: 바람벽. 쓰이[명]: 사이. 브룸 쓰잇 집[명]: 옆집. 도마[명]: 도마, 푸줏간(예전에, 쇠고기나 돼지고기 따위의 고기를 끊어 팔던 가게).	
是今日殺的 好猪肉。	[諺]이 오늘 주긴 됴흔 猪肉이라. [現]오늘 죽인 좋은 돼지고기입니다.	

多少一斤？	[諺]언머의 흔 근고?	
	[現]한 근에 얼마입니까?	
二十箇錢一斤。	[諺]스므 낫 돈에 흔 근식이라.	
	[現]스무 돈에 한 근씩입니다.	
	◇◇◇	
	스므[관]: 스무.	
[19a]伱主人家,	[諺]너 主人아!	
	[現]주인집!	
就與我買去。	[諺]이믜셔 나를 위ㅎ여 사라 가라.	
	[現]바로 나를 위하여 사러 가십시오.	
買一斤肉着,	[諺]흔 근 고기를 사되,	
	[現]고기 한 근을 사되	
休要十分肥的,	[諺]ㄱ장 술지니란 말고,	
	[現]가장 살진 것은 말고	
	◇◇◇	
	술지다[형]: 살지다.	
帶肋條的肉買着,	[諺]녑팔지 브튼 고기를 사다가,	
	[現]갈비가 붙은 고기를 사다가	
	◇◇◇	
	녑발지[명]: 갈비.	
	븥다1[동]: 붙다, 붙어 있다.	
大片兒切着。	[諺]편 굵게 싸흐라.	
	[現]편을 굵게 썰어 주십시오.	
炒將来着。	[諺]봇가 가져오라.	
	[現]볶아 가져오십시오.	
	◇◇◇	
	봇ㄱ다[동]: 볶다.	

16. 我是高麗人都不會炒肉

主人家,	[諺]主人아!
	[現]주인집!
迭不得時,	[諺]밋처 못ᄒ거든,
	[現]시간이 모자라면
	◇◇◇
	밋처[부]: 미처.
咱們火伴裏頭,	[諺]우리 벗 듕에,
	[現]우리 벗 중에
教一箇自炒肉。	[諺]ᄒ나ᄒ로 ᄒ여 손조 고기 볶게 ᄒ쟈.
	[現]한 명을 시켜 손수 고기를 볶게 합시다.
	◇◇◇
	손조[부]: 손수.
我是高麗人,	[諺]나ᄂᆫ 高麗ㅅ 사ᄅᆞᆷ이라,
	[現]우리는 고려 사람이라
[19b]都不會炒肉。	[諺]다 고기 볶기 아디 몯ᄒ노라.
	[現]다 고기 볶기 모릅니다.
有甚麼難處!	[諺]므슴 어려온 고디 이시리오?
	[現]무슨 어려운 것이 있습니까?
刷了鍋着;	[諺]가마 긁싯고,
	[現]가마를 긁어 씻고
	◇◇◇
	긁싯다[동]: 긁어 씻다, 닦다.
燒的鍋熱時,	[諺]블 ᄯᅵ더 가매 덥거든,
	[現]불을 때어 가마가 뜨거워지면

| 着上半盞香 | [諺]반 잔 춤기름을 두어,
| 油; | [現]반 잔의 참기름을 두어
| | ◇◇◇
| | 춤기름[명]: 참기름.
| 將油熟了 | [諺]기름이 닉거든,
| 時, | [現]기름이 익으면
| 下上肉, | [諺]고기 녀허 뒤이즈며,
| | [現]고기를 넣어 뒤적이며
| | ◇◇◇
| | 뒤잊다[동]: 뒤적이다, 뒤집다.
| 着些塩, | [諺]져기 소곰 두고,
| | [現]소금을 조금 두고
| | ◇◇◇
| | 소곰[명]: 소금.
| 着筯(筋) | [諺]져로 뒤저어,
| 子攪動; | [現]젓가락으로 뒤저어
| | ◇◇◇
| | 져[명]: 저, 젓가락.
| 炒的半熟 | [諺]봇가 반만 닉거든,
| 時, | [現]볶아 반만큼 익으면
| | ◇◇◇
| | -만[조]: -만큼.
| 調上些醬水 | [諺]쟝믈의 파와 교토를 빠 노하 섯고,
| 生葱料物拌 | [現]간장에 파와 고명을 타 넣어 섞고
| 了, | ◇◇◇
| | 쟝믈[명]: 장물, 간장.
| | 교토[명]: 고명.
| | 빠다[동]: 타다(다량의 액체에 소량의 액체나 가루 따위를 넣어 섞다).
| | 놓다2[동]: 넣다.
| | 섯다[동]: 섞다.

鍋子上盖覆	[諺]가마 두에 덥고,
了,	[現]가마 위에 덮고
[20a]休着出	[諺]김나게 말고,
氣;	[現]김나게 말고
燒動火一霎	[諺]블 씨더 흔 디위만ᄒ면 닉ᄂ니라.
兒熟了。	[現]불 때서 한 번만하면 바로 익습니다.
這肉熟了,	[諺]이 고기 닉거다.
	[現]이 고기가 익었습니다.

◇◇◇

-거다[어미]: 예스러운 표현으로 'ㅣ' 계열 이중 모음이나 'ㄹ' 받침으로 끝나지 않는 어간 뒤에 붙어, 주로 동사, 형용사 어간 뒤에 붙어, 서술어가 나타내는 동작이나 상태가 확정되거나 완료됨을 나타내는 종결 어미. -었다.

你嘗看,	[諺]네 맛 보라.
	[現]당신이 맛 보십시오.
鹹淡如何?	[諺]鹹淡이 엇더ᄒ뇨?
	[現]간이 어떻습니까?

◇◇◇

함담[명]: 함담(鹹淡), 짬과 싱거움, 맛, 간.

我嘗得,	[諺]내 맛보니,
	[現]내가 맛보니
微微的有些	[諺]져기 슴거옴이 잇다.
淡,	[現]조금 싱겁습니다.

◇◇◇

슴겁다[형]: 싱겁다.

| 再着上些塩 | [諺]다시 져기 소금 두라(라). |
| 着。 | [現]소금 조금 더 두십시오. |

第二章 瓦店投宿 97

主人家,　　[諺]主人아!
　　　　　　[現]주인집!
餅有了不曾?　[諺]쩍 잇ᄂᆞ냐? 몯ᄒᆞ얏ᄂᆞ냐?
　　　　　　[現]떡 됐는가요? 안 됐는가요?
　　　　　　◇◇◇
　　　　　　-얏-[어미]: -였-.
　　　　　　-ᄂᆞ냐[어미]: 예스러운 표현으로 동사, 형용사 어
　　　　　　간 뒤에 붙어 의문사가 없는 의문문에 쓰여, 물음을
　　　　　　나타내는 종결 어미. -느냐, -는가.
將次有了。　[諺]쟝ᄎᆞ 이시리라.
　　　　　　[現]곧 되겠습니다.
　　　　　　◇◇◇
　　　　　　쟝ᄎᆞ[부]: 장차, 곧.
伱放卓兒先　[諺]네 상 노코 몬져 머그라.
喫。　　　　[現]당신은 상 놓고 먼저 드세요.
　　　　　　◇◇◇
　　　　　　몬져[부]: 먼저.
比及喫了　　[諺]머글 만 다ᄃᆞᄅᆞ면,
時,　　　　[現]먹을 만큼 다다르면
我也了了。　[諺]나도 ᄆᆞᆺ츠리라.
　　　　　　[現]나도 마칠 것입니다.
　　　　　　◇◇◇
　　　　　　ᄆᆞᆺ츠다[동]: 마치다.

17. 咱們筭了房錢火錢着

[20b]主人　　[諺]主人아!
家,　　　　[現]주인집!

| 我明日五更 | [諺]내 ᄂᆡ일 오경두에 일 갈 거시니, |
| 頭早行, | [現]나는 내일 오경쯤에 일어나 갈 것이니 |

◇◇◇

-두[접미]: -쯤.

| 咱們筭了房 | [諺]우리 집의 잔 갑과 밥지은 갑 혜쟈. |
| 錢火錢着。 | [現]우리 집에서 자는 값과 밥지은 값을 계산합시다. |

◇◇◇

갑[명]: 값.

我這一宿人	[諺]우리 이 ᄒᆞᄅᆞᆺ밤 잔 人馬에,
馬,	[現]우리 이 하룻밤 잤는데 사람과 말들이
盤纏通該多	[諺]쁜 거시 통ᄒᆞ여 히오니 언머고?
少?	[現]쓴 것이 통틀어 합치니 얼마입니까?

◇◇◇

언머2[명]: 얼마.

히오다[동]: 아우르다, 합하다, 합치다.

| 你稱了三斤 | [諺]네 ᄃᆞ론 서 근 ᄀᆞᄅᆞ는, |
| 麵, | [現]당신이 단 세 근의 가루는 |

◇◇◇

ᄃᆞᆯ다1[동]: (무게를) 달다.

| 每斤十箇 | [諺]每斤에 열 랏 돈식 ᄒᆞ니, |
| 錢, | [現]매 한 근에 열 돈씩 하니 |

◇◇◇

랏[의]: 낱, 개.

該三十箇	[諺]히오니 셜흔 낫 돈이오,
錢;	[現]합쳐서 서른 돈이고,
切了一斤猪	[諺]싸흔 ᄒᆞᆫ 근 猪肉에,
肉,	[現]썬 한 근의 돼지고기는

該二十箇錢;	[諺]히오니 스므 낫 돈이오,
	[現]합쳐서 스무 돈이고
四箇人,	[諺]사룸 네헤,
	[現]네 사람은

◇◇◇

넿[수]: '넷'의 옛말.

[21a]每人打火房錢十箇錢,	[諺]每人에 집갑 블잡시 열 랏 돈이니,
	[現]매 사람에 집값과 불값이 열 돈이니
該四十箇錢;	[諺]히오니 마은 낫 돈이오,
	[現]합쳐서 마흔 돈이고,

◇◇◇

마은[수][관]: 마흔.

黑豆六斗,	[諺]거믄 콩 엿 말엔,
	[現]검은 콩 엿 말은
每斗五十箇錢,	[諺]每斗에 쉰 낫 돈이니,
	[現]매 말에 쉰 돈이니
該三百箇錢;	[諺]히오니 三百 낫 돈이오,
	[現]합쳐서 삼백 돈이고,
草十一束,	[諺]딥 열흔 뭇센,
	[現]짚 열한 뭇은
每束十箇錢,	[諺]每束에 열 랏 돈이니,
	[現]매 뭇에 열 돈이니

該一百一十錢,	[諺]히오니 돈이 一百 열히로소니, [現]합쳐서 돈이 백 열이오니 ◇◇◇ 엻[수][관]: '열'의 옛말. -로소니[어미]: '예스러운 표현으로 이다'의 어간이나 어미 '-으리' 뒤에 붙어, 어떤 사실을 먼저 진술하고 이와 관련된 다른 사실을 이어서 설명할 때 쓰는 연결 어미. -오니, -니.
通該五百箇錢。	[諺]대되 五百 낫 돈이로다. [現]모두 오백 돈입니다.
我草料麵,	[諺]우리 딥과 콩과 굴룰, [現]우리가 쓴 짚과 콩과 가루는
都是你家裏買来的,	[諺]다 네 집의 와 산 거시니, [現]다 당신의 집에 와서 산 것이니
[21b]你減了些箇如何？	[諺]네 져기 더로미 엇더ᄒ뇨? [現]당신이 조금 덜어주는 것이 어떠합니까? ◇◇◇ -옴[접미]: -음.
罷罷,	[諺]두워. 두워. [現]됐습니다. 됐습니다.
只將四百五十箇錢来。	[諺]그저 四百 쉰 낫 돈을 가져오라. [現]그저 사백 쉰 돈을 가져오십시오.
既這般時,	[諺]이믜 이러면, [現]이미 이렇다면
火伴你三箇,	[諺]벗아, 너희 세히, [現]친구요, 당신 셋이

| 一발都出了着, | [諺]홈끠 다 내고,
[現]함께 다 내고
◇◇◇
홈끠[부]: 함께. |
| 記着數目, | [諺]數目 뎌것다가,
[現]수효를 적었다가
◇◇◇
수목[명]: 수목(數目), 낱낱의 수효, 수량.
뎍다[동]: 적다, 기록하다.
-엇-[어미]: -었-. |
| 到北京時, | [諺]北京의 가든,
[現]북경에 가면
◇◇◇
-든1: '-거든'을 '-든'으로 잘 못 썼음. -면. |
| 一발筭除。 | [諺]홈끠 혀어 더쟈.
[現]함께 계산해서 덜어 냅시다.
◇◇◇
혀다1[동]: 헤아리다, 계산하다. |
| 那般時, | [諺]그러면,
[現]그렇다면 |
| 我都與他。 | [諺]내 다 뎌를 주마.
[現]내가 다 저 사람에게 주겠습니다. |

18. 火伴伱將料撈出來

| 火伴伱將料撈出来, | [諺]벗아, 네 콩을 건뎌내여다가,
[現]친구요, 당신이 콩을 꺼내다가
◇◇◇
건디다[동]: 건지다, 꺼내다, 집어내다. |

冷水裏拔 着，	[諺]츤믈에 것텨, [現]찬물에 차게 식혀	

◇◇◇

츤믈[명]: 찬물.
것티다[동]: 거치다, 차게 식히다.

[22a]等馬大 控一會，	[諺]물이 흔 디위 フ장 쉬믈 기드려, [現]말이 한 번 많이 쉬기를 기다려	

◇◇◇

기드리다[동]: 기다리다

慢慢的喂 着。	[諺]날호여 머기라. [現]천천히 먹이십시오.	
初喂時，	[諺]처음 머길 제란, [現]처음 먹일 때에는	

◇◇◇

제2[명]: 제, 때에, 적에.

只將料水拌 與他；	[諺]그저 콩믈을다가 버므려주고, [現]그저 콩물을 버무려주고	

◇◇◇

버므리다1[동]: 버무리다, 섞다.

到五更一發都 與料喫。	[諺]五更의 다드라 흠씌 콩을 다 주어 머기라. [現]오경에 다다라 함께 콩을 다 주어 먹이십시오.	
這般時，	[諺]이리ᄒᆞ면, [現]이렇게 하면	

馬們分外喫得飽。	[諺]물들히 分外로 머거 빈브르려니와,
	[現]말들이 분외로 먹어 배부르려니와

◇◇◇

-려니와1[어미]: '이다'의 어간, 받침 없는 용언의 어간, 'ㄹ' 받침인 용언의 어간 또는 어미 '-으시-' 뒤에 붙어, 앞 절의 사실을 추측하여 인정하면서 관련된 다른 사실을 이어 주는 연결 어미. '-겠거니와'에 가까운 뜻을 나타낸다.

若是先與料時,	[諺]ᄒᆞ다가 몬져 콩을 주면,
	[現]만약 먼저 콩을 주면
那馬只揀了料喫,	[諺]그 몰이 다만 콩만 굴히여 먹고,
	[現]그 말이 다만 콩만 골라 먹고

◇◇◇

굴히다[동]: 가리다, 가려내다, 고르다.

將草都抛撒了。	[諺]딥플다가 다 헤텨ᄇᆞ리ᄂᆞ니라.
	[現]짚을 다 헤쳐버립니다.

◇◇◇

헤티다[동]: 헤치다.

勞困裏休飮水,	[諺]ᄀᆞᆺ바홀 제란 믈 머기디 말고,
	[現]힘에 겨워할 때에는 물 먹이지 말고

◇◇◇

ᄀᆞᆺ바ᄒᆞ다[동]: 가빠하다, 힘에 겨워하다, 힘들어하다.

[22b]等喫一和草時飮。	[諺]ᄒᆞᆫ 번 버므린 딥 머거든 기드려 믈 머기라.
	[現]한 번 버무린 짚 먹으면 기다리다가 물을 먹이십시오.
咱們各自睡些箇,	[諺]우리 각각 져기 자고,
	[現]우리 각각 조금 자고

輪着起来勤　　[諺]돌려 니러 브즈러니 물 머기쟈.
喂馬。　　　　[現]교대해서 일어나 부지런히 말을 먹입시다.
　　　　　　　◇◇◇
　　　　　　　돌리다[동]: 교대하다.
　　　　　　　브즈러니[부]: 부지런히.
今日是　　　　[諺]오늘은 스므 이틀이니,
二十二,　　　 [現]오늘은 스무 이틀이니
五更頭正有　　[諺]새배 졍히 둘이 볼글이라.
月明。　　　　[現]새벽 달이 정히 밝을 것입니다.
　　　　　　　◇◇◇
　　　　　　　졍히[부]: 정히, 진실로.
　　　　　　　붉다[형]: 밝다.
雞兒叫,　　　[諺]둙 울거든,
　　　　　　　[現]닭이 울면
　　　　　　　◇◇◇
　　　　　　　둙[명]: 닭.
起来便行。　　[諺]니러 즉제 가쟈.
　　　　　　　[現]일어나 즉시 갑시다.
　　　　　　　◇◇◇
　　　　　　　즉제[부]: 즉시, 곧바로.
主人家點箇　　[諺]主人아! 등잔블 켜오라.
燈来,　　　　[現]주인집! 등잔불 켜오십시오.
我整理睡處。　[諺]우리 잘 듸롤 서럿쟈.
　　　　　　　[現]우리 잘 곳을 정리합시다.
　　　　　　　◇◇◇
　　　　　　　서럿다[동]: 서릇다, 정리하다, 정돈하다.

這的燈來了，　　[諺]이 등잔블 오나다.
　　　　　　　　[現]이 등잔불이 왔습니다.
　　　　　　　◇◇◇
　　　　　　　-나다[어미]: 예스러운 표현으로 '오다'의 어간 뒤에 붙는다. -ㄴ다.

壁子上掛着。　　[諺]ᄇᆞ름에 걸라.
　　　　　　　　[現]바람벽에 거십시오.

[23a]這般精土坑上怎的睡？
　　　　　　　　[諺]이런 민흙구들에 엇디 자리오?
　　　　　　　　[現]이런 맨흙구들에 어찌 잡니까?
　　　　　　　◇◇◇
　　　　　　　민-[접두]: 맨-.
　　　　　　　흙[명]: 흙.
　　　　　　　민흙구들[명]: 맨흙구들, 아무것도 깔지 않은 흙구들.

有甚麼藁薦，　　[諺]아므란 딥지즑 잇거든,
　　　　　　　　[現]아무런 짚자리가 있으면
　　　　　　　◇◇◇
　　　　　　　아므란[관]: 아무런, 아무러한.
　　　　　　　지즑[명]: 기직(왕골껍질이나 부들 잎으로 짚을 싸서 엮은 돗자리), 거적.
　　　　　　　딥지즑[명]: 짚자리(볏짚을 깔아 놓아 앉게 만든 자리).

將幾領來。　　　[諺]여러 닢 가져오라.
　　　　　　　　[現]여러 닢을 가져오십시오.
　　　　　　　◇◇◇
　　　　　　　닢[의]: 닢.

大嫂,	[諺]뭇아줌아!	
	[現]맏아주머니!	

◇◇◇

뭇-[접두]: 맏-.
뭇아줌아[명]: 맏아주머니.

將藁薦席子 来,	[諺]딥지즑과 샷글 가져다가, [現]짚자리와 삿자리를 가져다가	

◇◇◇

샤[명]: 삿자리(갈대를 엮어서 만든 자리).

與客人們 鋪。	[諺]나그내들 주어 실게 ᄒ라. [現]나그네들에게 주어 깔게 하십시오.	

◇◇◇

실다1[동]: 깔다, 펴다.

席子沒,	[諺]샷근 업거니와, [現]삿자리는 없거니와	

◇◇◇

업다[형]: 없다.

這的三箇藁 薦與你鋪。	[諺]이 세 낫 지즑을 너를 주니 실라. [現]이 거적 세 개를 당신들에게 드릴테니 깔아 쓰 십시오.	

19. 我明日五更頭早行

主人家你種 着火,	[諺]主人아! 네 블 무드라. [現]주인집! 당신은 불씨를 묻으십시오.	
我明日五更 頭早行。	[諺]우리 닉일 五更頭에 일 가리라. [現]우리는 내일 오경쯤에 일찍 가겠습니다.	

那般着,	[諺]그리ᄒᆞ마.	
	[現]그렇게 하겠습니다.	
客人們歇息,	[諺]나그내들 쉬라.	
	[現]나그네들 쉬십시오.	
[23b]我照覷了門戶睡也。	[諺]내 門戶를 보ᅀᆞ피고 자리라.	
	[現]내가 문을 보살피고 자겠습니다.	
	◇◇◇	
	문호[명]: 문호(門戶), 문.	
	보ᅀᆞ피다[동]: 보살피다.	
来来,	[諺]오라. 오라.	
	[現]오세요. 오세요.	
且休去,	[諺]아직 가디 말라.	
	[現]아직 가지 마십시오.	
我問你些話。	[諺]내 너ᄃᆞ려 져기 말 무로리라.	
	[現]내가 당신에게 말씀을 좀 묻겠습니다.	
	◇◇◇	
	-ᄃᆞ려[조]: -더러.	
我先番北京来時,	[諺]내 몬졋번의 北京셔 올 제,	
	[現]내가 지난번에 북경에서 올 때	
	◇◇◇	
	몬졋번[명]: 먼젓번, 지난번.	
你這店西約二十里来地,	[諺]너희 이 뎜 셔편 계요 二十里 ᄯᅡ히,	
	[現]당신의 이 여관 서쪽 편 겨우 이십리 되는 곳에	
	◇◇◇	
	셔편[명]: 서편, 서쪽 편.	
	계요[부]: 겨우, 대략.	

有一坐橋塌了来,	[諺]훈 곳 드리 믈허뎌 잇더니, [現]다리 한 곳이 무너져 있었는데 ◇◇◇ 곳4[의]: 곳(坐). 드리[명]: 다리. 믈허디다[동]: 무너지다. 잇다2[보형]: 있다.
如今修起了不曾?	[諺]이제 고텻는가? 못ᄒ엿는가? [現]이제 고쳤는가요? 못 고쳤는가요? ◇◇◇ 고티다[동]: 고치다.
早修起了,	[諺]볼셔 고텻ᄂ니. [現]벌써 고쳤습니다. ◇◇◇ 볼셔[부]: 벌써.
比在前,	[諺]在前애 比컨댄, [現]예전에 비하건대 ◇◇◇ 재젼[명]: 재젼(在前), 예전. 비ᄒ다[동]: 비하다(比), 비교하다, 견주다.
高二尺闊三尺,	[諺]두 자히 놉고 석 자히 너르니, [現]두 자가 높고 석 자가 넓으니 ◇◇◇ 쟈[의]: 자(尺). 놉다[형]: 높다. 너르다[형]: 너르다, 넓다.

[24a]如法做的好。	[諺]법다이 밍글기를 됴히 ᄒᆞ엿ᄂᆞ니라.
	[現]법대로 잘 만들었습니다.

◇◇◇

-다이[접미]: 일부 명사 뒤에 붙어, '대로'의 뜻을 더하고 부사를 만드는 접미사.

법다이[부]: 법대로.

這們時，	[諺]이러면,
	[現]이렇다면
我明日早只放心的去也。	[諺]우리 來日 일즈기 ᄆᆞ음노하 가쟈.
	[現]우리는 내일 일찍 마음놓고 갑시다.

◇◇◇

일즈기[부]: 일찍이.

ᄆᆞ음놓다[동]: 마음놓다.

你十分休要早行。	[諺]네 ᄀᆞ장 일 가디 말라.
	[現]당신은 아주 일찍 가지 마십시오.
我聽得，	[諺]내 드ᄅᆞ니,
	[現]내가 들으니
前頭路濇。	[諺]앏픠 길히 머흐다 ᄒᆞ더라.
	[現]앞에 길이 험하고 사납다고 하더라고요.

◇◇◇

머흐다[형]: 머흘다, 험하고 사납다.

爲甚麽有這般的歹人？	[諺]엇디ᄒᆞ야 이런 사오나온 사ᄅᆞᆷ이 잇ᄂᆞᆫ고?
	[現]어찌하여 이런 나쁜 사람이 있습니까?

◇◇◇

사오납다[형]: 나쁘다, 열등하다, 모음으로 시작하는 어미 앞에서는 '사오납-'이나 '사오나오-'가 된다.

你偏不理會的。	[諺]네 독별이 모ᄅᆞᆫ고나. [現]당신은 유달리 모르는구나. ◇◇◇ 독별이[부]: 특별히, 유달리. -ᄂᆞᆫ고나[어미]: 예스러운 표현으로 동사, 형용사 어간 뒤에 붙어, 해라할 자리나 혼잣말에 쓰여, 화자가 새롭게 알게 된 사실에 주목함을 나타내는 종결 어미. 흔히 감탄의 뜻이 수반된다. -는구나.
從年時天旱田禾不收,	[諺]젼년븟터 하ᄂᆞ리 ᄀᆞᄆᆞ라 田禾를 거두디 못ᄒᆞ니, [現]작년부터 하늘이 가물어 논밭의 곡식을 거두지 못했으니 ◇◇◇ -븟터[조]: -부터. 하ᄂᆞᆯ[명]: '하늘'의 옛말. 휴지(休止) 앞에서는 'ㅎ'이 탈락하여 '하늘'로 나타난다. ᄀᆞᄆᆞᆯ다[동]: 가물다, 가뭄이 들다. 젼화[명]: 젼화(田禾), 논밭의 곡식.
飢荒的上頭,	[諺]飢荒ᄒᆞᆫ 젼ᄎᆞ로, [現]기황한 까닭으로 ◇◇◇ 기황ᄒᆞ다[형]: 기황(飢荒)하다, 먹을 것이 없어 배를 곯다, 굶주리다.
[24b] 生出歹人來。	[諺]아니완ᄒᆞᆫ 사ᄅᆞᆷ이 낫ᄂᆞ니라. [現]나쁜 사람이 생겨났습니다. ◇◇◇ 아니완ᄒᆞ다[형]: 나쁘다, 사납다, 악하다.

| 碍甚麼事！ | [諺]므스 일 걸리끼리오? |
| | [現]무슨 일에 거리낍니까? |

◇◇◇

므스[관]: 무슨.
걸리끼다[동]: 거리끼다.

我只是赶着	[諺]내 다만 이 여러 물을 모라가며,
這幾箇馬,	[現]나는 다만 이 여러 마리의 말을 몰아가며
又沒甚麼錢	[諺]쏘 아므란 쳔도 업스니,
本,	[現]또 아무런 돈도 없으니

◇◇◇

쳔[명]: 쳔(錢), 돈, 재물.

| 那廝們待要 | [諺]그놈들히 우리롤 ᄒ여 므엇ᄒ리오? |
| 我甚麼？ | [現]그놈들이 우리에게 무슨 짓을 하겠습니까? |

◇◇◇

므엇[대]: 무엇.

| 休這般說。 | [諺]이리 니ᄅ디 말라. |
| | [現]이렇게 말하지 마십시오. |

賊們怎知你	[諺]도적들히 네의 쳔 이시며 쳔 업스(ㅅ)믈 엇디
有錢沒錢？	알리오?
	[現]도둑들은 당신들이 돈이 있으며 돈이 없음을
	어찌 압니까?

◇◇◇

도적1[명]: 도적(盜賊), 도둑.

| 小心些還 | [諺]조심호미 도로혀 됴ᄒ니라. |
| 好。 | [現]조심하는 것이 도리어 좋습니다. |

◇◇◇

도로혀[부]: 도리어.

20. 賊 1

我這裏前年六月裏，	[諺]우리 여긔 前年 六月의,
	[現]우리 여기 작년 유월에
有一箇客人，	[諺]혼 나그내 이셔,
	[現]한 나그네가 있었는데
[25a]纏帶裏裝着一卷紙，	[諺]전대예 혼 권 죠희를 녀허,
	[現]전대에 종이 한 권을 넣어

◇◇◇

전대[명]: 전대.
죠희[명]: 종이.

腰裏絟着，	[諺]허리에 미고,
	[現]허리에 매고

◇◇◇

미다[동]: 매다, 묶다.

在路傍樹底下歇凉睡，	[諺]길ㅅ 나모 밋 서늘혼 딕 쉬며 자더니,
	[現]길가 나무 밑에 있는 서늘한 곳에 쉬며 자고 있었는데

◇◇◇

길ㅅ[명]: 길가.
나모[명]: 나무.
밋2[명]: 밑.

被一箇賊到那裏見了，	[諺]혼 도적을 만나 게 와 보고,
	[現]한 도둑이 거기에 와 보고 만나게 되었고

| 只道是腰裏纏帶裏是錢物, | [諺]그저 니로디 허리 젼대옛 거시 이 錢物이라 ᄒᆞ여,
[現]그저 말하되 허리 전대에 있는 것이 돈과 재물이라 하여 |

◇◇◇

니르다[동]: 이르다(모음으로 시작하는 어미 앞에서는 '닐-'로 나타난다), 말하다.
-디4[어미]: 예스러운 표현으로 '이다'의 어간, 용언의 어간 또는 어미 '-으시-' 뒤에 붙어, 뒤에 오는 말이 인용하는 말임을 미리 나타내어 보일 때 인용 동사에 붙여 쓰는 연결 어미. -되.
-옛: -에 있는.
젼믈[명]: 젼믈(錢物), 돈과 재물.

| 生起歹心来, | [諺]사오나온 ᄆᆞᄋᆞᆷ 내여,
[現]나쁜 마음을 내어 |
| 就那裏拿起一塊大石頭, | [諺]즉제 게셔 ᄒᆞᆫ 덩이 큰 돌흘 가져다가,
[現]즉시 거기서 큰 돌 한 덩이를 가져다가 |

◇◇◇

돓[명]: 돌.

| 把那人頭上, | [諺]그 사ᄅᆞᆷ의 머리 우흘다가,
[現]그 사람의 머리 위를 |
| 打了一下, | [諺]ᄒᆞᆫ 번 텨,
[現]한 번 쳐서 |
| [25b]打出腦漿来死了。 | [諺]골치 나 죽거늘,
[現]머릿골이 나서 죽었거늘 |

◇◇◇

골치[명]: 머릿골, 골수.
-거늘[어미]: 예스러운 표현으로 주로 동사, 형용사 어간 뒤에 붙어, 까닭이나 원인을 나타내는 연결 어미. -거늘.

那賊将那人	[諺]그 도적이 그 사룸의 젼대 가져다가,
的纏帶,	[現]그 도둑이 그 사람의 전대를 가져다가
解下来看	[諺]글러 보니,
時,	[現]끌러 보니

◇◇◇

그르다[동]: 끄르다.

却是紙,	[諺]또 죠히매,
	[現]또 종이매
就那裏撒下	[諺]즉제 게셔 ᄇ리고 드라나니.
走了。	[現]즉시 거기서 버리고 달아났습니다.

◇◇◇

드라나다[동]: 달아나다.

| 官司檢了 | [諺]구의 주검을 검시ᄒ고, |
| 屍, | [現]관청에서는 시체를 검시하고 |

◇◇◇

구의[명]: 관청, 관서.
주검[명]: 시체.

| 正賊捉不 | [諺]진짓 도적은 잡디 못ᄒ고, |
| 住, | [現]진짜 도둑은 잡지 못하고 |

◇◇◇

진짓1[명]: 진짜, 진실.

| 乾把地主幷 | [諺]쇽졀업시 地主와 겨틧 平人을다가, |
| 左近平人, | [現]속절없이 지주와 곁의 평민을 |

◇◇◇

속졀업시[부]: 속절없이.
겨틧: 곁의.
평인[명]: 평인(平人), 평민, 죄 없는 사람.

涉疑打拷，	[諺]의심ᄒᆞ여 텨 져주더니，
	[現]의심하여 쳐 따졌더니
	◇◇◇
	져주다[동]: 따지다, 신문하다.
後頭別處官司，	[諺]후의 다른 딋 마술이，
	[現]후에 다른 곳의 관청이
	◇◇◇
	마술[명]: 마을, 관아, 관청.
却捉住那賊，	[諺]ᄯᅩ 그 도적을 자바，
	[現]또 그 도둑을 잡아
裝將来，	[諺]보내니，
	[現]보냈는데
[26a]今年就牢裏死了。	[諺]올히 옥에셔 주그니라.
	[現]올해 옥에서 죽었습니다.

21. 賊 2

年時又有一箇客人，	[諺]젼년의 ᄯᅩ ᄒᆞᆫ 나그내 이셔，
	[現]작년에 또 한 나그네가 있었는데
赶着一頭驢，	[諺]ᄒᆞᆫ 나귀를 모라，
	[現]한 나귀를 몰아
着兩箇荊籠子裏，	[諺]두 채롱애，
	[現]두 채롱에
盛着棗兒馱着行。	[諺]대쵸 다마 싯고 가더니，
	[現]대추 담아 싣고 갔더니
	◇◇◇
	대쵸[명]: 대추.
	싯다1[동]: (짐을) 싣다.

後頭有一箇	[諺]뒤헤 훈 물 튼 도적이 이셔,
騎馬的賊,	[現]뒤에 말을 탄 한 도둑이
	◇◇◇
	뒿[명]: 뒤.
	튼다[동]: 타다.
帶着弓箭跟	[諺]화살 츠고 미조차 가,
着行,	[現]화살을 차고 뒤미처 좇아
	◇◇◇
	츠다1[동]: 차다(佩), 지니다.
	미좇다[동]: 뒤미처 좇다.
到箇酸棗林	[諺]酸棗林이라 ᄒᆞ는 無人處에 가,
兒無人處,	[現]산조림(酸棗林)이라 하는 사람이 없는 곳에 가서
	◇◇◇
	산초림[명]: 산조림(酸棗林).
那賊將那客	[諺]그 도적이 그 客人의 등을다가,
人脊背上,	[現]그 도둑이 그 나그네의 등에다
[26b]射了一	[諺]ᄒᆞᆫ 살로 쏘니,
箭,	[現]화살 하나를 쏘니
	◇◇◇
	쏘다[동]: 쏘다.
那人倒了。	[諺]그 사ᄅᆞᆷ이 구러디거늘,
	[現]그 사람이 고꾸라졌거늘
	◇◇◇
	구러디다[동]: 넘어지다, 고꾸라지다.
那賊只道是	[諺]그 도적이 닐오ᄃᆡ 주그니라 ᄒᆞ고,
死了,	[現]그 도둑이 말하되 죽었다 하고
便赶着那	[諺]곳 그 나귀를 모라,
驢,	[現]곧 그 나귀를 몰아

往前行，	[諺]앒프로 가더니,
	[現]앞으로 갔는데
那客人射的	[諺]그 客人이 뽀여 어즐ᄒ엿다가,
昏了，	[現]그 나그네가 화살을 맞아 어질어질했다가

◇◇◇

뽀이다1[동]: 쏘이다, (화살을) 맞다.
어즐ᄒ다[형]: 어질하다, 어질어질하다.

蘇醒迴来，	[諺]되씨야나니.
	[現]되깨어났습니다.

◇◇◇

되씨야나다[동]: 되깨어나다, 도살아나다.

恰好有捕盜	[諺]맛치 됴히 도적 잡는 官員이 와,
的官来，	[現]마침 도둑 잡는 관원이 와서
那裏巡警，	[諺]거긔셔 솗피거늘,
	[現]거기에서 살피거늘
那客人就告	[諺]그 客人이 즉제 告ᄒ니,
了，	[現]그 나그네가 즉시 신고했더니

◇◇◇

고ᄒ다[동]: 고(告)하다, 고발하다, 신고하다.

捕盜官将着	[諺]捕盜官이 弓兵을 더블고,
弓兵，	[現]포도관(捕盜官)이 궁병을 데리고

◇◇◇

포도관[명]: 포도관(捕盜官), 조선 시대에 포도청이나 지방 관아에 속하여 도둑을 잡아들이는 일을 맡아보던 벼슬아치.
궁병[명]: 궁병(弓兵), 원·명나라 때에 주현(州縣)의 하례(下隷), 병역으로 징집된 민간인으로서 주현을 돌아다니며 범인이나 도망한 죄수, 수상한 사람을 체포하는 등 지방의 치안을 담당하던 병졸.
더블다[동]: 더불다, 데리다, 거느리다.

[27a]徃前赶 到約二十里 地,	[諺]나아가 ᄯᆞ라 계요 二十里 ᄯᅡ히 다ᄃᆞ라, [現]나아가 뒤따라 거의 이십리 되는 지역에 다다라

◇◇◇

ᄯᆞ르다[동]: 따르다, 뒤따르다.
다ᄃᆞ다[동]: 다다르다, 이르다.

赶上那賊,	[諺]그 도적을 밋처 가, [現]그 도둑을 따라 가서

◇◇◇

밋ᄎ다[동]: 미치다, 따라잡다.

捉拿其間,	[諺]자블 ᄉᆞ이예, [現]잡을 사이에
那賊便將一 箇弓手,	[諺]그 도적이 곳 ᄒᆞᆫ 弓手ᄅᆞᆯ다가, [現]그 도둑이 곧 한 궁수를
放箭射下馬 来,	[諺]살로 ᄡᅩ아 ᄆᆞᆯ게 ᄂᆞ려디니. [現]화살로 쏘아 말에서 떨어지게 했습니다.

◇◇◇

-게2[조]: -에게서, -로부터.
ᄂᆞ려디다[동]: 내려지다, 떨어지다.

那賊徃西走 馬去了。	[諺]그 도적이 西로 향ᄒᆞ여 ᄆᆞᆯ ᄃᆞᆯ려가니라. [現]그 도둑이 서쪽으로 향하여 말을 타고 달려갔습니다.

◇◇◇

ᄃᆞᆯ려가다[동]: 달려가다.

22. 等到天明時慢慢的去怕甚麼

捕盜官襲將去,	[諺]捕盜官이 디종ᄒ여 가,
	[現]포도관이 미행하여

◇◇◇

디종ᄒ다[동]: 뒤밟다, 미행하다.

到箇村裏差了一百箇壯漢,	[諺]村의 가 一百 壯漢을 시겨,
	[現]촌에 가서 건장한 남자 일백 명을 시켜

◇◇◇

장한[명]: 장한(壯漢), 건장한 남자.
시기다[동]: 시키다, 파견하다.

將着弓箭器械,	[諺]화살 연장 가지고,
	[現]화살 무기를 가지고

◇◇◇

연장[명]: 무기, 도구.

把那賊圍在一箇山峪裏,	[諺]그 도적을다가 흔 뫼골의 에워,
	[現]그 도둑을 한 산골에 에워

◇◇◇

뫼골[명]: 묏골, 산골.
에우다[동]: 에우다, 포위하다.

[27b]纔拿着迴来,	[諺]ᄀᆞᆺ 자바 도라오니,
	[現]갓 잡아 돌아왔습니다.
看那射着的弓手,	[諺]그 살 마즌 弓手를 보니,
	[現]그 화살 맞은 궁수를 보니

那人左肐膊 上射傷，	[諺]그 사룸이 왼녁 폴독에 살 마자 샹ᄒᆞ엿고, [現]그 사람이 왼쪽 팔뚝에 화살 맞아 상했고 ◇◇◇ 왼녁[명]: 왼쪽. 폴독[명]: 팔뚝. 샹ᄒᆞ다1[동]: 상하다, 다치다.
不曾傷了性 命。	[諺]일즉 性命은 샹티 아니ᄒᆞ돗더라(랴). [現]일찍 생명은 상하지 아니하였더라. ◇◇◇ 일즉[부]: 일찍. -돗더[어미]: 예스러운 표현으로 다른 어미 앞에 붙어, 과거 어느 때에 직접 경험하여 알게 된 사실을 현재의 말하는 장면에 그대로 옮겨 와서 전달한다는 뜻을 나타내는 어미. -더.
如今那賊現 在官司牢裏 禁着。	[諺]이제 그 도적이 官司 옥에 번ᄃᆞ시 이셔 가텻ᄂᆞ니라. [現]이제 그 도둑은 관청의 감옥에 갇혀 있습니다. ◇◇◇ 관사[명]: 관사(官司), 관아, 관청. 번ᄃᆞ시[부]: 뚜렷이, 환히. 가티다[동]: 갇히다, 감금되다.
既這般路澁 時，	[諺]이믜 이리 길히 머흘면, [現]길이 이미 이렇게 험하다면 ◇◇◇ 머흘다[형]: 험하다, 사납다.
咱們又沒甚 麽忙勾當，	[諺]우리 쏘 아므란 밧븐 일이 업스니, [現]우리는 또 아무런 바쁜 일이 없으니 ◇◇◇ 밧브다[형]: 바쁘다.

要甚麼早行！	[諺]므슴아라 일 녜리오?	
	[現]무엇 때문에 일찍 갑니까?	
	◇◇◇	
	므슴아라[부]: 무슨 까닭으로, 무엇 때문에.	
[28a]等到天明時,	[諺]하늘이 븕거든 기드려,	
	[現]하늘이 밝기 기다려	
慢慢的去怕甚麼。	[諺]날회여 간들 므서시 저프리오?	
	[現]천천히 간다고 할지라도 무엇이 두렵습니까?	
	◇◇◇	
	-ㄴ들[어미]: '-ㄴ다고 할지라도'의 뜻을 나타내는 연결 어미. 어떤 조건을 양보하여 인정한다고 하여도 그 결과로서 기대되는 내용이 부정됨을 나타낸다.	
	므섯[대]: 무엇.	
	저프다[형]: 두렵다.	
說的是。	[諺]닐오미 올타.	
	[現]말씀이 옳습니다.	
依着你,	[諺]네 말대로,	
	[現]당신의 말씀대로	
	◇◇◇	
	-대로[조]: 체언 뒤에 붙어 앞에 오는 말에 근거하거나 달라짐이 없음을 나타내는 보조사.	
天明時行。	[諺]하늘 븕거든 가리라.	
	[現]하늘이 밝으면 가겠습니다.	

23. 那裏有井

安置安置,	[諺]이대, 이대, [現]잘, 좋게.
客人們好睡着。	[諺]나그내들 됴히 자라. [現]나그네들 안녕히 주무십시오.
主人家且休去,	[諺]主人아! 아직 가디 말라. [現]주인집! 아직 가지 마십시오.
我又忘了一件勾當。	[諺]내 쏘 흔 일을 니저셰라. [現]내가 또 한 가지 일을 잊었구나.

◇◇◇

닛다[동]: 잊다.

-셰라[어미]: 예스러운 표현 동사, 형용사 어간 뒤에 붙어, 화자가 새롭게 알게 된 사실에 주목함을 나타내는 종결 어미. 흔히 감탄의 뜻이 수반된다. -구나.

我這馬們不曾飮水裏,	[諺]우리 이 물들흘 일즉 믈 머기디 아녓더니, [現]우리 이 말들을 일찍 물 먹이지 않았으니
等一會控到時飮去。	[諺]흔 디위 쉬요믈 잇긋 ᄒ야든 기드려 머기라 가쟈. [現]한 번 쉬게 한 것을 만족히 하면 먹이러 갑시다.

◇◇◇

잇긋[부]: 만족히, 되도록, 반드시.

-야든[어미]: 예스러운 표현 'ᄒ다'의 어간이나 끝음절의 모음이 'ㅣ'인 어간 뒤에 붙어, '어떤 일이 사실이면', '어떤 일이 사실로 실현되면'의 뜻을 나타내는 연결 어미. -거든.

[28b]那裏有井?	[諺]어딕 우믈 잇ᄂᆞ뇨? [現]어디에 우물이 있습니까? ◇◇◇ 우믈[명]: 우물.	
那房後便是井。	[諺]뎌 집 뒤히 곳 우믈이라. [現]저 집 뒤가 곧 우물입니다.	
有轆轤那沒?	[諺]믈 기를 즈애 잇ᄂᆞ냐? 업스냐? [現]물 긷는 고패가 있습니까? 없습니까? ◇◇◇ 즈애[명]: (두레박) 고패.	
淺淺的井兒,	[諺]엿트나 엿튼 우믈이니, [現]아주 얕은 우물이니 ◇◇◇ 엿ᄐ다[형]: 옅다, 얕다.	
只着繩子拔水。	[諺]그저 줄드레로 믈을 깃ᄂᆞ니라. [現]그저 두레박으로 물을 긷습니다. ◇◇◇ 줄드레[명]: 두레박. 깃다1[동]: (물을) 긷다.	
井邊頭有飲馬的石槽兒。	[諺]우믈 ᄀᆞ애 ᄆᆞᆯ 믈머기는 돌귀외 잇ᄂᆞ니라. [現]우물 가에 말에게 물먹이는 돌구유가 있습니다. ◇◇◇ 돌귀요[명]: 돌구유(돌을 파서 만든 구유).	
旣這般時,	[諺]이믜 이러면, [現]이미 이렇다면	

你收拾洒子	[諺]네 드레와 줄을 收拾ᄒ야 내여 오고려.
井繩出来。	[現]당신은 두레박과 줄을 정돈하여 오십시오.
	◇◇◇
	드레1[명]: 두레박.
	수습ᄒ다[동]: 수습(收拾)하다, 서릇다, 정돈하다, 정리하다.
井邊頭洒子	[諺]우믈 ᄀ애 드레와 줄이 다 잇ᄂ니라.
井繩都有。	[現]우물 가에 두레박과 줄이 다 있습니다.
我又囑咐你	[諺]내 ᄯㅗ 너ᄃ려 져기 말을 당부ᄒ노니,
些話,	[現]나는 또 당신한테 말씀을 좀 당부하노니
[29a]那洒子	[諺]그 드레 믈에 ᄌㆍᆷ기디 아니ᄒᄂ니.
不沉水,	[現]그 두레박이 물에 잠기지 아니합니다.
	◇◇◇
	ᄌㆍᆷ기다[동]: 잠기다.
你不會擺	[諺]네 뒷티기 아디 못ᄒ거든,
時,	[現]당신이 뒤집기 모르면
	◇◇◇
	뒷티다[동]: 뒤치다, 뒤집다.
洒子上綎着	[諺]드레 우희 ᄒᆫ 덩이 벽을 ᄆㆎ라.
一塊塼頭	[現]두레박 위에 벽돌 한 덩이를 매십시오.
着。	
這的我自會	[諺]이ᄂ 나도 아노니,
的,	[現]이것은 나도 아노니
不要你教。	[諺]네 ᄀᆞᄅ치디 말라.
	[現]당신이 가르치지 마십시오.
	◇◇◇
	말다1[보동]: 말다.

24. 咱們輪着起來勤喂馬

咱們輪着起來,	[諺]우리 돌려 니러,
	[現]우리는 교대해서 일어나
勤喂馬。	[諺]브즈러니 물 머기쟈.
	[現]부지런히 말을 먹입시다.
常言道,	[諺]常言에 닐오되,
	[現]속담에 말하되

◇◇◇

상언[명]: 상언(常言), 속담.

| 馬不得夜草不肥, | [諺]물이 밤 여믈을 엇디 못ᄒ면 슬지디 못ᄒ고, |
| | [現]말이 밤 여물을 얻지 못하면 살지지 못하고 |

◇◇◇

여믈[명]: 여물.
엇다[동]: 얻다.

| 人不得橫財不富。 | [諺]사름이 뜬 財物을 엇디 못ᄒ면 가ᄋ멸디 못ᄒ다 ᄒᄂ니. |
| | [現]사람이 뜻밖의 재물을 얻지 못하면 부유하지 못한답니다. |

◇◇◇

뜬1[관]: 딴, 뜻밖의, 다른.
가ᄋ멸다[형]: 가멸다, 부유하다.

| [29b]却休槽兒平直到明。 | [諺]또 귀요에 ᄑ케 주어 잇굿 새배 다둣게 말라. |
| | [現]또 구유에 평평하게 주어 되도록 새벽까지 가지 마십시오. |

咱們拌上馬喫一和草時飲水去。	[諺]우리 물을 혼 번 딥 섯거 버므려 주어 머거든 믈 머기라 가쟈.	
	[現]우리가 말에게 한 번 짚 섞어 버무려 주어 먹이면 물 먹이러 갑시다.	
盛草的筐兒也沒,	[諺]딥 다믈 광주리도 업스니,	
	[現]짚 담을 광주리도 없으니	
着甚麼將的草去？	[諺]므스 거스로 딥 가져가료?	
	[現]무엇으로 짚을 가져갑니까?	
既沒時,	[諺]이믜 업거든,	
	[現]기왕 없으면	
且着布衫襟兒抱些草去。	[諺]아직 뵈젹삼 쟈락의 안아 가라.	
	[現]그저 베적삼 자락에 안아 가십시오.	
	◇◇◇	
	뵈젹삼[명]: 베적삼.	
我將料水去。	[諺]내 콩믈 가져가마.	
	[現]내가 콩물을 가져가겠습니다.	
這主人家好不整齊。	[諺]이 主人이 ᄀ장 整齊티 못ᄒ다.	
	[現]이 주인이 정말 가지런하게 하지 못합니다.	
	◇◇◇	
	정제ᄒ다[동]: 정제(整齊)하다, 정돈하여 가지런하게 하다.	
攪料棒也沒一箇！	[諺]콩 버므릴 막대 ᄒ나토 업스니,	
	[現]콩 버무릴 막대기 하나도 없으니	
	◇◇◇	
	막대[명]: 막대기.	
[30a]疾快取將咱們的挂杖来,	[諺]샐리 우리 딥 퍼온 막대 가져와,	
	[現]빨리 우리의 짚 퍼온 막대기를 가져와서	
	◇◇◇	
	프다[동]: 푸다.	

攪料。	[諺]콩 버므리라.	
	[現]콩을 버무리십시오.	
且房子裏坐的去来,	[諺]아직 방의 안자시라 가쟈.	
	[現]일단 방에 앉으러 갑시다.	
一霎兒馬喫了這和草飲水去。	[諺]흔 디위 믈이 이 버므린 여믈 머거든 믈 머기라 가쟈.	
	[現]한 번 말이 이 버무린 여물 먹으면 물 먹이러 갑시다.	
馬敢喫了草也,	[諺]믈이 딥 머근 듯ᄒ니,	
	[現]말이 짚 먹은 듯하니	
飲去来。	[諺]믈 머기라 가쟈.	
	[現]물 먹이러 갑시다.	

25. 留一箇看房子

咱們都去了時,	[諺]우리 다 가면,	
	[現]우리가 다 가면	
這房子裏沒人,	[諺]이 房의 사ᄅᆞᆷ 업스니,	
	[現]이 방에 사람이 없으니	
敢不中。	[諺]맛당티 아닌 듯ᄒ다.	
	[現]마땅하지 않은 듯합니다.	

◇◇◇

맛당ᄒ다[형]: 마땅하다.

留一箇看房子,	[諺]ᄒ나 머무러 房 보라 ᄒ고,	
	[現]하나를 머무르게 해서 방을 보라 하고	

◇◇◇

머물다[동]: 머무르다.

| [30b]別箇的 | [諺]다ᄅᆞ니는 물 잇그러 가쟈. |
| 牽馬去来。 | [現]다른 사람은 말을 이끌러 갑시다. |

◇◇◇

잇글다[동]: 이끌다.

碍甚麼事?	[諺]므스 일 걸리끼리오?
	[現]무슨 일에 거리낍니까?
這店裏都閉	[諺]이 店에 다 門 다드면,
了門子了,	[現]이 여관에 다 문을 닫으면

◇◇◇

-ᄋᆞ면[어미]: 예스러운 표현으로 끝음절의 모음이 'ㆍ, ㅏ, ㅗ'이고 받침 있는 동사, 형용사 어간이나 어미 뒤에 붙어, 일반적으로 분명한 사실을 어떤 일에 대한 조건으로 말할 때 쓰는 연결 어미. -으면.

怕有甚麼人	[諺]므슴 사ᄅᆞᆷ이 드러올가 저프리오?
入来?	[現]무슨 사람이 들어올까 두렵습니까?
休那般說,	[諺]그리 니ᄅᆞ디 말라.
	[現]그렇게 말하지 마십시오.
小心的還	[諺]조심호미 도로혀 됴ᄒᆞ니라.
好。	[現]조심하는 것이 도리어 좋습니다.
常言道,	[諺]常言에 닐오딕,
	[現]속담에 말하되

◇◇◇

-오딕1[어미]: 예스러운 표현으로 끝음절의 모음이 'ㆍ, ㅏ, ㅗ'인 동사, 형용사 어간 뒤에 붙어, 뒤에 오는 말이 인용하는 말임을 미리 나타내어 보일 때 인용 동사에 붙여 쓰는 연결 어미. -으되.

常防賊心，	[諺]샹샹의 도적 모음을 막고,
	[現]항상 도둑 마음을 막고
	◇◇◇
	샹샹의[부]: 상상(常常)에, 항상, 늘.
莫偸他物。	[諺]놈의 것 도적 말라 ᄒᆞᄂᆞ니.
	[現]남의 것 도둑질 말라고 한답니다.
	◇◇◇
	놈[명]: 남, 타인.
	도적2[명]: 도둑질.
	말다2[동]: 말다.
你自依着我，	[諺]네 스스로 내 말대로,
	[現]당신은 스스로 내 말대로
	◇◇◇
	스스로[부]: 스스로.
留一箇看房子。	[諺]ᄒᆞ나흘 두어 방 보게 ᄒᆞ라.
	[現]하나를 두어 방 보게 하십시오.
那般着，	[諺]그리ᄒᆞ쟈,
	[現]그렇게 합시다.
[31a]咱們留誰看房子?	[諺]우리 누를 두워 방 보라 ᄒᆞ료?
	[現]우리는 누구를 두어 방 보라고 합니까?
	◇◇◇
	누[대]: 누구.
你三箇裏頭，	[諺]너희 셋 듕에,
	[現]당신 셋 중에
着這老的看着。	[諺]이 늘그니 ᄒᆞ야 보게 ᄒᆞ라.
	[現]이 늙은이를 보게 하십시오.
	◇◇◇
	늘그니[명]: 늙은이, 노인.

三人同行小的苦，	[諺]세 사룸이 홈끠 녜매 져므니 슈고ᄒᆞᄂᆞ니라. [現]세 사람이 함께 다니매 젊은이가 수고하는 법입니다. ◇◇◇ 져므니[명]: 젊은이. 슈고ᄒᆞ다[동]: 수고하다.
咱們三箇去来。	[諺]우리 세히 가쟈. [現]우리 세 사람이 갑시다.

26. 我兩箇牽馬去

這術術窄，	[諺]이 골이 조브니, [現]이 골목이 좁으니 ◇◇◇ 골1[명]: 골목, 골목길.
牽着馬多時，	[諺]ᄆᆞᆯ 잇글기 만히 ᄒᆞ면, [現]말을 많이 이끌면 ◇◇◇ 만히[부]: 많이.
過不去，	[諺]디나가디 못ᄒᆞ리라. [現]지나가지 못할 것입니다. ◇◇◇ 디나가다[동]: 지나가다.
咱們做兩遭兒牽。	[諺]우리 두 번의 잇그러 가쟈. [現]우리는 두 번에 이끌고 갑시다.
那般着。	[諺]그리ᄒᆞ쟈. [現]그렇게 합시다.

伱敢慣打水.	[諺]네 믈 긷기 니근 둣ᄒ괴야. [現]당신이 물 긷기에 익숙한 듯하구나. ◇◇◇ 닉다[형]: 익다, 익숙하다.
我不慣打水。	[諺]내 믈 깃기 닉디 못ᄒ롸. [現]나는 물 긷기에 익숙하지 못합니다.
[31b]伱先打水去,	[諺]네 몬져 믈 길라 가라. [現]당신이 먼저 물을 길으러 가십시오.
我兩箇牽馬去。	[諺]우리 둘히 ᄆᆯ 잇그러 가마. [現]우리 두 사람은 말을 이끌고 가겠습니다.
那般着,	[諺]그리ᄒ쟈. [現]그렇게 합시다.
我打水去。	[諺]나는 믈 길라 가노라. [現]나는 물을 길으러 갑니다.
伱将馬来。	[諺]네 ᄆᆯ 가져오라. [現]당신은 말을 가져오십시오.
我恰纔這槽兒裏頭,	[諺]내 앗가 이 귀유 안해, [現]내가 아까 이 구유 안에 ◇◇◇ 앗가[명][부]: 아까, 조금 전, 조금 전에.
拔上兩洒子水也,	[諺]두 드렛 믈 기러시니, [現]두 두레박의 물을 길었으니 ◇◇◇ 드레2[의]: 두레박.
着馬喫。	[諺]ᄆᆯ들을 먹이라. [現]말들을 먹이십시오.
這箇馬快喫水,	[諺]이 ᄆᆯ은 믈 잘 먹고, [現]이 말은 물을 잘 마시고

這箇馬喫水少。	[諺]이 물은 믈 먹기 쟉게 호다.
	[現]이 말은 물을 적게 마십니다.
	◇◇◇
	쟉다1[형]: 적다.
這水少,	[諺]이 믈이 쟉으니,
	[現]이 물이 적으니
再打上一洒子着。	[諺]쏘 훈 드레만 기르라.
	[現]또 한 두레박만 길으십시오.
將洒子来,	[諺]드레 가져오라.
	[現]두레박을 가져오십시오.
[32a]我試學打。	[諺]내 시험호여 믈 깃기 비화지라.
	[現]내가 시험 삼아 물 긷기 배우겠습니다.
	◇◇◇
	-아지라[어미]: 예스러운 표현으로 끝음절의 모음이 '·, ㅏ, ㅗ'이거나 'ㅣ' 계열 이중 모음이나 ㄹ 받침으로 끝나는 동사, 형용사 어간 뒤에 붙어, 주로 일인칭 주어와 함께 쓰여 '호라' 할 자리에 쓰여, 의도를 나타내는 종결 어미.
這洒子是不沉水,	[諺]이 드레 믈에 줌기디 아니호니,
	[現]이 두레박이 물에 잠기지 아니하니
怎生得倒?	[諺]엇디호여 것구리티리오?
	[現]어찌하여 거꾸러뜨립니까?
	◇◇◇
	것구리티다[동]: 거꾸러뜨리다, 번드치다, 뒤집다.
我教與你,	[諺]내 너두려 ᄀᄅ치마.
	[現]내가 당신에게 가르치겠습니다.
將洒子提起来,	[諺]드레를다가 들어,
	[現]두레박을 들어

離水面擺動倒，	[諺]믈 우희 씌워 배텨 구르텨,
	[現]물 위에 띄워서 흔들어 거꾸러뜨리고

◇◇◇

씌우다1[동]: 띄우다(물 위나 공중에 있게 하거나 위쪽으로 솟아오르게 하다).
배티다[동]: 번드치다, 흔들다.
구르티다[동]: 거꾸러뜨리다.

撞入水去，	[諺]믈에 맛바다 드러가면,
	[現]물에 맞받아 들어가면

◇◇◇

맛받다[동]: 맞받다, 정면으로 받다.

便喫水也。	[諺]즉제 믈 먹ᄂ니라.
	[現]즉시 물이 들어옵니다.
這般時，	[諺]이러면,
	[現]이렇다면
真箇在前曽見人打水，	[諺]진실로 在前에 일즙 사ᄅᆞᆷ의 믈 긷기를 보와시되,
	[現]진실로 예전에 일찍 사람의 물 긷기를 봤으되
不曽學，	[諺]일즙 빈호디 아니ᄒ엿더니,
	[現]일찍 배우지 아니하였더니
從今日理會得了。	[諺]오늘븟터 알괘라.
	[現]오늘부터 알게 되었습니다.

27. 你高麗地面裏沒井阿怎麼

[32b] 你高麗地面裏沒井阿怎麼?	[諺]너희 高麗ㅅ 짜헤 우믈이 업스냐? 엇더(디)오?
	[現]당신들 고려의 땅에 우물이 없습니까? 어떻습니까?

我那裏井,	[諺]우리 뎃 우므른, [現]우리 저기의 우물은
不似這般井。	[諺]이런 우믈 ᄀᆞ디 아니니. [現]이런 우물과 같지 않습니다.
這井是塼砌的井,	[諺]이 우므른 벽으로 무은 우물이라, [現]이 우물은 벽으로 쌓은 우물이라

◇◇◇

무으다[동]: 뭇다, 쌓다.

至小有二丈深;	[諺]ᄀᆞ장 쟈거야 二丈 깁픠 잇거니와, [現]가장 작아야 두 장(丈)의 깊이가 있거니와

◇◇◇

쟉다2[형]: 작다.
깁픠[명]: 깊이.

我那裏井,	[諺]우리 더긔 우므른, [現]우리 저기의 우물은
都是石頭壘的,	[諺]다 돌로 무은 거시라, [現]다 돌로 쌓은 것이라
最深殺的沒一丈,	[諺]ᄀᆞ장 깁프니도 一丈 깁픠 업서, [現]가장 깊어도 한 장의 깊이도 없어서

◇◇◇

깁프다[형]: 깊다.

都是七八尺来深。	[諺]다 닐곱 여듧 자 깁픠라. [現]다 일곱 여덟 자(尺)의 깊입니다.

◇◇◇

닐곱[수][관]: 일곱.
여듧[수][관]: 여덟.
자1[의]: 자(尺), 척(길이의 단위. '(市)寸'의 10배, '(市)丈'의 1/10, 미터(m)의 1/3에 해당함).

[33a]我那裏男子漢不打水，	[諺]우리 뎌긔 ᄉ나희는 믈 깃디 아니ᄒ고,
	[現]우리 저기의 사나이는 물 긷지 아니하고
	◇◇◇
	ᄉ나희[명]: 사나이.
只是婦人打水，	[諺]다만 계집이 믈 깃기 ᄒ되,
	[現]다만 여자가 물 긷기 하되
着箇銅盆，	[諺]동희로,
	[現]동이로
	◇◇◇
	동희[명]: 동이(질그릇의 하나. 흔히 물 긷는 데 쓰는 것으로 보통 둥글고 배가 부르고 아가리가 넓다).
頭上頂水。	[諺]머리예 믈을 이ᄂ니.
	[現]머리에 물을 입니다.
各自將着箇打水的瓢兒，	[諺]각각 믈 깃는 박을 가지고,
	[現]각각 물 긷는 바가지를 가지고
	◇◇◇
	박[명]: 바가지.
瓢兒上，	[諺]박 위희,
	[現]바가지 위에
絟着一條細繩子，	[諺]ᄒᆞᆫ 오리 ᄀᆞᄂᆞᆫ 노흘 ᄆᆡ얏ᄂᆞ니,
	[現]한 오리의 가는 노끈을 매였는데
	◇◇◇
	ᄀᆞᄂᆞᆯ다[형]: 가늘다.
	놓[명]: '노'의 옛말. 휴지(休止) 앞에서는 'ㅎ'이 탈락하여 '노'로 나타난다, 끈, 노끈.

却和這裏井繩洒子一般取水。	[諺]쪼 여긔 줄드레와 혼가지로 믈 깃느니라.	
	[現]또 여기 두레박과 마찬가지로 물 긷습니다.	
却怎麼那般打水?	[諺]쪼 엇디 그리 믈을 깃느뇨?	
	[現]또 어찌 그렇게 물을 긷습니까?	
我不理會得。	[諺]내 아디 못ᄒ리로다.	
	[現]나는 모르겠습니다.	
[33b]我只道是和我這裏一般打水。	[諺]내 그저 닐오디 우리 여긔 혼가지로 믈 깃는다(가) ᄒ더니라.	
	[現]나는 그저 말하되 우리 여기와 마찬가지로 물 긷는다고 했습니다.	

28. 再牽將別箇的來飮

你牽迴這馬去,	[諺]네 이 ᄆᆯ 잇쓰러 도라가고,	
	[現]당신은 이 말을 이끌고 돌아갔다가	
	◇◇◇	
	잇쓸다[동]: 이끌다.	
再牽將別箇的来飲。	[諺]쪼 다른 이 잇쓰러 가져와 믈 머기라.	
	[現]또 다른 말을 이끌고 와서 물을 먹이십시오.	
這馬都飲了。	[諺]이 ᄆᆯ들 다 믈머겨다.	
	[現]이 말들에게 물을 다 먹였습니다.	
這般黑地裏,	[諺]이런 어두온 따히,	
	[現]이런 어두운 땅에	
東厠裏難去,	[諺]뒷간의 가기 어려오니,	
	[現]변소에 가기 어려우니	
	◇◇◇	
	뒷간[명]: 변소.	

咱們只這後園裏去,	[諺]우리 그저 뒷동산의 가, [現]우리 그저 뒷동산에 가서	
淨手不好那?	[諺]뒤보기 됴티 아니ᄒᆞ랴? [現]뒤보는 게 좋지 아니합니까?	

◇◇◇

뒤보다[동]: (완곡한 표현으로) 똥을 누다.
아니ᄒᆞ다3[보형]: 아니하다.

我拿着馬,	[諺]내 ᄆᆞᆯ 자바실 쩌시니, [現]내가 말을 잡아있을 것이니	

◇◇◇

쩟[의]: 것.

你淨手去,	[諺]네 뒤보라 가라. [現]당신이 뒤보러 가십시오.	
我不要淨手。	[諺]나는 뒤보기 마다. [現]나는 뒤보기 싫습니다.	

◇◇◇

마다[형]: 싫다.

[34a]你離路兒着,	[諺]네 길흘 ᄯᅴ워ᄒᆞ고, [現]당신이 길을 띄워하고	

◇◇◇

ᄯᅴ우다2[동]: 띄우다(공간적으로 거리를 꽤 멀게 하다).

休在路邊淨手,	[諺]길ᄀᆞ애셔 뒤보기 말라. [現]길가에서 뒤보지 마십시오.	
明日着人罵。	[諺]ᄂᆡ일 ᄂᆞᆷ의게 쑤지람 드ᄅᆞ리라. [現]내일 남에게 꾸지람 들을 것입니다.	

◇◇◇

쑤지람[명]: 꾸지람.

咱們一箇人，	[諺]우리 흔 사름이,	
	[現]우리 한 사람이	
牽着兩箇去，	[諺]둘식 잇그러 가,	
	[現]두 마리씩 이끌고 가서	
絟的牢着。	[諺]미기를 구디 ᄒ라.	
	[現]매기를 단단히 합시다.	
	◇◇◇	
	구디[부]: 굳게, 단단히.	
這槽道好生寬，	[諺]이 구유 터히 ᄀ장 너르니,	
	[現]이 구유 터가 정말 넓으니	
	◇◇◇	
	텋[명]: 터, 자리.	
離的遠些兒絟，	[諺]ᄯ워 멀즈시 미라.	
	[現]띄워서 멀리 매십시오.	
	◇◇◇	
	멀즈시[부]: 멀리.	
又怕繩子紐着。	[諺]ᄯ 노히 얼킬가 저페라.	
	[現]또 노끈이 얽힐까 두렵습니다.	
	◇◇◇	
	얼키다[동]: 얽히다.	
疾快将草料来，	[諺]셸리 딥과 콩을 가져다가,	
	[現]빨리 짚과 콩을 가져다가	
拌上着，	[諺]버므려 주어,	
	[現]버무려 주어	
儘着他喫着，	[諺]잇긋 뎔로 ᄒ여 먹게 ᄒ고,	
	[現]저 말들에게 만족히 먹게 하고	
[34b]咱睡去来。	[諺]우리 자라 가쟈.	
	[現]우리는 자러 갑시다.	

29. 辭了主人家去來

火伴們起來!	[諺]벗들아! 닐거라. [現]친구! 일어나십시오.
雞兒叫第三遍了,	[諺]둙이 울언디 세 홰니, [現]닭이 운지 세 번이니 ◇◇◇ 홰[의]: 번, 차례.
待天明了也。	[諺]ᄒᆞ마 하늘도 볼그리로다. [現]이제곧 하늘도 밝을 것입니다. ◇◇◇ ᄒᆞ마[부]: 이제 곧, 머지않아.
咱急急的收拾了行李,	[諺]우리 샐리 짐들 收拾ᄒᆞ쟈. [現]우리는 빨리 짐들 정돈합시다.
鞁了馬時,	[諺]물 기ᄅᆞ마 짓노라 ᄒᆞ면, [現]말 길마를 얹느라 하면 ◇◇◇ 기ᄅᆞ마[명]: 길마(짐을 싣거나 수레를 끌기 위하여 소나 말 따위의 등에 얹는 기구). 짓다2[동]: (길마를) 짓다, 얹다.
天亮了,	[諺]하늘이 볼그리로다. [現]하늘이 밝을 것입니다.
辭了主人家去來。	[諺]主人의게 하딕ᄒᆞ고 가쟈. [現]주인에게 하직하고 갑시다. ◇◇◇ 하딕ᄒᆞ다[동]: 하직하다.

主人家哥休恠,	[諺]主人 형아! 허믈 말라.
	[現]주인 형님! 허물 마십시오.
	◇◇◇
	허믈[명]: 허물(잘못 저지른 실수).
我去也。	[諺]우리 가노라.
	[現]우리는 갑니다.
你休恠好去着。	[諺]네 허믈 말고 됴히 가라.
	[現]당신이 허물 말고 잘 가십시오.
迴来時,	[諺]도라올 제,
	[現]돌아올 적에
[35a]却来我店裏下来。	[諺]또 우리 店에 와 브리오라.
	[現]또 우리 여관에 와서 묵으십시오.
這橋便是我夜来說的橋,	[諺]이 드리는 곳 내 어제 니르든 드리니,
	[現]이 다리는 곧 내가 어제 말하던 다리니
	◇◇◇
	-든2[어미]: 동사의 어간 또는 어미 '-으시-', '-었-' 뒤에 붙어, 앞말이 관형어 구실을 하게 하고 어떤 일이 과거에 완료되지 않고 중단되었다는 미완의 의미를 나타내는 어미. -던.
比在前十分好。	[諺]아릯과 比컨대 ᄀ장 됴타.
	[現]예전과 비하건대 아주 좋습니다.
	◇◇◇
	아릯[명]: 예전.

第二章　瓦店投宿

在先只是土搭的橋来，	[諺]앏픠는 그저 흙 텨 밍근 드리러니, [現]이전에는 그저 흙을 쳐서 만든 다리이었더니 ◇◇◇ 앏프2[명]: '앞'의 옛말, 이전, 종전. 티다1[동]: 치다, 뭇다, 쌓다. -러니[어미]: '이다', '아니다'의 어간이나 어미 '-으시-', '-더-', '-으리-' 뒤에 붙어, 지금의 사실이 과거의 경험으로 알았던 사실과 다름을 나타내는 연결 어미. '-더니'보다 예스러운 느낌을 준다. -더니.
如今都是板鞚了，	[諺]이제는 다 널 실랏고, [現]이제는 다 널판으로 깔았고 ◇◇◇ 널[명]: 널판, 널판자, 널빤지. 실다2[동]: 깔다, 덮다.
這橋梁橋柱，	[諺]이 드릿보와 기동이, [現]이 다리 들보와 기동이 ◇◇◇ 드릿보[명]: 다리 들보, 다리의 기둥 위에 걸쳐 놓이는 부분.
比在前忒牢壯。	[諺]아릭과 견조면 너모 굿다. [現]예전과 견주면 훨씬 견고합니다. ◇◇◇ 견조다[동]: 견주다, 비교하다. 굿다[형]: 견고하다, 질기다, 튼튼하다.
這的捱十年也壞不得。	[諺]이는 十年을 견듸여도 믈허디디 아니ᄒ리로다. [現]이는 십년을 견뎌도 무너지지 아니할 것입니다. ◇◇◇ 견듸다[동]: 견디다.

第三章　進京途中

30. 肚裏好生飢了

| 日頭這般高了, | [諺]히 이리 노팟고, |
| | [現]해가 이렇게 높았고 |

◇◇◇

히2[명]: 해, 태양.

[35b]前頭又沒甚麼店子,	[諺]알픠 쏘 아므란 店도 업스니,
	[現]앞에 또 아무런 여관도 없으니
咱們只投那人家糴些米,	[諺]우리 그저 뎌 人家의 드러가 뿔 밧고와,
	[現]우리는 그저 저 남의 집에 들어가 쌀을 바꿔와서

◇◇◇

뿔[명]: 쌀.
밧고다[동]: 바꾸다, 교환하다.

| 自做飯喫去来。 | [諺]손조 밥 지어 먹고 가쟈. |
| | [現]손수 밥 지어 먹고 갑시다. |

◇◇◇

짓다3[동]: (밥을) 짓다, 만들다.

那般着,	[諺]그리ᄒᆞ쟈,
	[現]그렇게 합시다.
肚裏好生飢了,	[諺]빈 ᄀᆞ장 골프다.
	[現]배가 매우 고픕니다.

◇◇◇

빈2[명]: 배(肚).
골프다[형]: 고프다.

第三章　進京途中

咱們去来。	[諺]우리 가쟈. [現]우리 갑시다.
這馬都卸下行李,	[諺]이 물 다 짐 브리오고, [現]이 말들의 짐을 다 내리고
鬆了肚帶,	[諺]오랑 느추고, [現]뱃대끈을 느슨하게 하고

◇◇◇
오랑[명]: 뱃대끈(마소의 안장이나 길마를 얹을 때에 배에 걸쳐서 졸라매는 줄).
느추다[동]: 늦추다, 느슨하게 하다.

取了嚼子,	[諺]마함 벗기고, [現]재갈을 벗기고

◇◇◇
마함[명]: 재갈(말을 부리기 위하여 아가리에 가로 물리는 가느다란 막대. 보통 쇠로 만들었는데 굴레가 달려 있다).

這路傍邊放了,	[諺]이 길ᄉ갸애 노하, [現]이 길가에 놓아주어

◇◇◇
놓다3[동]: 놓아주다, 방목하다.

着喫草着,	[諺]플 먹게 ᄒ고, [現]풀을 먹게 하고

◇◇◇
플[명]: 풀.

教一箇看着,	[諺]ᄒ나흐로 ᄒ여 보게 ᄒ고, [現]한 명을 보게 하고
[36a]別的都投這人家問去来。	[諺]다ᄅ니는 다 이 人家의 드러가 무로라 가쟈. [現]다른 사람은 다 이 집에 물으러 들어갑시다.

31. 怎生糶與些米做飯喫

主人家哥,	[諺]쥬인 형아!
	[現]주인 형님!
我幾箇行路的人,	[諺]우리 여러 길 녜는 사름이,
	[現]우리 길을 다니는 사람이
這早晚不曾喫早飯,	[諺]이리 느즌듸 일즉 아춤밥을 못 먹엇고,
	[現]이렇게 늦은데 일찍 아침밥을 못 먹었고

◇◇◇

아춤[명]: 아침.

前頭又沒甚麼店子,	[諺]알픠 쏘 아므란 店도 업스매,
	[現]앞에 또 아무런 여관도 없으매

◇◇◇

-으매[어미]: 'ㄹ'을 제외한 받침 있는 용언의 어간이나 어미 '-었-', '-겠-' 뒤에 붙어, 어떤 일에 대한 원인이나 근거를 나타내는 연결 어미.

我特的来,	[諺]우리 부러 와시니,
	[現]우리는 일부러 찾아왔으니

◇◇◇

부러[부]: 일부러.

怎生糶與些米做飯喫。	[諺]아므려나 져기 뿔 밧괴여 주어든 밥 지어 먹어지라.
	[現]아무튼 쌀을 조금 바꿔 주면 밥 지어 먹고 싶습니다.

◇◇◇

아므려나[부]: 아무튼, 어쨌거나.
-어지라: -고자 하노라, -고 싶어라.

要甚麽糶米!	[諺]므슴아라 뿔 밧고려 ᄒᆞᄂᆞ뇨?	
	[現]무엇 때문에 쌀을 바꾸려고 합니까?	
	◇◇◇	
	므슴아라: 무슨 까닭으로, 무엇 때문에.	
我的飯熟了,	[諺]우리 밥이 닉어시니,	
	[現]우리 밥이 익었으니	
[36b]客人們喫了過去。	[諺]나그내들 먹고 디나가라.	
	[現]나그네들이 먹고 지나가십시오.	
這般時,	[諺]이러면,	
	[現]이렇다면	
敢少了你飯。	[諺]네 밥이 져글 둧ᄒᆞ다.	
	[現]당신의 밥이 적을 듯합니다.	
不妨事,	[諺]므던ᄒᆞ니,	
	[現]무방하니	
便少時,	[諺]곳 젹거든,	
	[現]곧 적으면	
我再做些箇便是。	[諺]우리 쏘 져기 지으면 곳이어니ᄯᆞ녀?	
	[現]우리 또 조금 지으면 곧 되지 않겠는가요?	
	◇◇◇	
	-어니ᄯᆞ녀: -지 않겠는가?	
將卓兒来,	[諺]상 가져오라.	
	[現]상을 가져와라.	

教客人們只這棚底下坐的喫飯。	[諺]나그내들 ᄒᆞ여 그저 이 가개 아래 안자셔 밥 먹게 ᄒᆞ쟈. [現]나그네들을 그저 이 천막 아래 앉아서 밥 드시게 하자. ◇◇◇ 가개[명]: 시렁, 천막, 허름하게 대강 얽어 지은 집. -아셔[어미]: 예스러운 표현으로 끝음절의 모음이 'ㆍ, ㅏ, ㅗ'인 동사, 형용사 어간 뒤에 붙어, 앞 절의 동작이나 동작이 완료된 이후의 상태가 뒤 절의 사건이 일어나는 동안 지속됨을 나타내는 연결 어미. -아서.
淡飯胡亂喫些箇。	[諺]믠밥을 간대로 먹으라. [現]맨밥을 되는대로 드시라고. ◇◇◇ 믠밥[명]: 맨밥, 공밥. 간대로[부]: 되는대로, 멋대로, 함부로.
有甚麽熟菜蔬,	[諺]아므란 니근 菜蔬 잇거든, [現]아무런 익은 채소가 있으면
將些來與客人喫。	[諺]져기 가져다가 나그내들 주어 먹게 ᄒᆞ라. [現]조금 가져다가 나그네들에게 드려 드시게 해라.
[37a]怕沒時,	[諺]ᄒᆞ다가 업거든, [現]만약 없으면
有蘿蔔生葱茄子將来,	[諺]댓무우와 파와 가지 잇거든. 가져오고, [現]무와 파와 가지가 있거든. 가져오고 ◇◇◇ 댓무우[명]: 무, 무우.

就將些醬来。	[諺]이믜셔 져기 쟝 가져오라. [現]곧 간장도 조금 가져와라. ◇◇◇ 쟝[명]: 쟝(醬), 간장.
別箇菜都沒,	[諺]녀느 ᄂᆞᄆᆞ새논 다 업거니와, [現]다른 채소는 다 없거니와 ◇◇◇ 녀느[관]: 다른. ᄂᆞᄆᆞ새[명]: 남새, 채소.
只有塩瓜兒,	[諺]다만 져린 외 이시니, [現]다만 저린 오이가 있으니 ◇◇◇ 외[명]: 오이.
與客人喫。	[諺]나그내 주어 머이쟈. [現]나그네한테 드려 드시게 하죠.
也好將来。	[諺]그도 됴타. 가져오라. [現]그도 좋아. 가져와라.
客人們休恠,	[諺]나그내들 허믈 말고, [現]나그네들이 허물 말고
胡亂喫些。	[諺]간대로 먹으라. [現]되는대로 드십시오.
小人們驟面間厮見,	[諺]小人들히 과그른 ᄂᆞ치 서르 보와셔, [現]소인들이 급작스러운 얼굴에 서로 보아서 ◇◇◇ 과그르다[형]: 급작스럽다. ᄂᆞᆾ[명]: 낯, 얼굴.

大哥便這般 重意,	[諺]큰형이 곳 이런 듕흔 뜻으로, [現]큰형이 곧 이런 중한 뜻으로 ◇◇◇ 듕ᄒ다[형]: 중하다, 대단하다, 소중하다.	
與茶飯喫,	[諺]차반 주어 먹이시니, [現]음식을 주어 먹이시니 ◇◇◇ 차반[명]: 차와 밥, 음식.	
[37b]怎麽敢 恠!	[諺]엇디 싱심이 나 허믈ᄒ료? [現]어찌 생심이 나서 허물하겠습니까? ◇◇◇ 싱심[명]: 생심(生心).	
量這些淡 飯,	[諺]혜건대 이만 믠밥이, [現]헤아리건대 이만한 맨밥이 ◇◇◇ 이만[관]: 이만, 이만한.	
打甚麽緊!	[諺]므스거시 긴ᄒ료? [現]무엇이 중요합니까? ◇◇◇ 긴ᄒ다[형]: 긴하다, 중요하다, 심각하다.	
偏我不出 外?	[諺]독별이 내라 외방의 나가디 아니랴? [現]유달리 나라고 외방에 나가지 아니합니까? ◇◇◇ 외방[명]: 외지.	
出外時,	[諺]외방의 나가면, [現]외지에 나가면	
也和你一 般。	[諺]또 너와 ᄒ가지어니ᄯ녀? [現]또 당신과 마찬가지이지 않겠는가요?	

大哥說的	[諺]큰형의 니름이 올타.
是。	[現]큰형님의 말씀이 옳습니다.
慣曾出外偏	[諺]일즙 외방의 나둔니기 니그면 일편되이 나그내
憐客,	를 에엿비 녀기고,
	[現]일찍 외방에 나다니기 익숙하면 편벽되이 나그
	네를 불쌍히 여기고

◇◇◇

나둔니다[동]: 나다니다.

일편되이[부]: 일편되게, 편벽되게, 편벽되이.

에엿비[부]: 불쌍히.

녀기다[동]: 여기다.

自己(己)	[諺]나곳 술을 탐ᄒ면 췌ᄒᆫ 사름을 앗기ᄂ니라.
貪盃惜醉	[現]나만 술을 탐하면 취한 사람을 아낀답니다.
人。	◇◇◇

췌ᄒ다[동]: 췌(醉)하다.

앗기다[동]: 아끼다, 삼가다.

32. 伱外頭還有火伴麽

| 伱外頭還有 | [諺]네 밧긔 그려도 벗이 잇ᄂ냐? |
| 火伴麽? | [現]당신들, 밖에 그래도 벗이 있는가요? |

◇◇◇

밧ㄱ[명]: 밖.

그려도[부]: 그래도.

[38a]有一箇	[諺]ᄒ나히 짐 보ᄂ니 이셔셔,
看行李,	[現]한 명이 짐 보고 있어서
就放馬裏。	[諺]이믜셔 ᄆᆯ 노ᄒᆞᆫᄂ니.
	[現]함께 말을 방목하고 있습니다.

他喫的飯却怎生?	[諺]뎌의 머글 밥을 쏘 엇더(디)ㅎ료? [現]저 사람이 먹을 밥을 또 어찌합니까?
我們喫了時,	[諺]우리 먹그면, [現]우리가 먹으면
與他將些去。	[諺]뎌 위ᄒᆞ야 져기 가져가쟈. [現]저 사람을 위하여 조금 가져갑시다.
有椀與一箇,	[諺]사발 잇거든 ᄒᆞ나 다고. [現]사발 있으면 하나 주십시오.

◇◇◇

달다[동]: 주다(듣는 이가 말하는 이에게 어떤 것을 가지게 하거나 누리게 함).

다고[동]: 다오(동사 '달다'의 활용형. 어간 '달-'에 종결 어미 '-오'가 붙어 '달-'의 'ㄹ'이 탈락하여 이루어진 말이다. 하오체의 명령형으로 쓰임).

這飯裏盛出一椀飯,	[諺]이 밥에셔 ᄒᆞᆫ 사발만 다마내어, [現]이 밥에서 한 사발만 담아내어
與那箇火伴。	[諺]뎌 버들 주쟈. [現]저 벗한테 줍시다.
由他,	[諺]제대로 두고, [現]그냥 두고
你都喫了着。	[諺]너희 다 머그라. [現]당신들이 다 드십시오.
家裏還有飯裏,	[諺]집의 당시론 밥이 이시니, [現]집에 그래도 밥이 있으니

◇◇◇

당시론[부]: 아직은, 그래도, 도리어, 오히려.

喫了時,	[諺]먹기 ᄆᄎ차든,	
	[現]먹기를 마치면	
	◇◇◇	
	ᄆᆾ다[동]: 마치다.	
将去。	[諺]가져가라.	
	[現]가져가십시오.	
[38b]伱休做客,	[諺]너희 손 도왼 양 말고,	
	[現]당신들이 손님 된 체 말고	
	◇◇◇	
	손[명]: 손님, 나그네, 행상인.	
	도외다[동]: 되다.	
	양1[의]: 양(樣), 체.	
慢慢喫的飽着。	[諺]날회여 빈브로 머그라.	
	[現]천천히 배브르게 드십시오.	
	◇◇◇	
	빈브로[부]: 배부르게.	
我是行路的客人,	[諺]우리는 길 녜는 나그내라,	
	[現]우리는 길 다니는 나그네라	
又肯做甚麽客!	[諺]또 즐겨 므슴 손인 양 ᄒ리오?	
	[現]또 무슨 손님인 체 즐겨 합니까?	
喫得飽那不飽?	[諺]머금이 브르냐? 아니 브르냐?	
	[現]배부르게 드셨습니까? 못 드셨습니까?	
我好生飽了。	[諺]우리 ᄀ장 빈브르다.	
	[現]우리는 배가 아주 부릅니다.	
收拾椀楪着。	[諺]사발 덥시 서르즈라.	
	[現]사발 접시를 정돈해라.	
	◇◇◇	
	덥시[명]: 접시.	

33. 好看千里客萬里要傳名

客人們,	[諺]나그내네,
	[現]나그네들
有一箇看着馬的,	[諺]호나히 물 보느니 잇다 호더니,
	[現]한 명이 말 보고 있다고 하니
不魯來喫飯。	[諺]일즉 와 밥먹디 아니호얏느니.
	[現]일찍 와서 밥먹지 아니하였네.
興兒,	[諺]興兒야,
	[現]홍아야,
你另盛一椀飯,	[諺]네 또로 호 사발 밥을 담고,
	[現]네가 따로 한 사발의 밥을 담고

◇◇◇

또로[부]: 따로.

| [39a]罐兒裏將些湯, | [諺]탕권에 져기 탕 가져, |
| | [現]탕관에 탕을 조금 담아 가지고 |

◇◇◇

탕권[명]: 탕관(국을 끓이거나 약을 달이는 자그마한 그릇).

跟着客人去,	[諺]나그내 조차 가,
	[現]나그네를 따라 가서
與那箇火伴,	[諺]뎌 벗 주어,
	[現]저 벗한테 줘.
喫了時,	[諺]먹거든,
	[現]먹으면

却收拾家事来。	[諺]쏘 그릇들 설어저 오라. [現]또 그릇들을 정돈하고 오너라. ◇◇◇ 그릇[명]: 그릇. 설엊다[동]: 서릊다, 정리하다, 정돈하다.	
主人家哥,	[諺]쥬인 형아! [現]주인 형님!	
休恠,	[諺]허믈 말라. [現]허물 마십시오.	
小人們,	[諺]小人들히, [現]소인들이	
這裏之害。	[諺]예 와 슈폐ᄒ여이다. [現]여기 와서 폐를 끼쳤습니다. ◇◇◇ 슈폐ᄒ다[동]: 폐를 끼치다.	
有甚麽之害處!	[諺]므슴 슈폐ᄒ 곳이 이시리오? [現]무슨 폐를 끼친 곳이 있습니까?	
喫了些淡飯,	[諺]져기 민밥 먹고, [現]맨밥 조금 먹고	
又沒甚麽好茶飯。	[諺]쏘 아므란 됴흔 차반도 업시라. [現]또 아무런 좋은 음식도 없습니다.	
休那般說,	[諺]그리 니ᄅ디 말라. [現]그렇게 말씀하지 마십시오.	
不當。	[諺]당티 못ᄒ여라. [現]감당하지 못합니다. ◇◇◇ 당ᄒ다[동]: 당(當)하다, 감당하다, 겪다. -여라1[어미]: '하다'나 '하다'가 붙는 형용사 어간 뒤에 붙어, 해라할 자리에 쓰여, 감탄의 뜻을 나타내는 종결 어미.	

[39b]飢時得一口，　[諺]골폰 제 흔 입 어더 먹으미,
　　　　　　　　　[現]고픈 적에 한 입 얻어 먹은 것이
強如飽時得一斗。　[諺]브른 제 흔 말 어듬도곤 나으니라.
　　　　　　　　　[現]부른 적에 한 말 얻은 것보다도 나을 것입니다.
　　　　　　　　　◇◇◇
　　　　　　　　　-도곤[조]: -보다.
我正飢渴時,　　　[諺]우리 정히 飢渴흔 떼예,
　　　　　　　　　[現]우리는 진실로 배고프고 목마른 때에
　　　　　　　　　◇◇◇
　　　　　　　　　기갈ᄒ다[형]: 기갈(飢渴)하다, 배고프고 목마르다.
　　　　　　　　　떼[명]: 때.
主人家,　　　　　[諺]쥬인이,
　　　　　　　　　[現]주인님이
這般與茶飯喫,　　[諺]이리 차반 주어 머기시니,
　　　　　　　　　[現]이렇게 음식을 주어 먹이시니
怎生忘的你!　　　[諺]엇디 너를 니즈리오?
　　　　　　　　　[現]어찌 당신을 잊습니까?
休那般說。　　　　[諺]그리 니ᄅ디 말라.
　　　　　　　　　[現]그렇게 말씀하지 마십시오.
偏我出外時,　　　[諺]독별이 내라 외방의 나가면,
　　　　　　　　　[現]유달리 나라고 외방에 나가면
頂着房子走?　　　[諺]집을 이고 돈냐?
　　　　　　　　　[現]집을 이고 다닙니까?
也要投人家,　　　[諺]또 人家로 드러가,
　　　　　　　　　[現]또 남의 집으로 들어가서
尋飯喫裏!　　　　[諺]밥 어더 먹으리라.
　　　　　　　　　[現]밥을 얻어 먹을 것입니다.

却不說, [諺]쏘 아니 니ᄅᆞᄂᆞ냐?
[現]또 말하지 않습니까?

好看千里 [諺]千里엣 나그내를 됴히 보와 보내미,
客, [現]천리에 있는 나그네를 좋게 봐서 보내는 것이
◇◇◇
-엣: -에 있는.

[40a]萬里要 [諺]萬里예 일홈을 뎐코져 홈이라.
傳名。 [現]만리에 이름을 전하고자 하는 것입니다.
◇◇◇
뎐ᄒᆞ다[동]: 전하다.

34. 大哥貴姓

主人家哥, [諺]쥬인 형아!
[現]주인 형님!

小人這裏攪 [諺]小人이 예 와 널이오듸,
擾了, [現]소인이 여기 와서 폐를 끼쳤으되
◇◇◇
널이다[동]: 폐를 끼치다, 방해하다.
-오듸2[어미]: 예스러운 표현으로 끝음절의 모음
이 'ㆍ, ㅏ, ㅗ'인 동사, 형용사 어간 뒤에 붙어, 대립
적인 사실을 잇는 데 쓰는 연결 어미. -으되.

姓也不曾 [諺]셩도 일즉 뭇디 아니ᄒᆞ엿더니,
問, [現]성씨도 일찍 묻지 아니하였는데
大哥貴姓? [諺]큰형의 姓이 므스거신고?
[現]큰형님의 성이 어떻게 되십니까?
我姓張。 [諺]내 姓이 張개라.
[現]내 성은 장(張)가입니다.

是張社長　　[諺]이 張社長 집이로다.
家。　　　　[現]장사장 집입니다.
客人你却姓　[諺]나그내 너는 또 姓이 므섯고?
甚麼?　　　[現]나그네 당신은 성이 무엇입니까?
小人姓王,　[諺]小人의 셩은 王개로니,
　　　　　　[現]소인의 성은 왕(王)가인데
在遼東城裏　[諺]遼東잣 안해셔 사노라.
住。　　　　[現]요동성 안에서 삽니다.
大哥因事,　[諺]큰형이 일을 인ᄒᆞ여,
　　　　　　[現]큰형님이 일로 인하여
到我那裏,　[諺]우리 뎌긔 오나든,
　　　　　　[現]우리 저기에 오거든
◇◇◇
－나든[어미]: 예스러운 표현으로 '오다'의 어간 뒤에 붙어, '어떤 일이 사실이면', '어떤 일이 사실로 실현되면'의 뜻을 나타내는 연결 어미. －거든.

[40b]不棄嫌　[諺]小人을 ᄇᆞ리디 아니ᄒᆞ시면,
小人時,　　[現]소인을 버리지 아니하시면
是必家裏　　[諺]모로매 집으로 오고려.
来。　　　　[現]반드시 집으로 오십시오.
◇◇◇
모로매[부]: 모름지기, 반드시.

若能勾去時　[諺]힝혀 유여히 갈 시졀이면,
節,　　　　[現]혹시 유여히 갈 시절이면
◇◇◇
힝혀[부]: 행여, 혹시.
시졀[명]: 시절, 때.

便尋伱家裏去，	[諺]곳 네 집을 츳자가마.
	[現]곧 당신의 집으로 찾아가겠습니다.
	◇◇◇
	츳다[동]: 찾다.
我偏背伱？	[諺]내라 독별이 너를 브리랴?
	[現]나라고 유난히 당신을 버립니까?

35. 咱打馳馱

那箇人家，	[諺]뎌 人家의,
	[現]저 사람의 집에
我恰纔糴米去来，	[諺]내 앗가 굿 발 밧고라 갓더니,
	[現]내가 아까 막 쌀 바꾸려 갔더니
不肯糶與我。	[諺]즐겨 날을 밧괴여 주디 아니ᄒ고,
	[現]나에게 즐겨 바꿔 주지 아니하고
他們做下見成的飯，	[諺]저희 지어잇는 밥을,
	[現]저 사람들이 지어있는 밥을
與我喫了，	[諺]우리 주어 먹이고,
	[現]우리에게 주어 먹이고
又與伱将来，	[諺]쏘 너를 주라 ᄒ야늘 가져와시니,
	[現]또 당신한테 주라고 하거늘 가져왔으니
	◇◇◇
	-야늘[어미]: 예스러운 표현으로 'ᄒ다'의 어간이나 끝음절의 모음이 'ㅣ'인 어간 뒤에 붙어, 까닭이나 원인을 나타내는 연결 어미. -거늘.
伱喫了時，	[諺]네 먹어든,
	[現]당신이 먹으면

[41a]與這小的椀楪將去。	[諺]이 아히를 사발 뎝시 주어 가져가게 ᄒᆞ라. [現]이 아이한테 사발 접시를 주어 가져가게 하십시오.	
火伴你赶将馬来,	[諺]벗아, 네 ᄆᆞ로아오라. [現]친구, 당신이 말을 몰아오십시오.	
咱打馳駄。	[諺]우리 짐 싯쟈. [現]우리는 짐을 실읍시다.	
比及馳了時,	[諺]짐싯기 ᄆᆞᄎᆞ매 미츠면, [現]짐싣기 마칠 때 이르면 ◇◇◇ 및다2[동]: 미치다, 이르다, 달하다.	
他也喫了飯也,	[諺]뎌도 밥먹기 ᄆᆞᄎᆞ리로다. [現]저 사람이 밥먹는 것도 마칠 것입니다.	
咱們便行。	[諺]우리 즉제 길 녜쟈. [現]우리는 즉시 길 떠납시다.	
這箇馬,	[諺]이 ᄆᆞ리, [現]이 말이	
怎麽這般難拿?	[諺]엇디 이리 잡기 어려오뇨? [現]어찌 이렇게 잡기 어려운가요?	
元来這般的!	[諺]본ᄃᆡ 이러ᄒᆞ니라. [現]원래 이러합니다.	
既這般歹時,	[諺]임의 이리 사오나오면, [現]이미 이렇게 사나우면 ◇◇◇ 임의[부]: 이미.	

再來着絆着。	[諺]노의란 지달쓰라. [現]다시 지달로 발을 얽어매십시오. ◇◇◇ 노의[부]: 다시. 지달쓰다[동]: 지달싸다(지달로 발을 얽어매다).
我在前絆着來,	[諺]내 아릭는 지달쓰더니, [現]내가 전에는 지달로 발을 얽어맸는데
[41b]今日忘了不魯絆。	[諺]오늘은 닛고 일즙 지달쓰디 아니호라. [現]오늘은 잊고 일찍 지달로 발을 얽어매지 아니 했네요.
咱們衆人攔當着,	[諺]우리 모든 사롬이 에워 막쟈. [現]우리 모든 사람이 에워 막읍시다.
拿住。	[諺]자바다. [現]잡았습니다.
馳駄都打了也,	[諺]짐싯기 다 ᄒ야다. [現]짐싣기 다 했습니다. ◇◇◇ -야다[어미]: 예스러운 표현으로 'ᄒ다'의 어간이나 끝음절의 모음이 'ㅣ'인 어간 뒤에 붙어, 이야기하는 시점에서 볼 때 사건이나 행위가 이미 일어났음을 나타내는 어미. -었다.
咱們行着。	[諺]우리 녜쟈. [現]우리 갑시다.
小的,	[諺]아히야, [現]애야,
伱將椀楪罐兒家去。	[諺]네 사발 뎝시 탕권 가져 집의 가라. [現]너는 사발 접시 탕관을 가지고 집에 가거라.

生受你，	[諺]너 슈고ᄒᆞ여다.	
	[現]넌 수고했다.	
休恠着。	[諺]허믈 말라.	
	[現]허물 말거라.	

36. 這裏到夏店還有十里来地

日頭却又這早晚也！	[諺]히 쪼 이리 느젓고나!
	[現]해가 또 이렇게 늦었구나!
這裏到夏店，	[諺]예셔 夏店 가기,
	[現]여기서 하점(夏店)에 가기가
還有十里来地，	[諺]당시롱 十里 짜히 이시니,
	[現]아직 십리 땅이 있으니
[42a]到不得也。	[諺]가디 몯ᄒᆞ리로다.
	[現]가지 못할 것입니다.
只投這路北那人家，	[諺]그저 이 길 븍녁 뎌 人家의 드러가,
	[現]그저 이 길 북쪽에 있는 저 남의 집에 들어가서
	◇◇◇
	븍녁[명]: 북녘, 북쪽.
尋箇宿處去来。	[諺]잘 듸 어드라 가쟈.
	[現]잘 곳 얻으러 갑시다.
那般着，	[諺]그리ᄒᆞ쟈,
	[現]그렇게 합시다.
咱們去来。	[諺]우리 가쟈.
	[現]우리 갑시다.
都去時，	[諺]다 가면,
	[現]다 가면

那人家見人多時，	[諺]뎌 人家ㅣ 사름이 만흔 줄을 보면,
	[現]저 집주인은 사람이 많은 줄 생각하면
	◇◇◇
	줄[의]: 어미 '-은', '-는', '-을' 뒤에 쓰여 어떤 방법이나 사실.
不肯教宿，	[諺]즐겨 재디 아니ᄒ리니,
	[現]즐겨 재우지 아니할 것이니
着兩箇看行李，	[諺]둘(들)호로 ᄒ여 짐 보게 ᄒ고,
	[現]두 사람을 짐 보게 하고
我兩箇問去。	[諺]우리 둘(들)히 무로라 가쟈.
	[現]우리 둘이 물으러 갑시다.

37. 你別處尋宿處去

拜揖，	[諺]拜揖ᄒ노라,
	[現]인사 드립니다.
主人家哥。	[諺]主人 형아!
	[現]주인 형님!
我是客人，	[諺]나는 나그내러니,
	[現]나는 나그네인데
[42b]今日晚了，	[諺]오늘이 졈그러시니,
	[現]오늘이 저물었으니
	◇◇◇
	졈글다[동]: 저물다.
你房子裏，	[諺]네 집의,
	[現]당신의 집에

尋箇宿處。	[諺]잘 듸를 어더지라.
	[現]잘 곳을 얻고 싶습니다.
我房子窄,	[諺]우리 집이 조바,
	[現]우리 집이 좁아
沒處安下。	[諺]브리올 듸 업스니,
	[現]묵을 곳이 없으니
你別處尋宿處去。	[諺]네 다른 듸 잘 듸 어드라 가라.
	[現]당신은 다른 곳에 잘 곳을 얻으러 가십시오.
你這般大人家,	[諺]네 이리 큰 집의,
	[現]당신 이렇게 큰 집에
量我兩三箇客人,	[諺]혜건대 우리 두세 나그내를,
	[現]헤아리건대 우리 두세 나그네를
却怎麼說下不得?	[諺]쏘 엇디 브리오디 몯ᄒ리라 니ᄅᄂ다?
	[現]또 어찌 묵게 하지 못하겠다고 말합니까?

◇◇◇

-리라2[어미]: 모음이나 'ㄹ'로 끝나는 동사의 어간 뒤에 붙어, 어떤 일에 대한 의지를 간접적으로 인용하여 나타내는 연결 어미.

你好房子裏,	[諺]네 됴흔 방의,
	[現]당신의 좋은 방에
不教我宿時,	[諺]우리를 재디 아니려 커든,
	[現]우리를 재우지 않으려 하거든

◇◇◇

재다2[동]: 재우다.
커든[보동]: 하거든.

只這門前車房裏,	[諺]그저 이 문 앏 슐윗방의,
	[現]그저 이 문 앞 수렛방에

◇◇◇

슐윗방[명]: 수렛방(수레를 넣어 두는 곳), 차고.

[43a]教我宿一夜如何?	[諺]우리를 ᄒᆞᄅᆞᆺ밤 재게 홈이 엇더ᄒᆞ뇨?
	[現]우리를 하룻밤 재우는 것이 어떠합니까?

◇◇◇

ᄒᆞᄅᆞᆺ밤[명]: 하룻밤

我不是不教你宿。	[諺]내 너희를 재(채)디 아니려 ᄒᆞ는 줄이 아니라,
	[現]내가 당신을 재우지 않으려 하는 줄이 아니라
官司排門粉壁,	[諺]구의예셔 집 문마다 ᄇᆞᄅᆞ매 분칠ᄒᆞ고 쎠쇼ᄃᆡ,
	[現]관청에서 집집마다 벽에 분칠하고 써 있으되

◇◇◇

쇼ᄃᆡ[보형]: 있으되.

-요ᄃᆡ2[어미]: 예스러운 표현으로 'ㅣ'나 'ㅣ' 계열 이중 모음으로 끝나는 어간이나 'ᄒᆞ다'의 어간 뒤에 붙어, 뒤에 오는 말이 인용하는 말임을 미리 나타내어 보일 때 인용 동사에 붙여 쓰는 연결 어미. -되.

不得安下面生歹人。	[諺]ᄂᆞᆺ션 잡사ᄅᆞᆷ을 브리오디 못ᄒᆞ게 하엿ᄂᆞ니.
	[現]낯선 잡사람을 묵지 못하게 하였습니다.

◇◇◇

ᄂᆞᆺ설다[형]: 낯설다.

知他你是那裏来的客人!	[諺]네 어딋 나그낸 줄 알리오?
	[現]당신이 어느 곳의 나그네인 줄 어찌 압니까?

◇◇◇

어딋: 어디의.

自来,	[諺]본ᄃᆡ로,
	[現]본래로

又不曾相識,	[諺]쏘 일즙 서르 아디 몯ᄒ노니, [現]또 일찍 서로 모르노니
怎知是好人歹人?	[諺]엇디 이 됴ᄒᆞᆫ 사ᄅᆞᆷ 아니완ᄒᆞᆫ 사ᄅᆞᆷ인 줄을 아라? [現]좋은 사람인지 나쁜 사람인 줄 어찌 알 수 있습니까?
便怎麼敢容留安下?	[諺]곳 엇디 감히 머믈워 브리오리오? [現]곧 어찌 감히 머물어 묵게 합니까?

38. 我不是歹人

[43b]主人家哥,	[諺]쥬인 형아! [現]주인 형님!
我不是歹人。	[諺]우리 아니완ᄒᆞᆫ 사ᄅᆞᆷ이 아니라. [現]우리는 나쁜 사람이 아닙니다.
小人在遼東城裏住,	[諺]小人이 遼東잣 안해셔 사노니, [現]소인이 요동(遼東)성 안에서 사노니
現將印信文引。	[諺]인 틴 글월을 번드시 가졋노라. [現]도장 찍은 증명서를 뚜렷이 가지고 있습니다.

◇◇◇

인[명]: 도장.
티다2[동]: 치다, 찍다.
글월1[명]: 글월, 통행중, 여행 증명서.
번드시[부]: 환히, 뚜렷이.

你在遼東城裏那些箇住?	[諺]네 遼東잣 안 어늬마츰셔 사는다? [現]당신이 요동성 안 어디쯤 삽니까?

◇◇◇

어늬[관]: 어느, 어떤.
-마츰[조]: -만치, -만큼.

小人在遼東	[諺]小人이 遼東잣 안해 閣으론 븍녁키오 거리론
城裏閣北街	동녁키셔 사노라.
東住。	[現]소인이 요동성 안에 각(閣)으로는 북쪽이고 거
	리로는 동쪽에서 삽니다.

◇◇◇

동녁ㅋ[명]: 동녘, 동쪽.

| 離閣有多少 | [諺]閣애셔 뜨미 언메나 머뇨? |
| 近遠? | [現]각에서 거리가 얼마나 멉니까? |

◇◇◇

뜸[명]: 뜸, 사이, 거리.

| 離閣有一百 | [諺]閣애셔 뜨미 일빅 보 싸흔 흔듸, |
| 步地, | [現]각에서 거리가 일백 보 한데 |

◇◇◇

-ㄴ듸[어미]: 예스러운 표현으로 어간 뒤에 붙어, 뒤 절에서 어떤 일을 설명하거나 묻거나 시키거나 제안하기 위하여 그 대상과 상관되는 상황을 미리 말할 때에 쓰이는 연결 어미. -ㄴ데.

[44a]北巷裏	[諺]븍녁 골 거리 향ᄒᆞ야 잡황호젼 나ᄂᆞᆫ 듸 곳 그
向街開雜貨	라.
鋪兒便是。	[現]북쪽 고을 거리 향하여 잡화점 있는 곳이 곧 거
	기입니다.

◇◇◇

골2[명]: 고을.

잡황호젼[명]: 잡화점.

| 那雜貨鋪兒 | [諺]그 잡황호젼이 네 하가? |
| 是你的那? | [現]그 잡화점이 당신의 것입니까? |

◇◇◇

하1[의]: 해, 것.

近南隔着兩家兒人家，	[諺]남녀마작 두 집 즈음ᄒ야, [現]남쪽 근처 두 집 사이를 두어	

◇◇◇

남녀마작[명]: 남녘께, 남녘 근처.

즈음ᄒ다[동]: 사이를 두다, 간격을 두다.

有箇酒店，	[諺]ᄒᆞᆫ 술 ᄑᆞ는 뎜 잇ᄂᆞ니, [現]술 파는 가게가 하나 있는데

◇◇◇

뎜2[명]: 가게, 점포.

是我相識的，	[諺]이 내 벗이러니, [現]내 벗이니
你認的麽？	[諺]네 아는다? [現]당신은 압니까?
那箇是劉清甫酒館，	[諺]그는 劉淸甫의 술 ᄑᆞ는 館이니, [現]그거는 유청보(劉淸甫)의 술 파는 가게인데
是我街坊，	[諺]이 내 이우지니, [現]내 이웃집이니
怎麽不認的！	[諺]엇디 모ᄅᆞ리오? [現]어째서 모릅니까?
雖然這般時，	[諺]비록 이러ᄒ나, [現]비록 이러하나
房子委實窄，	[諺]집이 진실로 조브니, [現]집이 진실로 좁으니

[44b]宿不得。 [諺]자디 못ᄒ리라.
[現]재우지 못하겠습니다.

◇◇◇

-리라3[어미]: '이다'의 어간, 받침 없는 용언의 어간, 'ㄹ' 받침인 용언의 어간 또는 어미 '-으시-', '-으리-' 뒤에 붙어, 해라할 자리에 쓰여, 마음속으로 다짐하는 뜻을 나타내는 종결 어미.

39. 敎我那裏尋宿處去

你可憐見。 [諺]네 에엿비 너기라.
[現]당신이 불쌍히 여겨 주십시오.

你是有見識的, [諺]너는 見識이 잇는 사름이니,
[現]당신은 식견이 있는 사람이니

◇◇◇

견식[명]: 견식(見識), 식견, 생각.

這早晚, [諺]이리 느저
[現]이렇게 늦어

日頭落也, [諺]히도 뎟ᄂᄃᆡ,
[現]해도 뒤졌는데

◇◇◇

디다2[동]: 뒤지다, 뒤떨어지다.

-ᄂᄃᆡ1[어미]: 예스러운 표현으로 동사, 형용사 어간 뒤에 붙어, 뒤 절에서 어떤 일을 설명하거나 묻거나 시키거나 제안하기 위하여 그 대상과 상관되는 상황을 미리 말할 때에 쓰는 연결 어미. -는데.

教我那裏尋宿處去？	[諺]우리로 ᄒᆞ야 어듸 가 잘 듸 어드라 가라 ᄒᆞᄂᆞ뇨? [現]우리로 하여금 어디에 가서 잘 곳을 얻으라고 합니까?
不揀怎生，	[諺]아므라나 혜디 말고, [現]아무렇든 따지지 말고 ◇◇◇ 아므라나[부]: 아무렇든, 아무튼. 혜다3[동]: 헤아리다, 생각하다, 판단하다, 따지다.
着我宿一夜。	[諺]우리로 ᄒᆞ여 ᄒᆞᄅᆞᆺ밤만 재라. [現]우리를 하룻밤만 자게 해 주십시오.
這客人，	[諺]이 나그내, [現]이 나그네,
怎麼這般歪厮纏！	[諺]엇디 이리 간대로 싯고ᄂᆞ뇨? [現]어찌 이렇게 함부로 시끄럽게 굽니까? ◇◇◇ 싯고다[동]: 다투다, 시끄럽게 굴다.
如今官司好生嚴謹，	[諺]이제 구의 ᄀᆞ장 嚴謹ᄒᆞ야, [現]이제 관청에서 아주 엄격해 ◇◇◇ 엄근ᄒᆞ다[형]: 엄근(嚴謹)하다, 엄격하다, 엄밀하다.
省會人家，	[諺]人家애 디위ᄒᆞ여, [現]집에 알리하여 ◇◇◇ 디위ᄒᆞ다[동]: 지위(知委)하다, 알리다.
[45a]不得安下面生歹人。	[諺]ᄂᆞᆺ선 아니완ᄒᆞᆫ 사ᄅᆞᆷ을 브티디 못ᄒᆞ게 ᄒᆞᄂᆞ니. [現]낯선 나쁜 사람을 묵지 못하게 했습니다.

第三章　進京途中

你雖說是遼東人家,	[諺]네 비록 遼東 사룸이로라 ᄒᆞ나, [現]당신은 비록 요동 사람이로라 하나
我不敢保裏!	[諺]내 밋디 못ᄒᆞ여라. [現]나는 믿지 못합니다.
你這幾箇火伴的模樣,	[諺]네 이 여러 벗들의 모양이, [現]당신이 이 여러 벗들의 모양이
又不是漢兒,	[諺]쏘 한사룸도 아니오, [現]또 중국 사람도 아니고
又不是達達,	[諺]쏘 達達도 아니니, [現]또 달단인도 아니니

◇◇◇

달달[명]: 달달(達達), 타타르(Tatar)족, 달단인.

知他是甚麼人,	[諺]모로리로다. 엇던 사룸고. [現]모르겠습니다. 어떤 사람인지.

◇◇◇

모로다[동]: 모르다.

我怎麼敢留你宿!	[諺]내 엇디 너를 머믈워 재리오? [現]내가 어찌 당신을 머물어 재우겠습니까?
你不理會的,	[諺]네 모ᄅᆞᆫ고나. [現]당신이 모르는구나.
新近這裏有一箇人家,	[諺]요ᄉᆞ이 흔 사룸의 집의셔, [現]요사이 한 사람의 집에서
[45b]只爲教幾箇客人宿來,	[諺]그저 여러 나그내로 ᄒᆞ여 재엿더니, [現]그저 여러 나그네들을 자게 했더니
那客人去了的後頭,	[諺]그 나그내 간 후에, [現]그 나그네가 간 후에

事裵,	[諺]일이 나니,
	[現]일이 났으니
那人們,	[諺]그 사룸들히,
	[現]그 사람들이
却是達達人家走出来的,	[諺]쏘 達達 사룸으로서 도망ᄒ야 나온 이롯더라,
	[現]또 달단인으로서 도망하여 나온 사람이었더라.

◇◇◇

-롯더라[어미]: 예스러운 표현으로 '이다' 어간 뒤에 붙어, 과거 어느 때에 직접 경험하여 새로이 알게 된 사실을 현재의 말하는 장면에 그대로 옮겨 와서 전달하며, 그 알게 된 사실에 주목함을 나타내는 종결 어미. 흔히 감탄의 뜻이 수반된다. -더구나.

因此,	[諺]이런 젼츠로,
	[現]이런 까닭으로
將那人家連累,	[諺]그 사룸의 집블다(디)가 조차 버므려,
	[現]그 사람의 집이 함께 연루되어

◇◇◇

버므리다2[동]: 연루되다, 말려들다.

官司見着落跟尋逃走的,	[諺]구의 시방 절로 ᄒ여 도망ᄒ니를 츄심ᄒ라 ᄒᄂ니,
	[現]관청에서 바로 저리로 도망한 자를 찾아내라 했습니다.

◇◇◇

시방[명]: 시방(時方), 바로 이때.
절로[부]: 저리로.
츄심ᄒ다[동]: 추심하다, 찾아내다.

似這般帶累人家。	[諺]이러툿 人家를 버므리니,
	[現]이렇듯 그 사람의 집이 연루되었으니

怎麼敢留你宿!	[諺]엇디 너를 머믈워 재리오? [現]어찌 당신을 머물러 재웁니까?

40. 他是高麗人

[46a]主人家,	[諺]쥬인아! [現]주인집!
你說那裏話!	[諺]네 어딋 말을 니ᄅᆞᄂᆈ? [現]당신은 무슨 말씀을 하십니까?
好人歹人,	[諺]됴흔 사름 아니완흔 사름을, [現]좋은 사람, 나쁜 사람을
怎麼不認的?	[諺]엇디 모로리오? [現]어찌 모릅니까?
這幾箇火伴,	[諺]이 여러 벗은, [現]이 여러 벗들은
他是高麗人,	[諺]뎌ᄂᆞᆫ 高麗ㅅ 사름이니, [現]저 사람은 고려의 사람인데
從高麗地面裏来,	[諺]高麗ㅅ 짜흐로셔 오니, [現]고려의 땅에서 왔으니
他們高麗地面,	[諺]저희 高麗ㅅ 짜히셔, [現]저 사람들의 고려 땅에서
守口子渡江處的官司,	[諺]어귀예 ᄂᆞᄅ ᄀᆞᄋᆞ마ᄂᆞᆫ 구의, [現]입구를 넘는 나루를 관리하는 관청이

◇◇◇

어귀[명]: 어귀, 입구.

ᄂᆞᄅ[명]: 나루.

ᄀᆞᄋᆞ말다[동]: 가말다, 관리하다, 지키다, 처리하다.

比咱們這裏一般嚴,	[諺]	우리 예과 비컨대 흔가지로 엄흐여,
	[現]	비하건대 우리 여기와 한가지로 엄격하여
驗了文引,	[諺]	글월 보고,
	[現]	통행증을 보고
仔細的盤問了,	[諺]	즈셰히 盤問ᄒ고야,
	[現]	자세히 신문하고서야

◇◇◇

즈셰히[부]: 자세히.
반문ᄒ다[동]: 반문(盤問)하다, 신문하다, 캐어묻다.

[46b]纔放過来,	[諺]	又 노하 보내ᄂ니.
	[現]	겨우 놓아 보냅니다.
他們若是歹人,	[諺]	저희 만일에 잡사롬이며,
	[現]	저 사람들이 만일 잡사람이며
来歷不明時,	[諺]	來歷 不明ᄒ면,
	[現]	내력이 불명하면

◇◇◇

내력[명]: 내력(來歷), 지내온 경력.

怎生能勾到這裏来?	[諺]	엇디 능히 유여히 여긔 오리오?
	[現]	어찌 쉽게 유여히 여기에 옵니까?

◇◇◇

능히[부]: 쉽게.

他見將文引,	[諺]	제 시방 글월 가지고,
	[現]	저 사람이 지금 통행증을 가지고
赶着高麗馬,	[諺]	高麗ㅅ 물 모라,
	[現]	고려의 말을 몰아

徃北京做買賣去。	[諺]북경을 향ᄒᆞ야 흥졍ᄒᆞ라 가ᄂᆞ니. [現]북경을 향하여 장사하러 갑니다. ◇◇◇ 흥졍ᄒᆞ다[동]: 흥정하다, 매매하다, 장사하다.	
他漢兒言語說不得的,	[諺]제 漢語를 니ᄅᆞ디 못ᄒᆞᆯᄉᆡ, [現]그가 중국어를 하지 못할새 ◇◇◇ -ᄅᄉᆡ[어미]: 예스러운 표현으로 동사, 형용사 어간 뒤에 붙어, 이미 사실로 된 일이나 진행 중인 일을 들어 뒤 절에 나타난 일의 원인이나 이유, 근거, 전제 따위로 쓰임을 나타내는 연결 어미. -ㄹ새, -으므로, -기에.	
因此上,	[諺]이런 젼ᄎᆞ로, [現]이런 까닭으로	
不敢說語。	[諺]말 니ᄅᆞ디 못ᄒᆞᄂᆞ니라. [現]말을 하지 못합니다.	
他們,	[諺]뎌들은, [現]저들은	
[47a]委實不是歹人。	[諺]진실로 잡사ᄅᆞᆷ 아니라. [現]진실로 잡사람이 아닙니다.	
既這般的時,	[諺]이믜 이러ᄒᆞ면, [現]기왕 이렇다면	
休只管的纏張。	[諺]슬의여 힐후디 말라. [現]함부로 말다툼을 하지 마십시오. ◇◇◇ 슬의여[부]: 함부로, 마음대로, 그저, 다만. 힐후다[동]: 힐난하다, 말다툼을 하다, 말썽부리다.	

後頭房子窄，	[諺]뒤헤 방이 좁고,	
	[現]뒤에 방이 좁고	
老少又多，	[諺]老少ㅣ 또 만코,	
	[現]늙은이와 아이가 또 많고	

◇◇◇

노소[명]: 노소(老少), 늙은이와 아이, 가족.

又有箇老娘娘不快，	[諺]또 늘근이 편티 못ᄒ여 ᄒ니,	
	[現]또 늙은이가 편치 않으시니	
你不嫌冷時，	[諺]네 ᄎᆞᆫ 듸를 아쳐 아니커든,	
	[現]당신이 찬 곳을 싫어하지 않거든	

◇◇◇

ᄎᆞ다2[형]: 차다(寒、凉), 차갑다.
아쳐ᄒ다[동]: 싫어하다, 꺼리다.

只這車房裏宿如何?	[諺]이 술윗방의 잠이 엇더ᄒ뇨?	
	[現]이 수렛방에서 자는 것이 어떠합니까?	
這般時，	[諺]이러면,	
	[現]이렇다면	
我只在車房裏宿。	[諺]내 술윗방의셔 자마.	
	[現]우리는 수렛방에서 자겠습니다.	

◇◇◇

술윗방[명]: 수렛방(수레를 넣어 두는 곳), 차고.

41. 一客不犯二主

主人家哥，	[諺]쥬인 형아!	
	[現]주인 형님!	
小人又有一句話，	[諺]小人이 또 ᄒᆞᆫ 말이 이시니,	
	[現]소인이 또 한 마디의 말이 있으니	

第三章　進京途中

[47b]敢說麽？	[諺]닐넘즉홀가? [現]말해도 됩니까?

◇◇◇

닐넘즉ᄒ다[형]: 말함 직하다.

有甚麼事？	[諺]므슴 일이 인는고? [現]무슨 일이 있습니까?
你說。	[諺]네 니르라. [現]당신이 말해봐요.
這早晩黑夜，	[諺]이 져믄 밤의, [現]이 저문 밤에

◇◇◇

져믈다[동]: 저물다.

我其實肚裏飢了；	[諺]내 진실로 빅골패라. [現]내가 정말로 배고픕니다.

◇◇◇

빅골파다[형]: 배고프다.

又有幾箇馬，	[諺]쏘 여러 물이 이시니, [現]또 말 여러 마리가 있으니
一客不犯二主，	[諺]흔 나그내 두 쥬인을 적시디 못홀 꺼시니, [現]한 나그네는 두 주인을 범하지 못할 것이니

◇◇◇

적시다[동]: 저지르다, 범하다.

怎麼？	[諺]엇디ᄒ려뇨? [現]어찌하려는가요?

◇◇◇

-려뇨[어미]: 예스러운 표현으로 동사, 형용사 어간이나 어미 뒤에 붙어 의문사와 함께 쓰인다. -려는가, -려고 하는가.

可憐見， [諺]어엿비 녀(너)겨,
　　　　 [現]불쌍히 여겨

糴與我一頓 [諺]우리를 ᄒᆞᆫ 끼 밥발과,
飯的米， 　[現]우리에게 한 끼 밥 지을 쌀과
　　　　　◇◇◇
　　　　　 ᄭᅵ[의]: 끼.

和馬草料如 [諺]ᄆᆞᆯ 딥과 콩을 밧괴여 쥼이 엇더ᄒᆞ뇨?
何？ 　　　[現]말이 먹을 짚과 콩을 바꿔 주는 것이 어떠합니
　　　　　까?

我這裏今年 [諺]우리 여긔 올 녀름의 하ᄂᆞ리히 ᄀᆞ믈고,
夏裏天旱　 [現]우리 여기에 올 여름에 하늘이 가물고
了， 　　　◇◇◇
　　　　　 올[명]: 올해.
　　　　　 녀름[명]: 여름.

[48a]秋裏水 [諺]ᄀᆞ올히 믈ᄭᅵ여,
澇了，　　 [現]가을에 침수되어
　　　　　◇◇◇
　　　　　 ᄀᆞ옳[명]: 가을.
　　　　　 ᄭᅵ이다[동]: 끼이다, 잠기다, 침수되다.

田禾不收 　[諺]田禾를 거두디 못ᄒᆞ니.
的，　　　 [現]곡식을 거두지 못했습니다.

因此上， 　[諺]이런 젼ᄎᆞ로,
　　　　　 [現]이런 까닭으로

我也旋糴旋 [諺]우리도 ᄌᆞ곰 밧고아 ᄌᆞ곰 먹으니,
喫裏，　　 [現]우리도 가끔 바꾸어 가끔 먹으니
　　　　　◇◇◇
　　　　　 ᄌᆞ곰[부]: 가끔.

第三章　進京途中

那裏有糶的米！	[諺]어듸 밧괴일 쌀이 이시리오? [現]어디 바꿔 줄 쌀이 있습니까?
我從早起喫了些飯,	[諺]내 새배 져기 밥 먹고, [現]내가 새벽에 밥을 조금 먹고
到這早晚,	[諺]이 느즈매 다드라, [現]이 늦은데 다다라
不曾喫飯裏,	[諺]밥을 먹디 못ᄒ여시니, [現]밥을 먹지 못하였으니
好生的飢了。	[諺]ᄀ장 빗골패라. [現]배가 아주 고픕니다.
你糶来的米裏頭,	[諺]네 밧괴여 온 쌀에셔, [現]당신이 바꿔온 쌀에서
那與我些箇,	[諺]나를 져기 노닐워 주고려. [現]나에게 조금 나눠 주십시오. ◇◇◇ 노닐우다[동]: 나누다.
我只熬些粥喫。	[諺]우리 져기 죽 쑤어 먹어지라. [現]우리는 죽 조금 쑤어 먹고 싶습니다. ◇◇◇ 죽[명]: 죽.
[48b]這的一百箇錢,	[諺]이 一百 낫 돈에, [現]이 일백 돈에
随你意與些箇。	[諺]네 ᄆᆞᆷ대로 져기 주고려. [現]당신이 마음대로 조금 주십시오.
一百箇錢,	[諺]一百 낫 돈에, [現]일백 돈에
與你多少的是?	[諺]너를 얼머나 주어야 올홀고? [現]당신에게 얼마나 주어야 옳을까요?

随你與的是。	[諺]네대로 줌이 므던ᄒ니라.	
	[現]당신 되는대로 주는 것이 무던합니다.	
今年為旱澇不收,	[諺]올히 ᄀ믈고 믈ᄢ여 거두디 못ᄒᆫ 젼ᄎ로,	
	[現]올해 가물고 침수되어 곡식을 거두지 못한 까닭으로	
一百箇錢,	[諺]一百 낫(넛) 돈에,	
	[現]일백 돈에	
糴的一斗米。	[諺]ᄒᆫ 말 ᄡᆞᆯ을 밧고려니와,	
	[現]쌀 한 말을 바꾸려니와	
我本沒糴的米,	[諺]내 본ᄃᆡ 밧괴일 ᄡᆞᆯ이 업건마ᄂᆞᆫ,	
	[現]내가 원래 바꾸게 할 쌀이 없건마는	

◇◇◇

밧괴다[동]: 바꾸게 하다.
-건마는[어미]: 예스러운 표현으로 'ㅣ' 계열 이중모음이나 'ㄹ' 받침으로 끝나지 않는 어간 뒤에, 주로 동사, 형용사 어간 뒤에 붙어, 앞 절의 사태가 이미 어떠하니 뒤 절의 사태는 이러할 것이 기대되는데도 그렇지 못함을 나타내는 연결 어미. 기대가 어그러지는 데 대한 실망의 느낌이 비친다. -건마는.

既是客人只管的央及,	[諺]임의 나그내네 그저 하 비니,	
	[現]이미 나그네들이 그저 많이 비니	

◇◇◇

하2[부]: 하, 많이, 크게.

[49a]我糴来的米裏頭,	[諺]우리 밧고아 온 ᄡᆞᆯ에서,	
	[現]우리 바꿔 온 쌀에서	
那與你三升,	[諺]너를 서 되를 노닐워 줄 써시니,	
	[現]당신에게 석 되를 나눠 줄 것이니	

◇◇◇

서[관]: ('돈', '말', '발', '푼' 따위의 단위를 나타내는 말 앞에 쓰여) 석, 삼.

煮粥胡亂充飢。	[諺]죽 쑤어 간대로 골픈 디 몌오라. [現]죽을 쑤어 간대로 고픈 데 허기를 메우십시오.

◇◇◇

딕5[의]: 데('경우'의 뜻을 나타내는 말).
몌오다[동]: (허기를) 메우다, 채우다.

42. 今年這裏田禾不收

客人們休恠,	[諺]나그내들 허믈 말라, [現]나그네들이 허물 마십시오.
其實今年艱難。	[諺]진실로 올히 가난ᄒ여라. [現]정말로 올해 가난합니다.

◇◇◇

옳[명]: 올해.

若是似徃年好收時,	[諺]만일 徃年 ᄀᆺ티 됴히 거두어시면, [現]만일 왕년 같이 좋게 거뒀으면
休說你兩三箇人,	[諺]너희 두세 사름은 니ᄅ디 말려니와, [現]당신들 두세 사람은 말하지 말려니와

◇◇◇

-려니와2[어미]: '이다'의 어간, 받침 없는 용언의 어간, 'ㄹ' 받침인 용언의 어간 또는 어미 '-으시-' 뒤에 붙어, 어떤 행동을 하려는 의사를 밝히면서 관련된 다른 사실을 이어 주는 연결 어미. '-겠거니와'에 가까운 뜻을 나타낸다.

便是十數箇客人,	[諺]곳 열아믄 나그내라도, [現]곧 여남은 나그네라도

◇◇◇

열아믄[관]: 여남은(개, 마리, 명).

也都與茶飯喫。	[諺]쏘 다 차반 주어 먹이리라. [現]또 다 음식을 주어 먹일 것입니다.
主人家哥,	[諺]쥬인 형아! [現]주인 형님!
說的正是。	[諺]니룸이 졍히 올타. [現]말씀이 정말 옳습니다.
[49b]我也打聽得,	[諺]나도 듯보니, [現]나도 들어보니

◇◇◇
듯보다[동]: 듣보다, 들어보다.

今年這裏,	[諺]올히 여긔, [現]올해 여기에
田禾不收。	[諺]田禾를 거두디 못ᄒ다 ᄒ더라. [現]곡식을 거두지 못했다고 하더라구요.
既這般時,	[諺]임의 이러ᄒ면, [現]이미 이렇다면
主人家哥,	[諺]쥬인 형아! [現]주인 형님!
小人們,	[諺]小人들히, [現]소인들이
待要後頭熬粥去,	[諺]ᄒ마 뒤헤 쥭 ᄡ라 가고져 ᄒ디, [現]이제 곧 뒤에 죽 쑤러 가고자 하되

◇◇◇
-오디3[어미]: 예스러운 표현으로 끝음절의 모음이 '·, ㅏ, ㅗ'인 동사, 형용사 어간 뒤에 붙어, 어떤 사실을 서술하면서 그와 관련된 조건이나 세부 사항을 뒤에 덧붙이는 뜻을 나타내는 연결 어미. -으되.

這早晚黑地	[諺]이 져므러 어두온 ᄃᆡ,
裏,	[現]이 저물어 어두운 곳에
出入不便	[諺]出入이 편당티 아니ᄒᆞ고,
當,	[現]출입이 편리하지 아니하고
又伱這狗子	[諺]또 네 이 개 모디니,
利害,	[現]또 당신의 이 개가 모지니

◇◇◇

모딜다[형]: 모질다, 사납다.

| 不揀怎麼, | [諺]아므라나 글희디 말고, |
| | [現]아무튼 가리지 말고 |

◇◇◇

아므라나[부]: 아무튼.

伱與我做些	[諺]네 날를 져기 죽 ᄡᅮ어 줌이 엇더ᄒᆞ뇨?
箇粥如何?	[現]당신이 우리에게 죽을 조금 ᄡᅮ어 주는 것이 어떻습니까?
罷罷。	[諺]두어. 두어.
	[現]두십시오. 두십시오.
[50a]伱客	[諺]너희 나그내 그저 이 술윗방의,
人只這車房	[現]당신 나그네들이 그저 이 수렛방에 가서
裏,	
安排宿處,	[諺]잘 ᄃᆡ ᄒᆞ여 이시라.
	[現]잘 곳을 정리하고 계세요.
我着孩兒	[諺]내 아희돌 ᄒᆞ야,
們,	[現]내가 아이들을 시켜
做将粥来與	[諺]죽 ᄡᅮ어 가져다가 너희를 주어 먹이마.
伱喫。	[現]죽 ᄡᅮ어 가져다가 당신들에게 드려 드시게 하겠습니다.

好好。	[諺]됴토다. 됴토다.
	[現]좋습니다. 좋습니다.
多謝多謝！	[諺]ᄀ장 깃게이다.
	[現]정말 감사합니다.

◇◇◇

깃게이다[명]: 기쁘다, 감사하다, 고맙다.

43. 又那裏將馬的草料來

主人家哥，	[諺]쥬인 형아!
	[現]주인 형님!
又有一句話，	[諺]쏘 훈 말이 이셰라.
	[現]또 한 마디의 말이 있습니다.
人喫的且有些箇，	[諺]사름 머글 쎠슨 아직 져기 잇거니와,
	[現]사람 먹을 것은 일단 조금 있거니와
這馬們，	[諺]이 물들흘,
	[現]이 말들을
却怎生，	[諺]쏘 엇디 ᄒ려뇨,
	[現]또 어찌 하겠습니까?
一裝那與些草料如何？	[諺]홈의 져기 딥과 콩을 논일워 줌이 엇더ᄒ뇨?
	[現]함께 짚과 콩을 조금 나눠 주는 것이 어떠합니까?
[50b]客人們，	[諺]나그내들,
	[現]나그네들이
說甚麽話！	[諺]므슴 말 니ᄅᆞᄂᆞ뇨?
	[現]무슨 말을 합니까?

第三章　進京途中

人喫的也沒,	[諺]사룸 머글 것도 업슨듸,
	[現]사람이 먹을 것도 없는데

◇◇◇

-은듸[어미]: 예스러운 표현으로 끝음절의 모음이 '으, 어, 우'이면서 받침으로 끝나는 어간이나 다른 어미 뒤에 붙어, 뒤 절에서 어떤 일을 설명하거나 묻거나 시키거나 제안하기 위하여 그 대상과 상관되는 상황을 미리 말할 때에 쓰이는 연결 어미. -은데.

又那裏將馬的草料來?	[諺]또 어듸 가 딥과 콩을 가져오리오?
	[現]또 어디에 가서 짚과 콩을 가져옵니까?
我這院子後頭,	[諺]우리 이 터 뒤헤,
	[現]우리 이 집터 뒤에
有的是草場。	[諺]잇ᄀ져흔 초댱이니,
	[現]넉넉한 풀밭이 있으니

◇◇◇

잇ᄀ져ᄒ다[형]: 넉넉하다, 숱하다.
초댱[명]: 초장(草場), 풀밭.

你喫了飯時,	[諺]네 밥 먹기 ᄆ차든,
	[現]당신이 밥 먹기를 마치면
着兩箇,	[諺]둘흐로 ᄒ야,
	[現]두 사람으로 하여금
赶着馬,	[諺]ᄆᆯ 모라,
	[現]말을 몰아
那裏放去。	[諺]게다가 노흐라 가라.
	[現]거기에다가 방목하러 가라 하십시오.
頭到明,	[諺]새도록 이시면,
	[現]새도록 있으면

不喫的飽了?	[諺]아니 머겨도 비브르리니, [現]안 먹여도 배부를 것이니
不須糶草料。	[諺]구틔여 콩딥 밧고디 말라. [現]굳이 콩짚 바꾸지 마십시오.
	◇◇◇ 구틔여[부]: 구태여, 굳이.
這們時,	[諺]이러면, [現]이렇다면
[51a]哥哥說的是。	[諺]형의 닐옴이 올타. [現]형의 말씀이 옳습니다.
我車房裏去,	[諺]내 술윗방의 가거니와, [現]내가 수렛방에 가거니와
沒甚麼火,	[諺]아므란 블이 업스니, [現]아무런 불이 없으니
教小孩兒,	[諺]아히 ᄒ여, [現]아이를 시켜
拿箇燈来。	[諺]등잔쓸 가져오게 ᄒ라. [現]등잔불 가져오게 하십시오.
	◇◇◇ 등잔쓸[명]: 등잔불.
這們時,	[諺]이러면, [現]이렇다면
如今教将来。	[諺]이제 히여곰 가져오게 ᄒ마. [現]이제 아이를 시켜서 가져오게 하겠습니다.
	◇◇◇ 히여곰[부]: 하여금.
咱們喫了飯時,	[諺]우리 밥먹기 뭋차든, [現]우리가 밥 먹기를 마치면

第三章 進京途中

這裏留兩箇看行李，	[諺]여긔 둘(들)흘 머믈워 짐들 보게 ᄒᆞ고, [現]여기에 두 사람을 머물어 짐들 보게 하고
先着兩箇放馬去。	[諺]몬져 둘흐로 ᄒᆞ여 ᄆᆞᆯ 노ᄒᆞ라 보내고, [現]먼저 두 사람으로 하여금 말을 방목하라 보내고
到半夜前後，	[諺]밤ᄶᅮᆼ만 다ᄃᆞ거든, [現]밤중만 다다르면 ◇◇◇ 밤ᄶᅮᆼ[명]: 밤중.
却着這裏的兩箇，	[諺]쏘 여긔 둘(들)로 ᄒᆞ여곰, [現]또 여기 두 사람으로 하여금
[51b]替迴来，	[諺]ᄀᆞ라 도라오게 ᄒᆞ여, [現]교체하여 돌아오게 하여 ◇◇◇ ᄀᆞᆯ다[동]: 갈다, 교체하다.
大家，	[諺]대가ᄒᆞᄃᆡ, [現]대개 ◇◇◇ 대가ᄒᆞᄃᆡ[부]: '대개'의 옛말.
得些睡時，	[諺]져기 ᄌᆞᆷ을 자면, [現]잠을 조금 자면 ◇◇◇ ᄌᆞᆷ[명]: 잠.
明日不渴睡。	[諺]ᄂᆡ일 ᄌᆞᆷ 낫브디 아니ᄒᆞ리라. [現]내일 잠이 부족하지 아니할 것입니다. ◇◇◇ 낫브다[형]: 나쁘다, 모자라다, 부족하다.

44. 伱兩箇先放馬去

這的燈来了。	[諺]이 등잔쓸 오나다. [現]이 등잔불이 왔습니다.
若有粥將来。	[諺]만일 죽 잇ᄂᆞ냐? 가져오라. [現]혹시 죽 됐느냐 하면 가져오십오.
匙椀都有，	[諺]술과 사발 다 이시니, [現]숟가락과 사발이 다 있으니 ◇◇◇ 술[명]: 숟가락.
伱喫着。	[諺]네 먹으라. [現]당신이 드십시오.
咱們飯也喫了。	[諺]우리 밥도 먹어다. [現]우리는 밥도 먹었습니다.
伱兩箇先放馬去。	[諺]너희 둘히 몬져 ᄆᆞᆯ 노흐라 가라. [現]당신 두 사람이 먼저 말을 방목하러 가십시오.
到半夜裏，	[諺]밤쯤 다ᄃᆞᆺ거든, [現]밤중에 다다르면
我兩箇却替伱去。	[諺]우리 둘(들)히 너희를 ᄀᆞ라 가마. [現]우리 둘이 당신 둘을 교체하러 가겠습니다.
[52a]我恰纔睡覺了起去来，	[諺]내 앗가 ᄀᆞᆺ 좀 ᄭᆡ아다. 니러 가쟈, [現]내가 아까 갓 잠이 깨었습니다. 일어나 갑시다. ◇◇◇ ᄭᆡ다[동]: 깨다. -아다[어미]: 예스러운 표현으로 끝음절의 모음이 'ㆍ, ㅏ, ㅗ'인 어간 뒤에 붙어, 이야기하는 시점에서 볼 때 사건이나 행위가 이미 일어났음을 나타내는 어미. -었다.

第三章　進京途中

參兒高也，	[諺]숨셩이 놉파시니,
	[現]삼태성 별이 높았으니
	◇◇◇
	숨셩[명]: 삼성, 삼태성.
敢是半夜了。	[諺]밤쯤인 둧ᄒ다.
	[現]밤중인 듯합니다.
我先去，	[諺]내 몬져 가,
	[現]내가 먼저 가서
替那兩箇来睡。	[諺]뎌 둘흘 ᄀ라 와 자게 홀 쩌시니,
	[現]저 두 사람을 교체하여 와서 자게 할 것이니
你却来那裏，	[諺]네 ᄯ 뎌러로 오나라.
	[現]당신도 또 저기로 오십시오.
	◇◇◇
	뎌러[대]: 저기.
咱們兩箇看着馬。	[諺]우리 둘히 ᄆᆯᆯ 보쟈.
	[現]우리 둘이서 말들을 봅시다.
這們時你去。	[諺]이러면 네 가라.
	[現]이렇다면 당신이 가십시오.
你兩箇去睡些箇。	[諺]너희 둘히 가 져기 자라.
	[現]당신 두 사람이 가서 조금 자요.
到那裏時，	[諺]게 니거든,
	[現]거기에 가면
教那箇火伴来着。	[諺]뎌 벗으로 ᄒ여 오게 ᄒ라.
	[現]저 벗을 오게 하십시오.
你来了?	[諺]네 오난다?
	[現]당신이 왔습니까?
你赶過馬来，	[諺]네 ᄆᆯᆯ 모라다가,
	[現]당신이 말들을 몰아다가

[52b]在一處 着，	[諺]흔디 잇게 호라. [現]한군데 있게 하십시오.	
容易照管。	[諺]보술피기 쉽게 호라. [現]보살피기 쉽게 하십시오. ◇◇◇ 보술히다[동]: 보살피다.	
月黑了，	[諺]둘이 어두오니, [現]달이 어두우니	
恐怕迷失走 了，	[諺]迷失호야 드라나, [現]미실(迷失)하여 달아나 ◇◇◇ 미실호다[동]: 미실(迷失)하다, 잃어버리다.	
悞了走路。	[諺]갈 씰 머믈올가 저페라. [現]갈 길 지체하게 할까 두렵습니다. ◇◇◇ 씰[명]: 길. 머믈오다[동]: 머무르게 하다, 지체하게 하다.	

45. 你兩箇疾快起來

明星高了，	[諺]새별이 노파시니, [現]샛별이 높았으니 ◇◇◇ 새별[명]: 샛별, 금성.	
天道待明 也。	[諺]하늘도 호마 볼그리로다. [現]하늘도 이제 곧 밝을 것입니다.	
咱們赶將馬 去来，	[諺]우리 물 모라가, [現]우리는 말을 몰아가	

到下處,	[諺]햐처의 가셔,
	[現]여관에 가서
	◇◇◇
	햐처[명]: 하처(下處), 여관, 여인숙.
收拾了行李時,	[諺]짐들 收拾ᄒ노라 ᄒ면,
	[現]짐들을 정리하노라 하면
恰明也。	[諺]마치 볼그리로다.
	[現]마치 밝을 것입니다.
這馬們都絟住着,	[諺]이 ᄆᆞᆯ들을 다 미야 두고,
	[現]이 말들을 다 매야 두고
教那兩箇起来。	[諺]뎌 둘흐로 ᄒ야 닐게 ᄒ라.
	[現]저 두 사람을 일어나게 하십시오.
[53a]伱兩箇疾快起来,	[諺]너희 둘히 ᄲᆞᆯ리 니러,
	[現]당신 두 사람이 빨리 일어나
收拾行李打馳駄。	[諺]자븐것 서러저 짐 시르라.
	[現]행장을 정리하여 짐을 실으십시오.
	◇◇◇
	자븐것[명]: 여행 짐, 행장.
但是咱們的行李,	[諺]믈읫 우리 짐들흘,
	[現]무릇 우리 짐들을
收拾到着,	[諺]收拾ᄒ기를 극진히 ᄒ고,
	[現]극진히 정리하고
主人家的東西,	[諺]쥬인 짒 거스란,
	[現]주인 집의 것은
	◇◇◇
	짒[명]: 집.
	-으란[조]: -은, -는.

休錯拿了去。	[諺]그릇 가져가디 말라. [現]잘못 가져가지 마십시오.
馳駄都打了。	[諺]짐 다 시러다. [現]짐 다 실었습니다.
叫主人家辭了去來。	[諺]쥬인 블러 하딕ᄒ라 가쟈. [現]주인을 불러 하직하고 갑시다.
主人家哥,	[諺]쥬인 형아! [現]주인 형님!
休恠,	[諺]허믈 말라. [現]허물 마십시오.
我去也。	[諺]우리 가노라. [現]우리는 갑니다.
這裏지害了。	[諺]여긔 널이패라. [現]여기에 폐를 끼쳤습니다.
[53b]你有甚麽지害處!	[諺]너희 므슴 널인 고디 이시리오? [現]당신은 무슨 폐 끼친 곳이 있습니까?
你休恠,	[諺]네 허믈 말고, [現]당신들이 허물 말고
好去着。	[諺]됴히 가라. [現]잘 가십시오.

46. 這裏到夏店敢有三十里地

咱們前頭到夏店時,	[諺]우리 앏흐로 夏店의 가든, [現]우리는 앞으로 하점(夏店)에 가면
買飯喫了,	[諺]밥 사먹고, [現]밥을 사먹고

儘晚到了京城。	[諺]ᄀ장 늦게야 京城의 가쟈. [現]아주 늦을 때 경성(京城)에 들어갑시다. ◇◇◇ 늣다[형]: 늦다.
這裏到夏店,	[諺]에셔 夏店 가기, [現]여기서 하점에 가기가
有多少路？	[諺]언멋 길히 잇느뇨? [現]얼마의 길이가 있습니까?
敢有三十里多地。	[諺]三十里 남즉흔 싸히 잇는 듯ᄒ다. [現]삼십리 남짓한 거리가 있는 듯합니다.
你夜来怎麽說十里来路？	[諺]네 어제 엇디 十里ㅅ 씰히라 니ᄅ더니, [現]당신이 어제 어찌 십리의 길이라고 말하더니
今日却怎麽說三十里地？	[諺]오늘은 쏘 엇디 三十里 싸히라 니ᄅ는다? [現]오늘은 또 어찌 삼십리 거리라고 말합니까?
[54a]我夜来錯記了,	[諺]내 어제 그릇 싱각ᄒ엿더니, [現]내가 어제 잘못 생각하였는데
今日再想起来,	[諺]오늘 다시 싱각하니, [現]오늘 다시 생각하니
有三十里多地。	[諺]三十里 남즉흔 싸히 잇다. [現]삼십리 남짓한 거리가 있습니다.
咱們休磨拖,	[諺]우리 문그으디 말고, [現]우리 뭉긋거리지 말고 ◇◇◇ 문그으다[동]: 뭉긋거리다, 머뭇거리다, 우물쭈물 끌다.

趂凉快，	[諺]서늘혼 제 밋처，	
	[現]미처 서늘한 때	
馬又喫的飽時，	[諺]믈이 쏘 먹어 비브른 제，	
	[現]말도 또 배부른 때	
赶動着。	[諺]모라 녜쟈.	
	[現]몰아 갑시다.	
日頭又這早晚了。	[諺]히 쏘 이리 느젓느듸.	
	[現]해가 또 이렇게 늦었는데.	

◇◇◇

-는듸2[어미]: 예스러운 표현으로 동사, 형용사 어간 뒤에 붙어, 어떤 일을 감탄하는 뜻을 넣어 서술함으로써 그에 대한 청자의 반응을 기다리는 태도를 나타내는 종결 어미. -는데.

那望着的黑林子，	[諺]뎌 브라는 黑林이，	
	[現]저기 바라보는 검은 수풀이	

◇◇◇

브라다[동]: 바라보다.
흑림[명]: 흑림(黑林), 검은 수풀, 울창한 수풀.

便是夏店。	[諺]곳 夏店이라.	
	[現]바로 하점입니다.	
這裏到那裏，	[諺]예셔 뎨 감이，	
	[現]여기서 저기에 가는데	
還有七八里路。	[諺]당시롱 七八里 씰히 잇고나.	
	[現]아직 칠팔리 길이 있구나.	
[54b]你在先也曾北京去来，	[諺]네 아래 일즉 北京 둔녀시되，	
	[現]당신이 전에 일찍 북경에 다녀왔는데	

怎麼不理會的?	[諺]엇디 아디 못ᄒᄂ다?
	[現]어찌 모릅니까?
這夏店我曾走了一兩遭,	[諺]이 夏店을 내 아래 ᄒ두 번 ᄃᆞ년마ᄂᆞ,
	[現]이 하점을 내가 전에 한두 번 다녔지만
都忘了,	[諺]다 니저시니,
	[現]다 잊었으니
那裏記得!	[諺]어ᄃᆡ ᄉᆡᆼ각ᄒᆞ리오?
	[現]어찌 생각납니까?

47. 咱們喫些甚麼茶飯好

| 店子待到也。 | [諺]店도 ᄒᆞ마 다ᄃᆞ룰이로다. |
| | [現]여관도 이제 곧 다다를 것입니다. |

◇◇◇
다ᄃᆞᄅ다[동]: 다다르다, 이르다.

咱們喫些甚麼茶飯好?	[諺]우리 므슴 음식을 먹어야 됴홀고?
	[現]우리는 무슨 음식을 먹어야 좋습니까?
我髙麗人,	[諺]우리 髙麗ㅅ 사ᄅᆞᆷ은,
	[現]우리 고려 사람은
不慣喫濕麵,	[諺]즌 국슈 먹기 닉디 못ᄒᆞ여라.
	[現]물기 있는 국수 먹기가 익숙하지 않습니다.

◇◇◇
즐다[형]: 질다, 물기가 있다.

| 咱們只喫乾的如何? | [諺]우리 그저 ᄆᆞᄅᆞ니 먹음이 엇더ᄒᆞ뇨? |
| | [現]우리는 그저 마른 것 먹는 게 어떠합니까? |

◇◇◇
ᄆᆞᄅᆞ다[동]: 마르다.

[55a]這們時,	[諺]이러면,
	[現]이렇다면
咱們買些燒餅,	[諺]우리 져기 燒餅 사고,
	[現]우리 소병(燒餅) 조금 사고

◇◇◇

소병[명]: 소병(燒餅), 밀가루에 소금과 기름을 넣어 반죽하여 원형 또는 사각형의 평평한 모양으로 만들고, 곁에 참깨를 뿌려 구운 중국식 빵의 하나.

炒些肉喫了,	[諺]져기 고기 복가 먹고,
	[現]고기를 조금 볶아 먹고
過去。	[諺]디나가쟈.
	[現]지나갑시다.
咱們這裏,	[諺]우리 여긔,
	[現]우리는 여기에
當住馬絟着,	[諺]물 자바 미고,
	[現]말을 잡아 매고
卸下行李着,	[諺]짐 브리오고,
	[現]짐을 내리고
飯店裏去來。	[諺]음식 픈는 덤에 가쟈.
	[現]음식 파는 가게에 갑시다.
過賣,	[諺]음식 픈는 딧 사름아!
	[現]음식 파는 사람!
先將一椀溫水来,	[諺]몬져 흔 사발 더온 믈 가져오라.
	[現]먼져 한 사발 더운 물을 가져오십시오.
我洗面。	[諺]내 눗 시서지라.
	[現]내가 얼굴을 씻고 싶습니다.

◇◇◇

눗[명]: 낯, 얼굴.

싯다2[동]: 씻다.

客人們洗面了。	[諺]나그내네 눗 시서다.
	[現]나그네들이 얼굴을 씻었습니다.
過賣,	[諺]음식 프는 딋 사롬아!
	[現]음식 파는 사람!
抹卓兒。	[諺]상 스서라.
	[現]상을 닦으십시오.

◇◇◇

숫다[동]: 씻다, 닦다.

客人喫些甚麼茶飯?	[諺]나그내들 므슴 차반 먹을고?
	[現]나그네들은 무슨 음식을 드십니까?
[55b]我四箇人,	[諺]우리 네 사롬의게,
	[現]우리 네 사람에게
炒着三十箇錢的羊肉,	[諺]셜흔 낫 돈엣 羊肉을 복고,
	[現]서른 돈이 된 양고기를 볶고
將二十箇錢的燒餅来。	[諺]스므 낫 돈엣 燒餅을 가져오라.
	[現]스무 돈이 된 소병(燒餅)을 가져오십시오.
這湯淡,	[諺]이 탕이 슴거오니,
	[現]이 탕이 싱거우니
有塩醬拿些来,	[諺]소금 쟝 잇거든 져기 가져오라.
	[現]소금 간장 있으면 좀 가져오십시오.
我自調和喫。	[諺]내 손조 섯거 먹어지라.
	[現]내가 직접 섞어 먹고 싶습니다.
這燒餅,	[諺]이 燒餅이,
	[現]이 소병이
一半兒冷,	[諺]반은 추고,
	[現]반은 차고

一半兒熱。　　　[諺]반은 덥다.
　　　　　　　　[現]반은 덥습니다.
熱的留下　　　　[諺]더오니란 두라.
着，　　　　　　[現]더운 것을 두십시오.
我喫；　　　　　[諺]우리 먹쟈.
　　　　　　　　[現]우리 먹읍시다.
這冷的你拿　　　[諺]이 추니란 네 가져가,
去，　　　　　　[現]이 찬 것을 당신이 가져가
[56a]爐裏熱　　 [諺]화로에 데워 오라.
着来。　　　　　[現]화로에 데워 오십시오.
咱們飯也喫　　　[諺]우리 밥도 먹어다.
了，　　　　　　[現]우리 밥도 먹었습니다.
與了飯錢　　　　[諺]밥갑 주고 가쟈.
去。　　　　　　[現]밥값 주고 갑시다.
　　　　　　　　◇◇◇
　　　　　　　　밥갑[명]: 밥값, 식비.
過賣，　　　　　[諺]음식 풀리야!
　　　　　　　　[現]음식 파는 사람!
　　　　　　　　◇◇◇
　　　　　　　　풀리[명]: 파는 사람.
来會錢，　　　　[諺]와 돈 모도라.
　　　　　　　　[現]와서 돈을 합하십시오.
　　　　　　　　◇◇◇
　　　　　　　　모도다[동]: 모으다, 합하다.
通該多少？　　　[諺]대되 언머고?
　　　　　　　　[現]모두 얼마입니까?

二十箇錢燒	[諺]스므 낫 돈엣 燒餅이오,
餅,	[現]스무 돈이 된 소병이고,
三十箇錢羊	[諺]셜흔 낫 돈엣 羊肉이니,
肉,	[現]서른 돈이 된 양고기이니
通是五十箇	[諺]모도니 쉰 낫 돈이로다.
錢。	[現]합하니 쉰 돈입니다.

48. 咱們喫幾盞酒鮮渴

咱們打馳馱	[諺]우리 짐 시러 녜쟈.
行。	[現]우리 짐 실어 갑시다.
日頭正晌午	[諺]히 졍히 나지니,
也,	[現]해가 정말 한낮이니
◇◇◇
낮[명]: 낮, 한낮, 정오.
有些熱。	[諺]져기 덥다.
	[現]조금 덥습니다.
早来,	[諺]아춤의,
	[現]아침에
喫了乾物	[諺]ᄆᆞ른 것 먹으니,
事,	[現]마른 것을 먹더니
[56b]有些	[諺]져기 목ᄆᆞᄅ다.
渴。	[現]목이 조금 마릅니다.
前頭不遠,	[諺]앏픠 아니 멀리,
	[現]앞에 멀지 않아
有箇草店	[諺]흔 초가로 지은 뎜이 이시니,
兒,	[現]한 초가로 지은 주막집이 있으니

到那裏,	[諺]뎌 가,	
	[現]거기에 가서	
咱們喫幾盞酒,	[諺]우리 두어 잔 술을 먹어,	
	[現]우리 두어 잔 술을 먹어	
解渴。	[諺]목모론 듸 헤왓고,	
	[現]목마른 데 갈증을 풀고	
	◇◇◇	
	헤왓다[동]: 갈증을 풀다, 해갈하다.	
歇住頭口着,	[諺]즘싱 쉬오듸,	
	[現]짐승을 쉬게 하되	
	◇◇◇	
	쉬오다[동]: 쉬게 하다.	
蹔時間,	[諺]잠싼덧이나,	
	[現]잠깐 동안이나	
	◇◇◇	
	잠싼덧[명]: 잠깐 동안.	
卸下行李来,	[諺]짐 브리웟다가,	
	[現]짐 내렸다가	
喫幾盞酒,	[諺]두어 잔 술 먹고,	
	[現]두어 잔 술 먹고	
便過去。	[諺]믄득 디나가쟈.	
	[現]얼른 지나갑시다.	
賣酒的,	[諺]술 폴리야!	
	[現]술 파는 사람!	
拿二十箇錢的酒来。	[諺]스므 낫 돈엣 술을 가져오라.	
	[現]스무 돈이 된 술을 가져오십시오.	

客人們,	[諺]나그내네,	
	[現]나그네들,	
這二十箇錢	[諺]이 스므 낫 돈엣 술이라.	
的酒。	[現]이 스무 돈이 된 술입니다.	
[57a]酒好	[諺]술이 됴ᄒᆞ냐?	
麼?	[現]술이 좋습니까?	
好酒,	[諺]됴흔 술이니,	
	[現]좋은 술이니	
你嘗看。	[諺]네 먹어 보라.	
	[現]당신이 드셔 보십시오.	
酒不好時,	[諺]술곳 됴티 아니커든,	
	[現]술만 좋지 아니하면	
不要還錢。	[諺]갑술 갑디 말라.	
	[現]값을 갚지 마십시오.	
	◇◇◇	
	갑다[동]: 갚다.	
將就喫的	[諺]두워라. 먹쟈.	
過。	[現]두십시오. 먹읍시다.	
有甚麼好菜	[諺]므슴 됴흔 ᄂᆞᄆᆞ새 잇거든,	
蔬,	[現]무슨 좋은 채소가 있으면	
拿些箇来。	[諺]져기 가져오라.	
	[現]조금 가져오십시오.	
這們時,	[諺]이러면,	
	[現]이렇다면	
有塩瓜兒,	[諺]저린 외 이시니,	
	[現]저린 오이가 있으니	

如今便将   [諺]이제 즉제 가져오마.
来。   [現]이제 곧바로 가져오겠습니다.
客人們，   [諺]나그내네,
            [現]나그네들,
熱喫那凉   [諺]더오니 먹을다? 추니 먹을다?
喫？   [現]더운 것을 먹을까요? 찬 것을 먹을까요?
罷罷。   [諺]두워. 두워.
            [現]두십시오. 두십시오.
休旋去，   [諺]데오라 가디 말라.
            [現]데우러 가지 마십시오.
我只凉喫。 [諺]우리 그저 추니 먹을이라.
            [現]우리는 그저 찬 것을 먹겠습니다.

49. 大哥受禮

[57b]大哥，   [諺]큰형아!
             [現]큰형님!
先喫一盞。   [諺]몬져 흔 잔 먹으라.
             [現]먼저 한 잔 드십시오.
大哥受禮！   [諺]큰형아! 몬져 녜를 바드라!
             [現]큰형님! 먼저 예(禮)를 받으십시오.
             ◇◇◇
             녜1[명]: 예(禮).
你敢年紀   [諺]네 나히 한 듯ᄒ니,
大？   [現]당신 나이가 많은 듯하니
             ◇◇◇
             하다[형]: 많다.

怎麽受禮?	[諺]엇디 내 슈례ᄒᆞ료?	
	[現]어찌 내가 예를 받습니까?	
	◇◇◇	
	슈례ᄒᆞ다[동]: 수례(受禮)하다, 예를 받다.	
大哥你貴壽?	[諺]형아! 네 나히 언머고?	
	[現]형님! 당신 나이가 얼마입니까?	
小人年紀三十五歲。	[諺]小人은 나히 셜흔 다ᄉᆞᆺ시라.	
	[現]소인은 나이가 서른 다섯입니다.	
小人纔三十二歲。	[諺]小人은 ᄌᆞ 三十二歲라.	
	[現]소인은 갓 서른 두 살입니다.	
大哥,	[諺]큰형아!	
	[現]큰형님!	
你年紀大,	[諺]네 나히 하도다.	
	[現]당신 나이가 많습니다.	
受禮。	[諺]슈례ᄒᆞ라.	
	[現]예를 받으십시오.	
小人雖年紀大,	[諺]小人이 비록 나히 하나,	
	[現]소인은 비록 나이가 많으나	
怎麽便受禮?	[諺]엇디 곳 슈례ᄒᆞ료?	
	[現]어찌 이대로 예를 받습니까?	
[58a]咱們都起来,	[諺]우리 다 니러야,	
	[現]우리는 다 일어서야	
大家自在。	[諺]대되 ᄆᆞ옴 노홀이로다.	
	[現]모두 마음 놓을 것입니다.	
那般時,	[諺]그러면,	
	[現]그렇다면	

教你受禮,	[諺]너 ᄒᆞ여 受禮ᄒᆞ라 ᄒᆞ듸, [現]당신으로 하여금 예를 받으시라 하되
堅執不肯,	[諺]堅執ᄒᆞ고 듯디 아니ᄒᆞ니, [現]견집하고 듣지 아니하니 ◇◇◇ 견집ᄒᆞ다[동]: 견집(堅執)하다, 고집하다. 듯다[동]: 듣다, 수긍하다, 받아들이다.
滿飲一盞,	[諺]ᄒᆞᆫ 잔 ᄀᆞ득이 먹고, [現]한 잔 가득히 먹고 ◇◇◇ ᄀᆞ득이[부]: 가득, 가득히.
休留底酒。	[諺]술을 흘리디 마쟈. [現]술을 흘리지 맙시다.
咱們都休講禮,	[諺]우리 다 禮를 출히디 말고, [現]우리는 다 예를 갖추지 말고 ◇◇◇ 출히다[동]: (예의를) 차리다, 갖추다.
喫一盞酒。	[諺]ᄒᆞᆫ 잔 술을 먹쟈. [現]술을 한 잔 먹읍시다.
喫了酒也,	[諺]술 먹어다. [現]술을 먹었습니다.
會了酒錢去来。	[諺]술갑 혜라 가쟈. [現]술값을 계산하러 갑시다.

50. 大哥與些好的銀子

賣酒的,	[諺]술 풀리야! [現]술 파는 사람!

来會錢。	[諺]와 돈 혜라.
	[現]와서 돈을 계산하십시오.
這的五分銀子，	[諺]이 五分 은이니,
	[現]이것은 닷 푼짜리 은자이니
	◇◇◇
	오분[명]: 닷 푼(한 돈의 십분의 일).
貼六箇錢饋我。	[諺]여슷 낫 돈을 거스려 날 주고려.
	[現]돈 여섯 개를 거슬러 나에게 주십시오.
	◇◇◇
	거스리다[동]: (돈을) 거스르다.
[58b]大哥與些好的銀子。	[諺]큰형아! 됴흔 은을 주고려.
	[現]큰형님! 좋은 은자를 주십시오.
這銀只有八成銀，	[諺]이 은이 八成은이니,
	[現]이 은자가 팔품은(八品銀)이니
	◇◇◇
	팔성은[명]: 팔품은(八品銀: 순도가 8할인 은).
怎麼使的!	[諺]엇디 쁘리오?
	[現]어찌 씁니까?
這銀子嫌甚麼!	[諺]이 은을 므서슬 쩌리는다?
	[現]이 은자를 가지고 무엇을 꺼립니까?
	◇◇◇
	쩌리다[동]: 꺼리다.
細絲兒分明都有，	[諺]細絲ㅣ 分明히 다 이시니,
	[現]분명히 다 십품은(十品銀)이니
	◇◇◇
	세사[명]: 십품은(十品銀: 순도가 10할인 은).

怎麼使不得？	[諺]엇디 쓰디 못ᄒ리오?
	[現]어찌 쓰지 못합니까?
伱不識銀子時，	[諺]네 은을 아디 못ᄒ거든,
	[現]당신은 은자를 모르면
教別人看。	[諺]다ᄅᆞᆫ 사ᄅᆞᆷ ᄒᆞ여 뵈라.
	[現]다른 사람을 보게 하십시오.

◇◇◇

뵈다[동]: 보이다.

我怎麼不識銀子？	[諺]내 엇디 은을 아디 못ᄒ여?
	[現]내가 어찌 은자를 모릅니까?
要甚麼教別人看去？	[諺]므슴아라 다ᄅᆞᆫ 사ᄅᆞᆷ ᄒᆞ여 뵈라 가리오?
	[現]무엇 때문에 다른 사람을 보게 하러 갑니까?
[59a]換錢不折本，	[諺]돈 밧고와 밋디디 아니면 ᄒᆞᆯ 써시니,
	[現]돈을 바꿔 밑지지 아니하면 될 것이니

◇◇◇

밋디다[동]: 밑지다, 손해를 보다.

伱自別換與五分好的銀子便是，	[諺]네 각별이 五分 됴ᄒᆞᆫ 은을 밧고와 줌이 곳 올커니ᄯᆞ냐?
	[現]당신이 각별히 닷 푼짜리 좋은 은자를 바꿔 주는 것이 바로 옳지 않겠는가?

◇◇◇

-어니ᄯᆞ냐: -지 않겠는가?

要甚麼合口？	[諺]므슴아라 입힐훔 ᄒᆞ리오?
	[現]무엇 때문에 입씨름을 합니까?

◇◇◇

입힐훔[명]: 입씨름.

這賣酒的，	[諺]이 술 ᄑᆞ는 이,
	[現]이 술 파는 사람이

也快纏,	[諺]싯구기 잘 ᄒᆞᄂᆞᆫ고나.	
	[現]시끄럽게 잘 구는구나.	
	◇◇◇	
	싯구다[동]: 다투다, 시끄럽게 굴다.	
這們的好銀子,	[諺]이런 됴흔 은을,	
	[現]이런 좋은 은자를	
怎麽使不得?	[諺]엇디 ᄡᅳ디 못ᄒᆞ리오?	
	[現]어찌 쓰지 못합니까?	
今早起喫飯處,	[諺]오늘 앗춤밥 먹은 곳애셔,	
	[現]오늘 아침밥 먹은 곳에서	
	◇◇◇	
	앗춤[명]: 아침.	
貼將来的銀子。	[諺]팀바다 가져온 은이라.	
	[現]전당을 받아 가져온 은자입니다.	
	◇◇◇	
	팀받다[동]: 전당 받다.	
罷罷,	[諺]두어. 두어.	
	[現]두십시오. 두십시오.	
将就留下着,	[諺]두어라 ᄒᆞ여 두쟈.	
	[現]두어라 하여 둡시다.	
	◇◇◇	
	-어라2[어미]: 끝음절의 모음이 'ㅏ, ㅗ'가 아닌 동사 어간 뒤에 붙어, 해라할 자리에 쓰여, 명령의 뜻을 나타내는 종결 어미.	
[59b]便使不得也罷。	[諺]ᄡᅳ디 못ᄒᆞ여도 무던ᄒᆞ다.	
	[現]쓰지 못해도 무방합니다.	
你說甚麽話!	[諺]네 므슴 말을 니ᄅᆞᄂᆞᆫ다?	
	[現]당신은 무슨 말을 합니까?	

使不得時，	[諺]쓰디 못홀 써시면,
	[現]쓰지 못할 것이면
你肯要麼？	[諺]네 즐겨 바들짜?
	[現]당신은 즐겨 받을 것인가요?

◇◇◇

-ㄹ짜[어미]: 예스러운 표현으로, 동사, 형용사 어간 뒤에 붙는다. -ㄹ 것인가.

51. 這裏離城有的五里路

打了馲䭾着行，	[諺]짐 시러 네쟈.
	[現]짐 실어 갑시다.
日頭後晌也。	[諺]날이 낫계엇다.
	[現]날은 낮이 지났습니다.

◇◇◇

낫계다[동]: 낮이 지나다, 낮이 넘다.

這裏離城有的五里路，	[諺]에셔 잣 뜸이 五里ㅅ 씰히 이시니,
	[現]여기에서 성까지 거리상 오리의 길이 있으니
着兩箇後頭赶將頭口来，	[諺]둘흐로 ᄒᆞ여 뒤혜 즘슁 모라오게 ᄒᆞ고,
	[現]두 사람을 뒤에서 짐승 몰아오게 하고
我和一箇火伴先去，	[諺]나와 ᄒᆞ 벗이 몬져 가,
	[現]나와 한 벗이 먼저 가서
尋箇好店安下着，	[諺]됴흔 店 어더 부리오고,
	[現]좋은 여관을 얻어 묵고
却来迎你。	[諺]쏘 와 너 마자 가리라.
	[現]또 당신들을 맞으러 가겠습니다.

| [60a]咱們先說之着, | [諺]우리 몬져 닐러 뎡ᄒᆞ야시니,
[現]우리는 먼저 말해 정해야 하니 |

◇◇◇

-야시니[어미]: 예스러운 표현으로 'ᄒᆞ다'의 어간이나 끝음절의 모음이 'ㅣ'인 어간 뒤에 붙어, 앞말이 뒷말의 원인이나 근거, 전제 따위가 됨을 나타내는 연결 어미. -았으니.

| 只投順城門官店裏下去。 | [諺]그져 順城門 官店에 드러가 브리오쟈.
[現]그저 순성문(順城門) 관점(官店)에 들어가 묵읍시다. |

◇◇◇

관점[명]: 관점(官店), 국영 여관.

那們時,	[諺]그러면, [現]그렇다면
你兩箇先去,	[諺]너희 둘히 몬져 가라. [現]당신 둘이서 먼저 가십시오.
我兩箇後頭慢慢的赶將頭口去。	[諺]우리 둘흔 뒤헤 날회여 즘ᄉᆡᆼ 모라가마. [現]우리 두 사람은 뒤에서 천천히 짐승을 몰아가겠습니다.
咱們疾快行動着,	[諺]우리 ᄲᅡᆯ리 녜쟈. [現]우리 빨리 갑시다.
比及到那裏尋了店時,	[諺]뎨 가 뎜 어드매 미ᄎᆞ면, [現]저기 가서 여관을 얻을 때 미치면
那兩箇到來了也。	[諺]뎌 둘토 오리라. [現]저 두 사람도 올 것입니다.

◇◇◇

둟[수]: 둘.

第四章　京城買賣

52. 我共通四箇人十箇馬

店主人家哥,	[諺]뎜 쥬인 형아!
	[現]여관 주인 형님!
[60b]後頭還有幾箇火伴,	[諺]뒤헤 쏘 여러 벗이,
	[現]뒤에 또 여러 벗이
赶着幾匹馬来也,	[諺]여러 물을 모라오ᄂᆞ니,
	[現]말을 여러 마리 몰아오고 있으니

◇◇◇

-ᄂᆞ니3[어미]: 예스러운 표현으로 동사, 형용사 어간 뒤에 붙어, 앞말이 뒷말의 원인이나 근거, 전제 따위가 됨을 나타내는 연결 어미. -으니.

你這店裏,	[諺]네 이 뎜에,
	[現]당신 이 여관에
下的我麼?	[諺]우리를 브리올짜?
	[現]우리를 재울 수 있을 것인가요?
你通幾箇人幾箇馬?	[諺]너희 대되 몃 사롬에 몃 물고?
	[現]당신 모두 몇 사람에 말 몇 마리이고요?
我共通四箇人,	[諺]우리 대되 네 사롬에,
	[現]우리 모두 네 사람에
十箇馬。	[諺]열 물이라.
	[現]말 열 마리입니다.

第四章 京城買賣

車子有麼？	[諺]술위 잇ᄂ냐？	
	[現]수레는 있습니까?	
	◇◇◇	
	술위[명]: 수레.	
車子沒。	[諺]술위 업다.	
	[現]수레는 없습니다.	
這們的時，	[諺]이러면,	
	[現]이렇다면	
下的你。	[諺]너희를 브리오마.	
	[現]당신들을 묵게 하겠습니다.	
那東邊有一	[諺]뎌 동녁 겻틔 ᄒᆞᆫ 간 뷘 방이 이시니,	
間空房子，	[現]저 동녘 곁에 빈 방 한 칸이 있으니	
	◇◇◇	
	동녁[명]: 동녘, 동쪽.	
	겻ㅌ[명]: 곁.	
	간[의]: 간(間), 칸.	
	뷔다[동]: 비다, 비게 되다.	
你看去。	[諺]네 보라 가라.	
	[現]당신이 보러 가십시오.	
[61a]你引我	[諺]네 날을 드려 보라 가쟈.	
看去来。	[現]당신이 날을 데리고 보러 갑시다.	
我忙，	[諺]내 밧바,	
	[現]내가 바빠서	
沒功夫去，	[諺]결을 어더 가디 못ᄒᆞ리로다.	
	[現]갈 겨를 얻어 가지 못하겠습니다.	
	◇◇◇	
	결[의]: 겨를, 틈.	

你自看去着。	[諺]네 보라 가라.
	[現]당신이 보러 가십시오.
悮了你多少功夫！	[諺]네 언머 공부를 머므르료?
	[現]당신의 공부를 얼마나 머므르게 할 것입니까?

◇◇◇

공부[명]: 공부, 공력.

머므르다[동]: 머므르게 하다, 지체하게 하다.

到那裏看了房子中不中，	[諺]게 가 방(빙)이 맛당흔가 못 맛당흔가 보고야,
	[現]거기에 가서 방이 마땅한가 못 마땅한가 보고서야
我說一句話。	[諺]내 흔 말을 니르려 흐노라.
	[現]내가 말을 한 마디 말하려고 합니다.
這們時去來。	[諺]이러면 가마.
	[現]이렇다면 가겠습니다.
你這房兒也下的我。	[諺]네 이 집의 우리를 브리오거니와,
	[現]당신의 이 집에 우리가 묵거니와
茶飯如何？	[諺]차반은 엇디흐려뇨?
	[現]음식은 어찌하렵니까?
茶飯時我店裏家小，	[諺]음식은 우리 뎜에 집사롬이,
	[現]음식은 우리 여관의 집사람이
[61b]新近出去了，	[諺]요스이 나가시니,
	[現]요사이 나갔으니
委實沒人整治，	[諺]진실로 달홀 사롬이 업스니,
	[現]진실로 일할 사람이 없으니

◇◇◇

달호다[동]: 다루다, 만들다, 일하다.

你客人們自	[諺]너희 나그내들 손조 밥 지어 먹으라.
做飯喫。	[現]당신 나그네들이 손수 밥을 지어 드십시오.
我們自做飯	[諺]우리 손조 밥 지어 먹으면,
喫時,	[現]우리가 직접 밥을 지어 먹으면
鍋竈椀楪都	[諺]가마와 노고자리와 사발 뎝시 다 잇ᄂ냐?
有麽?	[現]가마와 부뚜막과 사발 접시가 다 있습니까?

◇◇◇

노고자리[명]: 노구솥을 거는 자리, 부뚜막.

| 那的你放 | [諺]글란 네 ᄆᆞᆷ 노화시라. |
| 心, | [現]그것은 당신이 마음 놓으십시오. |

◇◇◇

글란: 그것은.

都有。	[諺]다 잇다.
	[現]다 있습니다.
這們便,	[諺]이러면,
	[現]이렇다면
我迎火伴	[諺]내 벗을 마즈라 가마.
去。	[現]내가 벗을 맞으러 가겠습니다.
你去着。	[諺]네 가라.
	[現]당신이 가십시오.

53. 你兩箇到這裏多少時

你兩箇到這	[諺]너희 둘히 예 오난 디 언머나 ᄒᆞ뇨?
裏多少時?	[現]당신 둘이서 여기에 온 지 얼마나 됐습니까?
[62a]我纔到	[諺]우리 ᄀᆞᆺ 여긔 오롸.
這裏。	[現]우리는 갓 여기에 왔습니다.

待要尋你去来,	[諺]ᄒᆞ마 너희 ᄎᆞᄌᆞ라 가려 ᄒᆞ더니,
	[現]이제 곧 당신을 찾으러 가려고 하더니
你却来了。	[諺]네 ᄯᅩ 오나다.
	[現]당신이 또 왔네요.
店在那裏?	[諺]뎜이 어듸 잇ᄂᆞ뇨?
	[現]여관이 어디에 있습니까?
那西頭有。	[諺]뎌 셧녁 긋틔 잇ᄂᆞ니라.
	[現]저기 서쪽 끝에 있습니다.

◇◇◇

셧녁[명]: 서녘, 서쪽.

긋ㅌ[명]: 끝.

行李都搬入来着,	[諺]짐들 다 옴겨 드려오고,
	[現]짐들을 다 옮겨 들여오고

◇◇◇

옴기다[동]: 옮기다.

드리다[동]: 들이다.

把馬們都鬆了,	[諺]ᄆᆞᆯ들 다 오랑을 서오니 ᄒᆞ고,
	[現]말들의 뱃대끈을 다 느슨하게 하고

◇◇◇

서우니[부]: 느슨하게.

且休摘了鞍子。	[諺]아직 기르마 벗기디 말라.
	[現]아직 길마를 벗기지 마십시오.

◇◇◇

기르마[명]: 길마(짐을 싣거나 수레를 끌기 위하여 소나 말 따위의 등에 얹는 기구).

你去問主人家,	[諺]네 가 主人ᄃᆞ려 무러,
	[現]당신이 가서 주인한테 물어

要幾箇席子	[諺]여러 돗과 지즘을 달라 ᄒ야 오고,
藁薦来,	[現]돗자리와 거적을 여러 개 달라고 해 오고
	◇◇◇
	돗[명]: 돗자리.
就拿苕箒来	[諺]임의셔 닛븨 가져다가 싸흘 쓸라.
掃地。	[現]곧 잇비를 가져다가 땅을 쓰십시오.
	◇◇◇
	임의셔[부]: 곧, 장차.
	닛븨[명]: 잇비(메벼의 짚으로 만든 비).
[62b]行李	[諺]짐으란 아직 옴겨 드리디 말고,
且休搬入	[現]짐은 아직 옮겨 들이지 말고
（八）去,	
等鋪了席薦	[諺]돗과 지즘 실믈 기ᄃ려,
時,	[現]돗자리와 거적을 까는 것을 기다려
一発搬入去。	[諺]홈끠 옴겨 드려가라.
	[現]함께 옮겨 들여가십시오.

54. 你這馬要賣麽

客人們,	[諺]나그내닉,
	[現]나그네들,
	◇◇◇
	-닉[접미]: -네, -들.
你這馬要賣	[諺]네 이 ᄆᆞᆯ을 풀고져 ᄒᆞᄂᆞ냐?
麽?	[現]당신의 이 말을 팔고자 합니까?
可知我要賣	[諺]그리어니. 내 풀고져 ᄒᆞ노라.
裏。	[現]그렇습니다. 내가 팔고자 합니다.

你既要賣時，	[諺]네 ᄒᆞ마 ᄑᆞ로고져 ᄒᆞ거든,	
	[現]당신이 이제 곧 팔고자 한다면	
也不須你將徃市上去，	[諺]또 모로미 네 가져 져제 가디 말고,	
	[現]또 반드시 말을 가지고 시장에 가지 말고	
只這店裏放着，	[諺]그저 이 뎜에 두라.	
	[現]그저 이 여관에 두십시오.	
我與你尋主兒都賣了。	[諺]내 너를 위ᄒᆞ야 님자 어더 다 풀게 ᄒᆞ마.	
	[現]내가 당신을 위하여 임자를 얻어 다 팔게 하겠습니다.	

◇◇◇

님자[명]: 임자.
-를[조]: -를.

罷罷，	[諺]두워. 두워.	
	[現]두십시오. 두십시오.	
[63a]到明日再說話。	[諺]닉일 다시 말ᄒᆞ쟈.	
	[現]내일 다시 말합시다.	
咱這馬們路上來，	[諺]우리 이 ᄆᆞᆯ들히 길히 오노라,	
	[現]우리는 이 말들이 길에 오느라	
每日走路子辛苦，	[諺]미일 길 ᄃᆞ녀 슈구ᄒᆞ고,	
	[現]매일 길을 다녀 수고하고	

◇◇◇

슈구ᄒᆞ다[동]: 수고하다, 고생하다.

喂不到，	[諺]먹키기를 ᄀᆞ장 못ᄒᆞ야시니,	
	[現]먹이기를 잘 못했으니	

◇◇◇

먹키다[동]: 먹이다.

都沒甚麼膘，	[諺]다 아ᄆᆞ란 술짐이 업스니.	
	[現]다 아무런 살진 일이 없습니다.	

便將到市上,	[諺]즉제 가져 져제 가면,
	[現]곧바로 가지고 시장에 가면
市上人也出不上價錢。	[諺]져젯 사룸도 갑슬 도도 내디 아니ᄒ리라.
	[現]시장에 있는 사람도 값을 돋워 내지 아니할 것입니다.

◇◇◇

도도다[동]: 돋우다, 값을 높이다.

咱們捨着草料,	[諺]우리 딥과 콩을 ᄇ려,
	[現]우리는 짚과 콩을 버려

◇◇◇

ᄇ리다[동]: 버리다.

好生喂幾日裝落,	[諺]ᄀ장 여러 날 먹여 디쳐ᄒ야도,
	[現]며칠 잘 먹여 처치해도

◇◇◇

디쳐ᄒ다[동]: 처치하다, 처리하다.

-야도[어미]: 예스러운 표현으로 'ᄒ다'의 어간이나 끝음절의 모음이 'ㅣ'인 어간 뒤에 붙어, 가정이나 양보의 뜻을 나타내는 연결 어미. -아도.

也不遲裏。	[諺]또 더듸디 아니ᄒ리라.
	[現]또 더디지 아니할 것입니다.
你說的是,	[諺]네 닐옴이 올타.
	[現]당신의 말씀이 옳습니다.
[63b]我也心裏這們想着。	[諺]나도 ᄆ옴애 이리 싱각ᄒ엿노라.
	[現]나도 마음에 이렇게 생각했습니다.
我又有人蔘毛施布,	[諺]내 또 人蔘과 모시뵈 이시니,
	[現]나는 또 인삼과 모시베가 있으니

明日打聽價錢去来。	[諺]닉일 갑슬 듯보라 가셔.	
	[現]내일 값을 듣보러 가서	
有價錢時賣了着,	[諺]갑시 이시면 풀고,	
	[現]값이 있으면 팔고	
怕十分的賤時,	[諺]호다가 ᄀ장 쳔ᄒ면,	
	[現]만약 아주 헐하면	

◇◇◇

쳔ᄒ다[형]: 쳔(賤)하다, (값이) 싸다, 헐하다.

且停些時。	[諺]아직 잠깐 머믈워 두리라.	
	[諺]아직 잠깐 머물어 둘 것입니다.	
你那裏打聽去?	[諺]네 어듸 듯보라 갈싸?	
	[現]당신은 어디에 듣보러 갈 것인가요?	
吉慶店裏有我相識,	[諺]吉慶店에 내 서르 아는 이 이시니,	
	[現]길경점(吉慶店)에 내가 서로 아는 사람이 있으니	
那裏問去。	[諺]뎌긔 무로라 가리라.	
	[現]저기에 물으러 갈 것입니다.	
這們時,	[諺]이러면,	
	[現]이렇다면	
[64a]到明日咱們同去。	[諺]닉일 다ᄃᆞ거든 우리 ᄒᆞᆫ번의 가쟈.	
	[現]내일 다다르면 우리 함께 갑시다.	

◇◇◇

ᄒᆞᆫ번의[부]: 함께, 같이.

你兩箇看着頭口,	[諺]너희 둘히 즘싱 보라.	
	[現]당신 둘이서 짐승을 보십시오.	

我兩箇到城裏去便来。	[諺]우리 둘히 자 안히 가셔 즉제 오마. [現]우리 둘이서 성 안에 갔다가 바로 오겠습니다. ◇◇◇ 자2[명]: 성(城).

《老乞大諺解》下

55. 我是他親眷纔從高麗地面來

[1a]拜揖大哥，	[諺]읍ㅎ노이다. 큰형아! [現]인사드립니다. 큰 형님! ◇◇◇ 읍ㅎ다[동]: 읍(揖)하다, 인사를 하다.
這店裏賣毛施布的高麗客人李舍有麽？	[諺]이 뎜에 모시뵈 풀 高麗ㅅ 나그내 李개 잇ᄂ냐? [現]이 여관에 모시베 팔 고려의 나그네 이(李) 씨가 있습니까?
你尋他怎麽？	[諺]네 뎌를 츠자 므슴홀싸? [現]당신은 그 사람을 찾아 무엇을 할 것인가요? ◇◇◇ 므슴2[대]: 무엇.
我是他親眷，	[諺]내 뎌의 권당이러니, [現]나는 그 사람의 친척인데
纔從高麗地面来。	[諺]앗가 ᄀ 高麗ㅅ 싸흐로셔 오롸. [現]아까 갓 고려의 땅에서 왔습니다.
恰纔出去了，	[諺]앗가 ᄀ 나가시니, [現]아까 갓 나갔으니

徃羊市角頭去了。	[諺]羊 져제 모롱이를 향ᄒ야 가니라. [現]양 시장 모퉁이를 향하여 갔습니다. ◇◇◇ 모롱이[명]: 모퉁이, 모서리, 구석.	
他說便来。	[諺]제 닐오ᄃᆡ 즉제 오려 ᄒ더니, [現]그 사람이 말하되 즉시 오려고 했는데	
你且出去,	[諺]네 아직 나갓다가, [現]당신이 일단 나갔다가	
[1b]等一會再来。	[諺]흔 디위 기드려 다시 오나라. [現]한 번 기다렸다가 다시 오십시오.	
既他羊市角頭去時,	[諺]이믜 제 羊 져재 모롱이에 가시면, [現]그 사람이 이미 양 시장 모퉁이에 갔으면 ◇◇◇ 져재[명]: 저자, 시장.	
又不遠,	[諺]또 머디 아니ᄒ니, [現]또 멀리 아니하니	
我只這裏等。	[諺]내 그저 예셔 기들오리라. [現]나는 그저 여기서 기다리겠습니다. ◇◇◇ 기들오다[동]: 기다리다.	
随你等着。	[諺]네 ᄆᆞ음으로 기들오라. [現]당신 마음으로 하십시오.	
他在那箇房子裏下?	[諺]제 어늬 방의 브리워 잇ᄂᆞ뇨? [現]그 사람이 어느 방에 묵고 있습니까?	
那西南角上,	[諺]뎌 西南 모해, [現]저 서남 모퉁이에 ◇◇◇ 몰[명]: 모퉁이, 모서리, 구석.	

芭籬門南邊,	[諺]바ᄌ문 남녁,
	[現]바자문 남쪽,
	◇◇◇
	바ᄌ문[명]: 바자문(바자로 만든 문).
小板門兒便是。	[諺]죠고만 널문이 긔라.
	[現]조그만 널문이 거기입니다.
	◇◇◇
	죠고만: 조그만, 조그마한.
他出去了,	[諺]제 나가시면,
	[現]저 사람이 나갔으면
看家的有麽?	[諺]집 보리 잇ᄂ냐?
	[現]집 지키는 사람이 있습니까?
有箇後生来,	[諺]흔 져므니 잇더니,
	[現]한 젊은이 있는데
[2a]這裏不見,	[諺]예 업스니,
	[現]여기에 없으니
敢出去了。	[諺]나간 듯ᄒ다.
	[現]나간 듯합니다.

56. 如今價錢如何

伱髙麗地面裏将甚麽貨物来?	[諺]네 髙麗 ᄯᅡ히셔 므슴 貨物 가져온다?
	[現]당신이 고려 땅에서 무슨 물품을 가져왔습니까?
	◇◇◇
	므슴[관]: 무슨.

我将的幾疋馬来。	[諺]내 여러 필 물을 가져오롸.	
	[現]나는 말 여러 마리를 가져왔습니다.	

◇◇◇

필2[의]: 필(匹), 말이나 소를 세는 단위.

再有甚麼貨物?	[諺]쏘 므슴 貨物 잇ᄂᆞ뇨?
	[現]또 무슨 물품이 있습니까?
別沒甚麼,	[諺]다른 아모것도 업고,
	[現]다른 특별한 것 없고
有些人蔘毛施布。	[諺]져기 人蔘과 모시뵈 잇다.
	[現]인삼과 모시베가 조금 있습니다.
如今價錢如何?	[諺]이제 갑시 엇더ᄒᆞ뇨?
	[現]이제 값이 어떠합니까?
價錢如常。	[諺]갑시 如常ᄒᆞ되.
	[現]값이 여상(如常)하되

◇◇◇

여상ᄒᆞ다[형]: 여상(如常)하다, 평소와 같다.

人蔘正缺着裏,	[諺]人蔘은 정히 업스니,
	[現]인삼은 정말 없으니
最好價錢。	[諺]갑시 ᄀᆞ장 됴흐니라.
	[現]값이 아주 좋습니다.
[2b]如今賣的多少?	[諺]이제 언머에 ᄑᆞ는고?
	[現]이제 얼마에 팝니까?
徃年便只是三錢一斤,	[諺]徃年은 그저 서 돈에 ᄒᆞᆫ 근식이러니,
	[現]지난해는 그저 서 돈에 한 근씩이었더니
如今為沒有賣的,	[諺]이제 풀 리 업슴으로,
	[現]이제 팔 것이 없으므로

五錢一斤家也沒處尋裏!	[諺]닷 돈에 ᄒᆞ 근식이라도 어들 듸 업스니라. [現]닷 돈에 한 근씩이라도 얻을 곳이 없습니다.
你那蔘那裏蔘?	[諺]네 뎌 蔘이 어딋 蔘고? [現]당신의 저 인삼이 어디에 있는 삼입니까?
我的是新羅蔘。	[諺]내 하는 新羅蔘이라. [現]내 것은 신라삼(新羅蔘)입니다.
新羅蔘時又好,	[諺]新羅蔘이면 쏘 됴타, [現]신라삼이면 또 좋습니다.
愁甚麽賣!	[諺]므슴 ᄑᆞᆯ기 근심ᄒᆞ료? [現]무슨 팔기 근심합니까?

57. 那箇不是李舍來了

那箇不是李舍来了!	[諺]뎨 아니, 李개 오ᄂᆞ냐? [現]저기 아니, 이 씨가 왔는가요?
好麽好麽?	[諺]이대? 이대? [現]잘 있었습니까? 잘 있었습니까?
幾時来?	[諺]언제 오뇨? [現]언제 왔습니까?
[3a]家裏都好麽?	[諺]집의셔 다 이대 잇던가? [現]집에서 다 잘 있던가요?
都安樂来。	[諺]다 이대 잇더라. [現]다 잘 있습니다.
我下處去。	[諺]내 햐쳐에 가쟈. [現]내 숙소에 갑시다.

請請，　　　　　[諺]청ᄒᆞ노니,
　　　　　　　　[現]청하노니
　　　　　　　　◇◇◇
　　　　　　　　청ᄒᆞ다[동]: 청하다.
裏頭坐的。　　　[諺]안해 안즈라.
　　　　　　　　[現]안에 앉으십시오.
你從幾時離　　　[諺]네 언제 王京의셔 ᄠᅥ난다?
了王京?　　　　[現]당신은 언제 왕경에서 떠났습니까?
我七月初頭　　　[諺]내 七月 초싱애 ᄠᅥ나롸.
離(雛)了。　　　[現]나는 칠월 초승에 떠났습니다.
　　　　　　　　◇◇◇
　　　　　　　　초싱[명]: 초승.
却怎麽這時　　　[諺]쏘 엇디 이즈음에아 ᄀᆞᆺ 온다?
間纔来到?　　　[現]또 어찌 이즈음에야 갓 왔습니까?
我沿路慢慢　　　[諺]내 길흘 조차 날회여 오롸.
的来。　　　　　[現]나는 길을 따라 천천히 왔습니다.
我家裏有書　　　[諺]우리 집의 유뮈 잇ᄂᆞ냐?
信麽?　　　　　[現]우리 집의 서신이 있는가요?
　　　　　　　　◇◇◇
　　　　　　　　유무[명]: 편지, 서신, 소식.
有書信。　　　　[諺]유뮈 잇다.
　　　　　　　　[現]서신이 있습니다.
這書上寫　　　　[諺]이 유무에 써시미,
着,　　　　　　[現]이 서신에 쓴 것이
[3b]沒甚麽　　　[諺]아므란 ᄌᆞ셔흔 줄이 업다.
備細。　　　　　[現]아무런 자세한 내용이 없습니다.
　　　　　　　　◇◇◇
　　　　　　　　ᄌᆞ셔ᄒᆞ다[형]: 자세하다.

你来時，	[諺]네 올 저긔,
	[現]당신이 올 적에
我父親，	[諺]우리 父親,
	[現]우리 부친(父親),
母親，	[諺]母親,
	[現]모친(母親),
伯父，	[諺]뭇아자비,
	[現]큰아버지,
	◇◇◇
	뭇아자비[명]: 큰아버지.
叔父，	[諺]아ᄋ아자비,
	[現]작은아버지,
	◇◇◇
	아ᄋ아자비[명]: 작은아버지.
伯娘，	[諺]뭇아자븨겨집,
	[現]큰어머니,
	◇◇◇
	겨집[명]: 계집, 여자, 아내.
	뭇아자븨겨집[명]: 큰어머니, 백모.
嬸子，	[諺]아ᄋ아자븨겨집,
	[現]작은어머니,
	◇◇◇
	아ᄋ아자븨겨집[명]: 작은어머니, 숙모.
姐姐，	[諺]뭇누의,
	[現]큰누나,
	◇◇◇
	뭇누의[명]: 맏누이, 큰누나.

姐夫,	[諺]뭇누의남진,	
	[現]자형,	
	◇◇◇	
	뭇누의남진[명]: 맏누이의 남편, 자형, 매형.	
二哥,	[諺]둘재 형,	
	[現]둘째 형,	
三哥,	[諺]셋재(지) 형,	
	[現]세째 형,	
嫂子,	[諺]형의 겨집,	
	[現]형수,	
	◇◇◇	
	형의 겨집[명]: 형수.	
妹子,	[諺]아ᅀᆞ누의,	
	[現]여동생,	
	◇◇◇	
	아ᅀᆞ누의[명]: 아우의 누이, 여동행.	
兄弟們,	[諺]아ᅀᆞ들히,	
	[現]남동생들이	
都安樂好麼?	[諺]다 이대 잇던가?	
	[現]다 잘 있던가요?	
都安樂。	[諺]다 이대 잇더라.	
	[現]다 잘 있습니다.	
那般好時,	[諺]그리 됴히 이시면,	
	[現]그렇게 잘 있으면	
休道黃金貴,	[諺]黃金이 귀ᄒᆞ다 니ᄅᆞ디 말라.	
	[現]황금이 귀하다 말하지 마십시오.	

[4a]安樂直錢多！ [諺]편아홈이아 빗ᄊ미 하니라.
[現]편안함이야 값진 것이라고 합니다.
◇◇◇
빗ᄊ다[형]: 비싸다, 값있다, 값지다.

恠道, [諺]괴이하다.
[現]괴이합니다.
◇◇◇
괴이ᄒ다[형]: 괴이하다.

今日早起, [諺]오늘 아츔의,
[現]오늘 아침에

喜鵲兒噪, [諺]가치 울고,
[現]까치가 울고
◇◇◇
가치[명]: 까치.

又有嚏噴來, [諺]ᄯ ᄌ치옴ᄒ더니,
[現]또 재채기하더니
◇◇◇
ᄌ치옴ᄒ다[동]: 재채기하다.

果然有親眷來, [諺]果然 권당이 오고,
[現]과연(果然) 친척이 오고

又有書信。 [諺]ᄯ 書信이 이시니.
[現]또 서신이 있습니다.

却不道, [諺]ᄯ 아니 니ᄅᄂ냐?
[現]또 말하지 아니하는가요?

家書直萬金。 [諺]家書ㅣ 萬金 ᄊ다 ᄒᄂ니라.
[現]집 서신이 만금(萬金)만큼 값있다고 합니다.

小人拙婦和	[諺]小人의 계집과 아히들히,
小孩兒們,	[現]소인의 아내과 아이들이
都安樂麼?	[諺]다 이대 잇던가?
	[現]다 잘 있던가요?
都安樂。	[諺]다 安樂ᄒ더라.
	[現]다 안락(安樂)합니다.

◇◇◇

안락ᄒ다[형]: 안락(安樂)하다, 몸과 마음이 편안하고 즐겁다.

你那小女	[諺]네 그 져근 ᄯᆯ(둘)이,
兒,	[現]당신의 그 작은 딸이

◇◇◇

젹다[형]: 작다, 어리다.
ᄯᆯ[명]: 딸

出疹子来,	[諺]되야기 낫더니,
	[現]발진이 났더니

◇◇◇

되야기[명]: 발진, 홍역.

[4b]我来時	[諺]내 올 제 다 됴하 암그랏더라.
都完痊疴	[現]내가 올 때 다 좋아 아물었습니다.
了。	

◇◇◇

암글다[동]: 아물다, 완쾌되다.

58. 你將甚麼貨物來

你將甚麼貨	[諺]네 므슴 貨物을 가져온다?
物来?	[現]당신은 무슨 물품을 가져왔습니까?

我將着幾匹馬来，	[諺]내 여러 필 몰을 가져오고,
	[現]나는 말 여러 마리를 가져왔고
又有些人蔘毛施布。	[諺]쏘 人蔘과 모시뵈 이시니.
	[現]또 인삼과 모시베가 있습니다.
如今價錢如何？	[諺]이제(재) 갑시 엇더ᄒᆞ뇨?
	[現]이제 값이 어떠합니까?
馬的價錢和布價只依徃常，	[諺]ᄆᆞᆯ 갑과 뵛 갑순 그저 녜 ᄀᆞᆺ거니와,
	[現]말 값과 베 값은 그저 옛적과 같거니와
	◇◇◇
	녜2[명]: 예, 옛적.
人蔘價錢十分好。	[諺]人蔘 갑순 ᄀᆞ장 됴ᄒᆞ니라.
	[現]인삼 값은 아주 좋습니다.
說的是。	[諺]닐옴이 올타.
	[現]말씀이 옳습니다.
恰繞這店裏，	[諺]앗까(쎄) ᄀᆞᆺ 이 店엣,
	[現]아까 이 여관에 있는
	◇◇◇
	앗까[부]: 아까, 방금.
那客人也這般說。	[諺]뎌 나그내도 이리 니ᄅᆞ더라.
	[現]저 나그네도 이렇게 말했습니다.
[5a]你有幾箇火伴？	[諺]네 몇 벗이 잇ᄂᆞ뇨?
	[現]당신의 벗이 몇 명 있습니까?
又有兩箇火伴，	[諺]쏘 두 벗이 이쇼되,
	[現]두 벗이 더 있으되
都是親眷，	[諺]다 권당이니,
	[現]다 친척이니

| 一箇是姑舅 | [諺]ᄒᆞ나흔 姑舅의게셔 난 형이오, |
| 哥哥, | [現]하나는 고종사촌 형이고 |

◇◇◇

고구[명]: 고구(姑舅), 고종사촌.
고구의게셔 난 형[명]: 고종사촌 형(姑從四寸兄).

| 一箇是兩姨 | [諺]ᄒᆞ나흔 兩姨의게셔 난 아이라. |
| 兄弟。 | [現]하나는 이종사촌 동생입니다. |

◇◇◇

양이[명]: 양이(兩姨), 이종사촌.
양이의게셔 난 아이[명]: 이종사촌 동생(姨從四寸弟弟).

在那裏下?	[諺]어듸 부리워 잇ᄂᆞᆫ고?
	[現]어디에 묵고 있습니까?
在順城門官	[諺]順城門 官店 거릿 븍녁 ᄒᆞᆫ 술윗방의 부리워 잇노라.
店街北一箇	
車房裏下	[現]순성문(順城門) 관점가(官店街) 북쪽 한 수렛방에 묵고 있습니다.
着。	
從幾時來	[諺]언(안)제 오뇨?
到?	[現]언제 왔습니까?
我只夜來	[諺]내 그저 어제 오롸.
到。	[現]나는 그저 어제 왔습니다.
這火伴是	[諺]이 벗은 누고고?
誰?	[現]이 벗은 누구입니까?

◇◇◇

누고[대]: 누구.

[5b] 到遼東 這邊,	[諺] 遼東 이녁킈 와,
	[現] 요동 이쪽에 와서
	◇◇◇
	이녁ㅋ[명]: 이쪽.
合將他來。	[諺] 못드라왓노라.
	[現] 모여 같이 달려왔습니다.
他也有幾匹馬,	[諺] 뎨 쏘 여러 필 몰이 이(어)시니,
	[現] 저 사람도 말 여러 마리가 있으니
一廂趕將來。	[諺] 흔듸 모라오롸.
	[現] 함께 몰아왔습니다.
他是漢兒人,	[諺] 뎌는 漢人이니,
	[現] 저 사람은 중국인이니
在遼東城裏住。	[諺] 遼東 잣 안(언)해셔 사ᄂ니.
	[現] 요동 성 안에서 삽니다.
我沿路來時,	[諺] 내 길흘 조차 올 적의,
	[現] 내가 길을 따라 올 적에
好生多得他濟。	[諺] ᄀ장 만히 뎌의 구제홈을 어드롸.
	[現] 그 사람의 구제를 가장 많이 얻었습니다.
	◇◇◇
	구제ᄒ다[동]: 구제하다, 도와주다.
我漢兒言語,	[諺] 내 한말을,
	[現] 내가 중국어를
不理會的,	[諺] 아디 못ᄒ니,
	[現] 모르니

路上喫 （契）的馬 匹草料幷下 處，	[諺]길헤 머글 쩌시며 몰들희 草料와 다뭇 햐쳐를, [现]길에서 먹을 것이며 말들의 짚, 콩과 더불어 여관을 ◇◇◇ 초료[명]: 초료(草料), 짚과 콩. 다뭇[부]: 같이, 더불어.
[6a]全是這 大哥辛苦。	[諺]젼혀 이 큰형이 슈고ᄒ더니라. [现]오로지 이 큰형이 수고하였습니다. ◇◇◇ 젼혀[부]: 젼혀, 아주, 오로지.
說的是。	[諺]닐오미 올타. [现]말씀이 옳습니다.

59. 我且到下處去再廝見

我且到下處 去，	[諺]내 아직 햐쳐의 가노라. [现]나는 일단 여관에 갑니다.
再廝見。	[諺]다시 서르 보쟈. [现]다시 서로 봅시다.
且停些時，	[諺]아직 머므러든, [现]아직 머무르면
咱們聊且喫 一盃酒，	[諺]우리 잠깐 ᄒ 잔 술 먹어, [现]우리 잠깐 한 잔의 술을 먹어 ◇◇◇ 잠깐[부]: 잠깐, 잠시, 당분간.

不當接風。	[諺]마지 아니홀 껏가?	
	[現]맞이는 아니할 것인가요?	
	◇◇◇	
	마지[명]: 맞이.	
不要。	[諺]마다.	
	[現]아닙니다.	
今日忙,	[諺]오늘은 밧브니,	
	[現]오늘은 바쁘니	
明日再厮見,	[諺]니일 다시 서르 보와,	
	[現]내일 다시 서로 봐서	
喫酒也不遲裏。	[諺]술 먹어도 늣디 아니커니ᄯ녀?	
	[現]술을 먹어도 안 늦지 않아요?	
這們時,	[諺]이러면,	
	[現]이렇다면	
明日就店裏尋你去,	[諺]니일 이믜셔 店에 너롤 ᄎ자가셔,	
	[現]내일 곧 여관에 당신을 찾아가서	
[6b]一發和那親眷們,	[諺]홈ᄭㅣ 뎌 권당들과,	
	[現]함께 저 친척들과	
一處喫一兩盃。	[諺]혼ᄃㅣ셔 혼두 잔 먹쟈.	
	[現]한곳에서 한두 잔 먹읍시다.	
我送你到外頭去。	[諺]내 너 보내라 밧ᄭㅣ 가마.	
	[現]내가 당신을 보내러 밖에 가겠습니다.	
不要你送。	[諺]네 보내기 말라.	
	[現]당신은 보내지 마십시오.	
你這房裏沒人,	[諺]네 이 방의 사름 업스니,	
	[現]당신의 이 방에 사람이 없으니	

不要去。	[諺]가디 말라.
	[現]나가지 마십시오.
這們時，	[諺]이러면,
	[現]이렇다면
你却休恠，	[諺]네 쏘 허믈 말라,
	[現]당신은 또 허물 마십시오.
小人沒甚麼	[諺]小人은 아므란 이밧는 일도 업스니.
舘待。	[現]소인은 아무런 이바지하는 일도 없습니다.
	◇◇◇
	이밧다[동]: 이바지하다, 바라지하다, 손님을 대접하다.
恠甚麼!	[諺]므서슬 허믈ᄒ리오?
	[現]무엇을 허물합니까?
咱們一家	[諺]우리 흔 짓 사ᄅᆞ미오,
人，	[現]우리는 한 집 사람이고,
又不是別	[諺]쏘 뜬 사ᄅᆞ미 아니어니ᄯᅡ녀?
人。	[現]또 딴 사람도 아니지 않아요?

60. 兩箇是買馬的客人一箇是牙子

不多時，	[諺]아니 오라,
	[現]오래지 않아
却到店裏	[諺]쏘 뎜에 가 보니,
見。	[現]또 여관에 가서 보니
[7a]店主人	[諺]店 主人과 세 나그내 셔셔 ᄆᆞᆯ 보더니,
和三箇客人	[現]여관 주인과 세 나그네가 서서 말을 보고 있는데
立地看馬。	

店主人說,	[諺]店 主人이 닐오되,
	[現]여관 주인이 말하되
這三箇火伴,	[諺]이 세 벗이,
	[現]이 세 벗이
兩箇是買馬的客人,	[諺]둘흔 물 살 나그내오,
	[現]두 사람은 말을 살 나그네이고
一箇是牙子。	[諺]ᄒ나흔 즈름이러라.
	[現]하나는 주릅입니다.

◇◇◇

즈름[명]: 주릅(흥정을 붙여 주고 보수를 받는 것을 직업으로 하는 사람), 중개인.

-러라[어미]: '이다', '아니다'의 어간이나 어미 '-으시-', '-더-', '-으리-' 뒤에 붙어, 화자가 과거에 직접 경험하여 새로이 알게 된 사실을 그대로 옮겨 와 전달한다는 뜻을 나타내는 종결 어미. '-더라'보다 예스러운 느낌을 준다.

你這馬,	[諺]네 이 물을,
	[現]당신의 이 말들을
他們都一發買將山東賣去。	[諺]뎌들히 다 훔쯰 사 山東 ᄯᅡ히 포라 가져가려 ᄒᆞᄂᆞ니.
	[現]저 사람들이 다 함께 사서 산동(山東) 땅에 팔러 가져가려고 합니다.
便到市上,	[諺]곳 져제 가도,
	[現]이제 곧 시장에 가도
也只一般。	[諺]쏘 ᄒᆞᆫ가지라.
	[現]한가지입니다.

千零不如一　　[諺]일 쳔 {뜬} 거시 흔 무들기만 굿디 몯ᄒᆞ니,
頓,　　　　　[現]천 개의 자질구레한 것이 한 무더기만 같지 못
　　　　　　　하니
　　　　　　　◇◇◇
　　　　　　　뜬2[관]: 부스러기의, 자질구레한.
　　　　　　　무들기[의]: 무더기.

[7b]倒不如　　[諺]도로혀 더롤 다 프라 줌만 굿디 몯ᄒᆞ니.
都賣與他。　　[現]도리어 저 사람에게 다 팔아 주는 것만 더 나은
　　　　　　　게 없습니다.

你既要賣　　　[諺]네 이믜 풀려 ᄒᆞ면,
時,　　　　　[現]당신이 기왕 팔려고 하면

咱們商量。　　[諺]우리 혜아리쟈.
　　　　　　　[現]우리 상의합시다.
　　　　　　　◇◇◇
　　　　　　　혜아리다[동]: 혜아리다, 짐작하다, 생각하다, 상의
　　　　　　　하다.

這箇青馬多　　[諺]이 총이ᄆᆞ리 나히 언머고?
少歲數?　　　[現]이 청말은 나이가 얼마입니까?
　　　　　　　◇◇◇
　　　　　　　총이ᄆᆞᆯ[명]: 총이말, 청말.

你只拿着牙　　[諺]네 니를 자바 보라.
齒看。　　　　[現]당신은 이를 잡아 보십시오.
　　　　　　　◇◇◇
　　　　　　　니[명]: 이(牙).

我看了也,　　[諺]내 보아다.
　　　　　　　[現]내가 봤습니다.

第四章　京城買賣

上下衢都沒有，	[諺]아래웃 골이 다 업스니, [現]아래위 치열이 다 없으니 ◇◇◇ 아래우[명]: 아래위. 골3[명]: 금, 치열.
十分老了。	[諺]フ장 늙다. [現]아주 늙습니다.
你敢不理會的馬歳?	[諺]네 물 나홀 모르는 듯하다. [現]당신은 말 나이를 모르는 듯합니다.
這箇馬如何?	[諺]이 물이 엇더하뇨? [現]이 말이 어떠냐구요?
今春新騸了的十分壯的馬。	[諺]올쏨의 새로 불틴 フ장 져믄 물이라. [現]올봄에 새로 거세한 가장 젊은 말입니다. ◇◇◇ 올쏨[명]: 올봄. 불티다[동]: 불까다, 거세하다. 졈다[형]: 젊다.
[8a]這好的歹的，都一裝商量。	[諺]이 됴흐니 사오나오니, [現]이 좋은 말과 나쁜 말을 [諺]다 혼디 헤아리쟈. [現]다 함께 상의합시다. ◇◇◇ 혼디2[부]: 함께, 같이.

61. 這些馬裏頭歹的十箇只有五箇好馬

這兒馬,	[諺]이 아질게물, [現]이 망아지, ◇◇◇ 아질게물[명]: 망아지.

騙馬，　　　　[諺]악(익)대물,
　　　　　　　[現]거센한 말,
　　　　　　　◇◇◇
　　　　　　　악대물[명]: 악대말, 거세마.

赤馬，　　　　[諺]졀다물,
　　　　　　　[現]절따말,
　　　　　　　◇◇◇
　　　　　　　졀다물[명]: 절따말(몸 전체의 털색이 밤색이거나 불그스름한 말).

黄馬，　　　　[諺]공골물,
　　　　　　　[現]공골말,
　　　　　　　◇◇◇
　　　　　　　공골물[명]: 공골말(몸 전체의 털색이 누렇고, 갈기와 꼬리가 흰 말).

鷰色馬，　　　[諺]오류마,
　　　　　　　[現]오류말,
　　　　　　　◇◇◇
　　　　　　　오류마[명]: 오류말(온몸의 털빛이 검푸른 말).

栗色馬，　　　[諺]구렁물,
　　　　　　　[現]구렁말,
　　　　　　　◇◇◇
　　　　　　　구렁물[명]: 구렁말(털 빛깔이 밤색인 말).

黑鬃馬，　　　[諺]가리운물,
　　　　　　　[現]가리온,
　　　　　　　◇◇◇
　　　　　　　가리운물[명]: 가리온(몸은 희고 갈기가 검은 말).

第四章　京城買賣　237

白馬,　　　　[諺]셜아물,
　　　　　　[現]서라말,
　　　　　　◇◇◇
　　　　　　셜아물[명]: 서라말(흰 바탕에 거뭇한 점이 섞여
　　　　　　있는 말).
黑馬,　　　　[諺]가라물,
　　　　　　[現]가라말,
　　　　　　◇◇◇
　　　　　　가라물[명]: 가라말(털빛이 온통 검은 말).
鎖羅青馬,　　[諺]츄마물,
　　　　　　[現]추마말,
　　　　　　◇◇◇
　　　　　　츄마물[명]: 추마말(흰 바탕에 흑색, 짙은 갈색, 짙
　　　　　　은 적색 따위의 털이 섞여 난 말).
土黃馬,　　　[諺]고라물,
　　　　　　[現]고라말,
　　　　　　◇◇◇
　　　　　　고라물[명]: 고라말(등마루를 따라 검은 털이 난
　　　　　　누런 말).
繡膊馬,　　　[諺]쇠ㄴ래브튼물,
　　　　　　[現]어깨에 붉은 점이 있는 황백색 말,
　　　　　　◇◇◇
　　　　　　쇠ㄴ래브튼물[명]: 어깨에 붉은 점이 있는 황백색 말.
破臉馬,　　　[諺]간쟈물,
　　　　　　[現]간자말,
　　　　　　◇◇◇
　　　　　　간쟈물[명]: 간자말(이마와 뺨이 흰 말).

五明馬,　　　　[諺]가라간쟈스죡빅이물,
　　　　　　　　[現]오명마,
　　　　　　　　◇◇◇
　　　　　　　　가라간쟈스죡빅이물[명]: 오명마(몸의 털 빛깔은 검고 이마와 네발은 흰 말).

桃花馬,　　　　[諺]도화잠불물,
　　　　　　　　[現]도화마,
　　　　　　　　◇◇◇
　　　　　　　　도화잠불물[명]: 도화마(흰 털에 붉은 반점이 있는 말).

青白馬,　　　　[諺]털청총이물,
　　　　　　　　[現]철청총이,
　　　　　　　　◇◇◇
　　　　　　　　털청총이[명]: 철청총이(푸른색의 털에 흰 털이 조금 섞인 말).

豁鼻馬,　　　　[諺]코뼌물,
　　　　　　　　[現]코쟨말,
　　　　　　　　◇◇◇
　　　　　　　　뼈다[동]: 째다, 찢다.
　　　　　　　　고뼌물[명]: 코쟨말(달릴 때 숨 쉬기 편하도록 코를 쟨 말).

騍馬,　　　　　[諺]암물,
　　　　　　　　[現]암말,
　　　　　　　　◇◇◇
　　　　　　　　암물[명]: 암말(말의 암컷).

[8b]懷駒馬, [諺]삿기 빈 물,
[現]새끼 밴 말,
◇◇◇
삿기 빈 물[명]: 새끼 밴 말.
빈다1[동]: 배다, 잉태하다.

環眼馬, [諺]골회눈물,
[現]고리눈말,
◇◇◇
골회눈물[명]: 고리눈말(고리눈을 가진 말).

劣馬, [諺]ᄀ래ᄂᆞᆫ 물,
[現]가래는 말,
◇◇◇
ᄀ래ᄂᆞᆫ 물[명]: 가래는 말.

這馬牛行花塔步, [諺]이 물이 쇠거름 ᄀᆞ티 즈늑즈늑 것ᄂᆞ다,
[現]이 말이 소걸음 같이 느릿느릿하게 걷습니다.
◇◇◇
쇠거름[명]: 소걸음(느릿느릿 걷는 걸음).
것다[동]: 걷다.

又竄行的馬, [諺]쏘 잘 걷는 물,
[現]또 잘 걷는 말,

鈍馬, [諺]쯘 물,
[現]느린 말,
◇◇◇
쯔다[형]: 뜨다, 느리다, 둔하다.
쯘 물[명]: 느린 말, 뜬 말, 둔한 말.

眼生馬，   [諺]놀라는 물,
           [現]놀라기를 잘하는 말,
           ◇◇◇
           놀라는 물[명]: 놀라기를 잘하는 말.
撒蹶的馬， [諺]뻬는 물,
           [現]비트적거리는 말,
           ◇◇◇
           뻬다[동]: 비트적거리다.
前失的馬， [諺]앏 거티는 물,
           [現]앞발을 저는 말,
           ◇◇◇
           앏[명]: 앞.
           거티다[동]: 절다, 넘어지다, 고꾸라지다.
口硬馬，   [諺]아귀 센 물,
           [現]고집이 센 말,
           ◇◇◇
           아귀[명]: 입아귀, 주둥이.
           아귀 센 물[명]: 억센 말, 고집이 센 말.
口軟馬，   [諺]아귀 므른 물,
           [現]온순한 말,
           ◇◇◇
           므르다1[형]: 무르다.
           아귀 므른 물[명]: 온순한 말.
這些馬裏   [諺]이들 쏨에,
頭，   [現]이들 중에
歹的十箇， [諺]사오나오니 열히니,
           [現]나쁜 말이 열 마리이니

一箇瞎，	[諺]ᄒ나흔 눈 멀고,
	[現]하나는 눈이 멀고
一箇跛，	[諺]ᄒ나흔 ᄒ 발 절고,
	[現]하나는 한 발이 절고
一箇蹄歪，	[諺]ᄒ나흔 굽 기울고,
	[現]하나는 발굽이 기울이고

◇◇◇

기울다[동]: 기울이다, 기우뚱거리다.

| 一箇磨硯， | [諺]ᄒ나흔 ᄀ리고, |
| | [現]하나는 발굽이 갈렸고 |

◇◇◇

ᄀ리다[동]: 갈리다, 닳다.

[9a]一箇打	[諺]ᄒ나흔 등 헐고,
破脊梁，	[現]하나는 등이 헐었고
一箇熟瘸，	[諺]ᄒ나흔 지페디고,
	[現]하나는 다리를 절고

◇◇◇

지페디다[동]: 다리를 절름거리다, 다리를 절다.

| 一箇疥， | [諺]ᄒ나흔 비ᄅ먹고, |
| | [現]하나는 비루먹었고 |

◇◇◇

비ᄅ[명]: 비루(개나 말, 나귀 따위의 피부가 헐고 털이 빠지는 병).

비ᄅ먹다[동]: 비루먹다, 비루 오르다.

| 三箇瘦。 | [諺]세흔 여위니. |
| | [現]셋은 여위었습니다. |

只有五箇好馬。　　[諺]다믄 다숫 됴흔 물이 잇다.
　　　　　　　　　[現]좋은 말은 다만 다섯 마리가 있습니다.
　　　　　　　　　◇◇◇
　　　　　　　　　다믄[부]: 다만, 오로지.

62. 你這馬相滾着要多少價錢

你這馬，　　　　[諺]네 이 몰을,
　　　　　　　　[現]당신의 이 말들을
好的歹的，　　　[諺]됴후니 사오나오니,
　　　　　　　　[現]좋은 말, 나쁜 말,
大的小的，　　　[諺]크니 쟈그니,
　　　　　　　　[現]큰 말, 작은 말,
相滾着，　　　　[諺]모도와,
　　　　　　　　[現]합해서
要多少價錢？　　[諺]언머 갑슬 밧고져 ᄒᆞᄂᆞ다?
　　　　　　　　[現]얼마를 받고자 합니까?
一箇家說了價錢。　[諺]ᄒᆞ나식 갑슬 니ᄅᆞ라.
　　　　　　　　[現]하나씩 값을 말하십시오.
通要一百四十兩銀子。　[諺]대되 一百四十兩 은을 바드려 ᄒᆞ노라.
　　　　　　　　[現]모두 일백사십 냥 은자를 받으려고 합니다.
[9b]你說這般價錢怎麽？　[諺]네 이런 갑슬 닐러 므슴ᄒᆞ려 ᄒᆞᄂᆞ다?
　　　　　　　　[現]당신은 이런 값을 말해 무엇하려고 합니까?
你只說賣的價錢，　[諺]네 그저 풀 갑슬 니ᄅᆞ라.
　　　　　　　　[現]당신은 그저 팔 값을 말하십시오.

沒來由這般 胡討價錢。	[諺]속졀업시 이리 간대로 갑슬 쇠오ᄂᆞ다. [現]속절없이 이렇게 함부로 값을 에누리하는구나.

◇◇◇

쇠오다[동]: 꾀다, 에누리하다.
-ᄂᆞ다2[어미]: 예스러운 표현으로 동사, 형용사 어간에 붙어, 현재 사건이나 사실을 서술하는 뜻을 나타내는 종결 어미. -는다.

我不是矯商 量的。	[諺]내 너모 혜아리는 이 아니라. [現]나는 너무 계산하는 사람이 아닙니다.
你說的是 時,	[諺]네 닐옴이 올흐면, [現]당신의 말씀이 옳으면
兩三句話,	[諺]두세(서) 말애도, [現]두세 말을 해도
交易便成 了。	[諺]흥졍이 즉재 일 쩌시니. [現]매매가 즉시 이루어질 것입니다.

◇◇◇

흥졍[명]: 흥정, 장사, 매매.
즉재[부]: 즉시, 곧, 바로, 당장.
일다2[동]: 이루어지다, 되다.

不要你這般 胡討價錢,	[諺]네 이리 간대로 갑슬 바드려 말라. [現]당신은 이렇게 함부로 값을 받으려고 하지 마십시오.
怎麼還你的 是？	[諺]엇디 너를 주어야 올ᄒᆞ료? [現]어찌 당신한테 주어야 옳겠습니까?
牙子說,	[諺]즈름이 닐오되, [現]주릅이 이르되
客人們,	[諺]나그내니, [現]나그네들,

[10a]你不要　　[諺]네 ᄀ장 너모 바드려 말라.
十分多討,　　[現]당신은 너무 많이 받으려고 하지 마십시오.
你兩箇枉自　　[諺]너희 둘히 쇽졀업시 일우디 못ᄒ리로다.
成不得。　　　[現]당신 둘이서 속절없이 이루지 못할 것입니다.
　　　　　　　◇◇◇
　　　　　　　일우다[동]: 이루다.

我是箇牙　　[諺]나는 즈름이니,
家,　　　　[現]나는 주릅이니
也不向買　　[諺]또 살 님자도 셔디 아니ᄒ며,
主,　　　　[現]또 살 임자에게도 편들지 아니하며
　　　　　　◇◇◇
　　　　　　셔다[동]: (어떤 위치나 입장에) 서다, 편들다.

也不向賣　　[諺]또 폴 님자도 셔디 아니ᄒ야,
主,　　　　[現]또 팔 임자에게도 편들지 아니하여
我只依直　　[諺]내 다믄 바른 대로 니ᄅ리라.
說,　　　　[現]나는 다만 바른 대로 말하겠습니다.
你要一百四　[諺]네 一百四十兩 은을 바드려 ᄒ면,
十兩銀子　　[現]당신은 일백사십 냥 은자를 받으려고 하면
時,
這五箇好　　[諺]이 다ᄉᆞᆺ 됴ᄒᆞᆫ ᄆᆞᆯ과,
馬,　　　　[現]이 다섯 마리 좋은 말과
十箇歹馬,　 [諺]열 사오나온 ᄆᆞᆯ,
　　　　　　[現]열 마리 나쁜 말을
你筭多少?　 [諺]네 언머식 혜ᄂᆞᆫ다?
　　　　　　[現]당신은 얼마씩 계산합니까?

這五箇好	[諺]이 다숫 됴흔 물게는,
馬,	[現]이 다섯 마리 좋은 말에게는
	◇◇◇
	-게3[조]: -에게.
[10b]我筭的	[諺]내 혜옴은 예슌 냥이오,
該六十兩;	[現]내가 계산한 것은 예순 냥이고
	◇◇◇
	예슌[수][관]: 예순.
這十箇歹	[諺]이 열 사오나온 물게는,
馬,	[現]이 열 마리 나쁜 말에게는
我筭的該	[諺]내 혜옴은 여든 냥이라.
八十兩。	[現]내가 계산한 것은 여든 냥입니다.
似這般價	[諺]이러툿 갑세는,
錢,	[現]이렇듯한 값으로는
其實賣不	[諺]진실로 푸디 못ᄒ리로다.
得。	[現]진실로 팔지 못할 것입니다.
如今老實的	[諺]이제 고디식흔 갑슬,
價錢,	[現]이제 진실한 값을
	◇◇◇
	고디식ᄒ다[형]: 진실하다.
說與你。	[諺]네ᄃ려 니를 써시니,
	[現]당신한테 말할 것이니
兩家依着我	[諺]둘히 내 말을 조차,
說,	[現]두 사람은 내 말을 따라
交易了如	[諺]흥졍호미 엇더ᄒ뇨?
何?	[現]매매를 마치는 것이 어떠합니까?

63. 我且聽你之的價錢

我且聽你之的價錢。	[諺]내 아직 네 뎡흔 갑슬 드르마. [現]내가 일단 당신이 정한 값을 듣겠습니다.
這五匹好馬,	[諺]이 닷 빌 됴흔 물게는, [現]이 다섯 마리 좋은 말에게는 ◇◇◇ 빌[의]: 필(匹), 말이나 소를 세는 단위.
[11a]每一匹八兩銀子,	[諺]민 훈 필의 여둛 냥 은식 호면, [現]매 한 마리에 여덟 냥 은자씩 하면 ◇◇◇ 여둛[수][관]: 여덟.
通該四十兩;	[諺]대되 마은 냥이오, [現]모두 마흔 냥이고,
這十箇歹馬,	[諺]이 열 사오나온 물게는, [現]이 열 마리 나쁜 말에게는
每一箇六兩銀子,	[諺]민 호나히 엿 냥 은식 호면, [現]매 하나에 엿 냥 은자씩 하면
通該六十兩。	[諺]대되 예순 냥이니. [現]모두 예순 냥입니다.
共通一百兩,	[諺]대되 一百 냥이니, [現]모두 일백 냥이니
成了罷。	[諺]흥정호미 므던호다. [現]흥정이 마쳐도 무던합니다.

似你這般之 價錢,	[諺]네 이리 뎡훈 갑 곳트면, [現]당신이 이렇게 값을 정하면	

◇◇◇

곳트다[형]: 같다.

就是高麗地 面裏, 也買不得!	[諺]곳 高麗ㅅ 싸히셔도, [現]곧 고려의 땅에서도 [諺]쏘 사디 못ᄒ리라. [現]또 사지 못할 것입니다.
那裏是實要 買馬的!	[諺]어듸 진실로 물 사고져 ᄒᄂ 이고, [現]어디 진실로 말 사고자 하는 사람이고
[11b]只是胡 商量的。	[諺]그저 간대로 혜아리는 이로괴야. [現]그저 함부로 계산하는 사람이로구나.
這箇客人,	[諺]이 나그내, [現]이 나그네,
你說甚麼 話!	[諺]네 므슴 말을 니ᄅᄂ다? [現]당신은 무슨 말을 합니까?
不買時害風 那?	[諺]사디 아니ᄒ면 ᄇᄅᆷ 쐬이랴? [現]사지 아니하면 바람 쐬러 왔겠는가?

◇◇◇

ᄇᄅᆷ2[명]: 바람.

쐬이다2[동]: (바람) 쐬다.

做甚麼来這 裏商量?	[諺]므슴아라 예 와 혜아리리오? [現]무엇 때문에 여기에 와서 상의합니까?

64. 這馬恰纔牙家之來的價錢還虧着我了

這馬恰纔牙家 之来的價錢,	[諺]이 물을 앗가 즈름의 뎡흔 갑시, [現]조금 전에 주릅이 정한 이 말들의 값이

| 還虧着我了。 | [諺]다홈 내게 셜웨라. |
| | [現]도리어 내게 손해입니다. |

◇◇◇

다홈[부]: 그래도, 도리어, 또한.
셟다[형]: 섧다, (손해를 봐서) 섭섭하다.

你這般的價錢不賣,	[諺]네 이런 갑시 ᄑᆞ디 아니ᄒᆞ고,
	[現]당신은 이런 값으로 팔지 아니하고
你還要想甚麼?	[諺]네 다홈 므서슬 싱각ᄒᆞᄂᆞ다?
	[現]당신은 도리어 무엇을 생각합니까?
你兩家休只管叫喚,	[諺]너희 둘히 슬리야 짓궤(궤)디 말고,
	[現]당신 둘이서 함부로 지껄이지 말고

◇◇◇

슬리야[부]: 함부로, 마음대로, 그저, 다만.
짓궤다[동]: 짓괴다, 지껄이다, 외치다, 소리 지르다.

[12a]買的添些箇,	[諺]사리ᄂᆞᆫ 져기 더ᄒᆞ고,
	[現]살 사람은 조금 더해주고
賣的減了些箇。	[諺]ᄑᆞ리ᄂᆞᆫ 져기 덜고,
	[現]팔 사람은 조금 덜어주고
再添五兩,	[諺]다시 닷 냥만 더ᄒᆞ면,
	[現]다시 닷 냥만 더하면
共一百零五兩,	[諺]대되 一百 량이오, ᄯᅳ니 닷 냥(냥)이니,
	[現]모두 일백 냥이고 우수리는 닷 냥이니

◇◇◇

ᄯᅳᆫ3[명]: 우수리, 끝수, 나머지, 정수에 차지 못할 것.

| 成交了罷! | [諺]흥졍 ᄆᆞᄎᆞ미 므던ᄒᆞ니. |
| | [現]흥정이 마치는 것이 무방하겠습니다. |

天平地平。	[諺]天平 地平이로나.
	[現]하늘도 공평하고 땅도 공평합니다.
買主你不添價錢,	[諺]살 님재, 네 갑슬 더ᄒᆞ디 아니면,
	[現]살 임자, 당신은 값을 더하지 아니면
也買不得,	[諺]ᄯᅩ 사디 못ᄒᆞ고,
	[現]또 사지 못하고
賣主多拮望價錢,	[諺]풀 님재 갑슬 만히 ᄇᆞ라면,
	[現]팔 임자가 값을 많이 바라면
也賣不得。	[諺]ᄯᅩ ᄑᆞ디 못ᄒᆞ리라.
	[現]또 팔지 못할 것입니다.
邊頭立地閑看的人說,	[諺]ᄀᆞ애 셔셔 힘힘히 보는 사ᄅᆞᆷ이 닐오되,
	[現]옆에 서서 부질없이 보는 사람이 이르되,
	◇◇◇
	ᄀᆞ[명]: 가, 변두리, 가장자리, 옆.
	힘힘히[부]: 부질없이, 한가히, 심심히.
[12b]這牙家說的價錢,	[諺]이 즐음 닐으는 갑시,
	[現]이 주릅이 말하는 값이
	◇◇◇
	즐음[명]: 주릅, 중개인.
	닐으다[동]: 이르다, 말하다.
正是本分的言語。	[諺]졍히 고ᄃᆞᆫ 말이로다.
	[現]정말로 올바른 말입니다.
	◇◇◇
	곧다[형]: 올바르다.
罷罷,	[諺]두워. 두워,
	[現]두십시오. 두십시오.

咱們只依牙家的言語成了罷。	[諺]우리 그저 즐음의 말대로 뭇츠미 므던ᄒ다.	
	[現]우리 그저 주릅의 말대로 마치는 것이 무방합니다.	
既這般時，	[諺]임의 이러ᄒ면,	
	[現]이미 이렇다면	
價錢還虧着我。	[諺]갑시 다홈 내게 셜웨라.	
	[現]값이 그래도 나에게 손해입니다.	

65. 低銀子不要與我

只是一件，	[諺]다만 ᄒ가지ᄂᆞᆫ,	
	[現]다만 한가지는	
低銀(好)子不要與我，	[諺]ᄂᆞ존 은으란 날 주디 말고,	
	[現]낮은 은자를 나한테 주지 말고	
	◇◇◇	
	ᄂᆞᆺ다[형]: 낮다.	
好銀子與我些。	[諺]됴ᄒᆞᆫ 은을 날 주고려.	
	[現]좋은 은자를 나한테 주십시오.	
咳低銀我也沒。	[諺]해! ᄂᆞ존 은ᄂᆞᆫ 내게도 업고,	
	[現]아이구! 낮은 은자는 나한테도 없고	
	◇◇◇	
	해[감]: 아이구! 아이참! 허!	
[13a]我的都是細絲官銀。	[諺]내 하ᄂᆞᆫ 다 細絲官銀이라.	
	[現]내 것은 다 순도가 10할인 관제 은자입니다.	
	◇◇◇	
	내3: 나의.	
	관은[명]: 관은(官銀), 관제 은자.	

既是好銀時，	[諺]임의 됴흔 銀이라 ᄒ면,
	[現]이미 좋은 은자라고 하면
咱先看了銀子，	[諺]우리 몬져 은을 보고,
	[現]우리 먼저 은자를 보고
寫契。	[諺]글월 쓰쟈.
	[現]매매 계약서를 씁시다.

◇◇◇

글월2[명]: 글월, 매매 계약서.

這們便布帒裏取銀子来，	[諺]이러면 布帒엣 銀을 가져다가,
	[現]이렇다면 베자루에 있는 은자를 가져다가

◇◇◇

포대[명]: 포대(布帒), 베자루.

着牙人先看。	[諺]즐음으로 몬져 뵈라.
	[現]주릅한테 먼저 보여주십시오.
你賣主自家看，	[諺]너 ᄑᆞ는 님재 손조 보라.
	[現]당신 파는 임자가 직접 보십시오.
裏頭沒有一錠兒低的。	[諺]소개 흔 덩이도 ᄂᆞᄌᆞ니 업스니라.
	[現]속에 낮은 은자가 한 덩이도 없습니다.
這銀子雖是看了，	[諺]이 은을 비록 보나,
	[現]이 은자를 비록 봤으나
真假我不識。	[諺]真假를 내 아디 못ᄒ니,
	[現]진짜와 가짜를 내가 모르니
你記認着，	[諺]네 보람 두라.
	[現]당신이 기호를 두십시오.

◇◇◇

보람[명]: 서명, 기호.

[13b]久後使不得時，	[諺]오랜 후의 쓰디 못ᄒ면,
	[現]오랜 후에 쓰지 못하면

我只問牙家換。 　[諺]내 그저 즐음ᄃ려 무러 밧고리라.
　　　　　　　[現]내가 그저 주릅한테 물려 바꿀 것입니다.
我有認色了, 　[諺]내 보람을 두어시니,
　　　　　　　[現]내가 기호를 두었으니
不揀幾時要換。[諺]아모제라 업시 밧고리라.
　　　　　　　[現]아무때라도 없이 바꿀 것입니다.
　　　　　　　◇◇◇
　　　　　　　아모제[명]: 아무때.

66. 文契着誰寫

文契着誰寫? 　[諺]글월을 눌(늘)로 하여 쓰이료?
　　　　　　　[現]매매 계약서는 누구를 시켜서 씁니까?
　　　　　　　◇◇◇
　　　　　　　눌: 누구를.
牙家就寫。　　[諺]즐음이 임의셔 쓰라.
　　　　　　　[現]주릅이 곧 쓰십시오.
這契寫時, 　　[諺]이 글월을 쓰면,
　　　　　　　[現]이 매매 계약서를 쓰면
一総寫麽? 　　[諺]ᄒᆞᆫ듸 쓰랴?
　　　　　　　[現]한군데 쓸까요?
分開着寫, 　　[諺]눈화 쓰고,
　　　　　　　[現]나눠 쓰고
休総寫。　　　[諺]ᄒᆞᆫ듸 쓰디 말라.
　　　　　　　[現]한군데 쓰지 마십시오.
総寫時, 　　　[諺]ᄒᆞᆫ듸 쓰면,
　　　　　　　[現]한군데 쓰면

怎麽轉賣與人？	[諺]엇디 옴겨 프라 눔을 주리오? [現]어찌 옮겨 팔아 남한테 줍니까?
你各自寫着。	[諺]네 각각 쓰라. [現]당신은 각각 쓰십시오.
[14a]你這馬是一箇主兒的那?	[諺]네 이 물이 흔 님자의 것가? [現]당신의 이 말들이 한 임자의 것인가요?
是各自的？	[諺]이 각각 치가? [現]각각의 것인가요? ◇◇◇ 치[의]: 것(어떠한 특성을 가진 물건 또는 대상).
這馬是四箇主兒的,	[諺]이 물이 네 님자의 거시니, [現]이 말들이 네 임자의 것이니
各自有數目,	[諺]각각 數目이 잇느니라. [現]각각 수목(數目)이 있습니다.
你從頭寫我的馬契。	[諺]네 첫머리로 내 물 글월을 쓰라. [現]당신은 첫 번째로 내 말 매매 계약서를 쓰십시오.
你的馬是家生的那元買的？	[諺]네 물이 집의셔 나힌 이가? 본디 사니가? [現]당신의 말은 집에서 낳게 한 말인가요? 원래 산 것인가요? ◇◇◇ 나히다[동]: 낳게 하다.
我的是元買的。	[諺]내 하는 본디 사니라. [現]내 것은 본래 산 것입니다.
你在那裏住？	[諺]네 어디이셔 살며, [現]당신은 어디에서 살며

姓甚麽？　　[諺]셩이 므섯고?
　　　　　　[現]성은 무엇입니까?
我在遼東城　[諺]내 遼東 잣 안해셔 사노라.
裏住，　　　[現]나는 요동(遼東) 성 안에서 삽니다.
姓王，　　　[諺]셩이 王개니,
　　　　　　[現]성은 왕(王)가이니
[14b]寫着王　[諺]王 아뫼라 쓰라.
某着。　　　[現]왕 아무개라고 쓰십시오.
　　　　　　◇◇◇
　　　　　　아뫼[대]: 아무개.

67. 我寫了這一箇契了我讀你聽

我寫了這一　[諺]내 이 흔 글월 쓰과라.
箇契了，　　[現]나는 이 매매 계약서 하나를 썼습니다.
我讀你聽，　[諺]내 닐거든 네 드르라.
　　　　　　[現]내가 읽고 당신이 들으십시오.
遼東城裏住　[諺]遼東 잣 안해셔 사는 사룸 王 아뫼,
人王某，　　[現]요동(遼東) 성 안에서 사는 사람 왕 아무개가,
今爲要錢使　[諺]이제 돈 쓰고져 ᄒᆞ야,
用，　　　　[現]이제 돈을 쓰고자 하여
遂將自己　　[諺]드듸여 내 본듸 사온,
(已)元買　　[現]드듸여 자기 본래 사온
到，　　　　◇◇◇
　　　　　　드듸여[부]: 드디어.
　　　　　　내2: 자기가, 자기는.

赤色騸馬一匹年五歲,	[諺]졀다 악대물 혼 필이 나히 다숩이오, [現]거세한 절따말 한 마리, 나이가 다숩이고 ◇◇◇ 다숩[명]: 소, 말, 개 따위의 다섯 살을 이르는 말.
左腿上有印記,	[諺]왼녁 뒷다리 우희 인 마존 보람 잇ᄂ니를, [現]왼쪽 뒷다리 위에 인이 찍힌 기호가 있는 말을
憑京城牙家羊市角頭街北住坐張三,	[諺]京城 즈름ᄒᄂ 양 져제 거리 븍녁킈셔 사ᄂ 張三을 의빙ᄒ여, [現]경성(京城) 주릅하는 양시장 거리 북쪽에서 사는 장삼(張三)에 의거하여 ◇◇◇ 의빙ᄒ다[동]: 의빙(依憑)하다, 의거하다.
[15a]作中人,	[諺]中人을 삼아, [現]주릅으로 삼아 ◇◇◇ 중인[명]: 중인(中人), 주릅, 중개인.
賣與山東濟南府客人李五,	[諺]山東 濟南府엣 나그내 李五의게 ᄑᆞ라 주어, [現]산동(山東) 제남부(濟南府)에 있는 나그네 이오(李五)에게 팔아 주어
永遠爲主。	[諺]永遠히 님자 삼아. [現]영원히 임자로 삼아
兩言議㝎,	[諺]두 녁 말로 議㝎ᄒ야, [現]두 쪽 말로 의정(議定)하여 ◇◇◇ 의정ᄒ다[동]: 의정(議定)하다, 상의하다.
時直價錢,	[諺]時直 갑스로, [現]시세 값으로 ◇◇◇ 시직[명]: 시직(時直), 시가, 시세.

白銀十二　　　［諺］십푼은 열두 냥애 ᄒᆞ야,
兩,　　　　　［現］10할인 은자 열두 냥으로 하여
　　　　　　　◇◇◇
　　　　　　　십푼은[명]: 십분의 은자(순도 10할인 은자).
其銀立契之　　［諺］그 은을 글월ᄒᆞᆫ 날의,
日,　　　　　 ［現］그 은자를 매매 계약서를 쓴 날에
一弁交足,　　 ［諺］홈ᄭᅴ 주믈 츠게 ᄒᆞ고,
　　　　　　　［現］함께 주기 충분히 하고
外沒欠少。　　［諺］ᄯᅩ로 ᄲᅥ디미 업게 ᄒᆞ리라.
　　　　　　　［現］따로 모자라는 일이 없게 할 것입니다.
　　　　　　　◇◇◇
　　　　　　　ᄲᅥ디다2[동]: 모자라다, 차이 나다.
如馬好歹,　　 ［諺］ᄒᆞ다가 ᄆᆞᆯ의 됴쿠즘으란,
　　　　　　　［現］만일 말의 좋음과 궂음은
　　　　　　　◇◇◇
　　　　　　　됴쿠즘[명]: 좋음과 궂음.
買主自見。　　［諺］살 님재 제 보고.
　　　　　　　［現］살 임자 본인이 보고
如馬来歷不　　［諺］ᄒᆞ다가 ᄆᆞᆯ의 来歷이 不明ᄒᆞ거든,
明,　　　　　 ［現］만일 말의 내력(来歷)이 불명(不明)하면
[15b]賣主一　 ［諺］ᄑᆞᄂᆞᆫ 님재 혼자 맛드리라.
面承當。　　　［現］파는 임자가 혼자 담당할 것입니다.
　　　　　　　◇◇◇
　　　　　　　맛ᄃᆞ다[동]: 맡다, 담당하다.
成交已　　　　［諺］훙졍 ᄆᆞ촌 후에,
（巳）後,　　 ［現］매매를 마친 후에

各不許番悔。	[諺]각각 므르기를 허티 마쟈.
	[現]각각 무르기를 허락하지 맙시다.
	◇◇◇
	므르다2[동]: (흥정을) 무르다.
	허ᄒᆞ다[동]: 허하다, 허락하다.
如先悔的,	[諺]ᄒᆞ다가 몬져 므르는 이란,
	[現]만일 먼저 무르고자 하는 사람은
罰官銀五兩,	[諺]구의 나기 은 닷 량을 벌ᄒᆞ야,
	[現]관제 은자 닷 냥을 벌금으로 하여
	◇◇◇
	벌ᄒᆞ다[동]: 벌하다, 벌주다.
與不悔之人,	[諺]므르쟈 아니 ᄒᆞ는 사ᄅᆞᆷ 주어,
	[現]무르고자 안 하는 사람한테 주어
使用無詞。	[諺]쁘게 ᄒᆞ야도 잡말 못ᄒᆞ리라.
	[現]쓰게 해도 잡말을 못할 것입니다.
	◇◇◇
	못ᄒᆞ다2[동]: 못하다.
恐後無憑,	[諺]후에 의빙홀 ᄃᆡ 업슬가 저허,
	[現]후에 의거할 곳이 없을까 두려워해서
故立此文契爲用者。	[諺]부러 이 문긔를 ᄆᆡᆼ그라 쁘게 ᄒᆞ노라.
	[現]일부러 이 계약서를 만들어 쓰게 합니다.
	◇◇◇
	문긔[명]: 문서, 매매, 계약서.
某年月日,	[諺]아모 ᄒᆡ 아모 ᄃᆞᆯ 아모 날,
	[現]아무 해 아무 달 아무 날,
立契人王某押,	[諺]글월 ᄆᆡᆼᄀᆞᆫ 사ᄅᆞᆷ 王 아모 일홈 두고,
	[現]계약서 만든 사람 왕 아무개 이름을 적고

[16a]牙人張　　[諺]즈름 張 아뫼 일홈 두엇다.
某押。　　　　[現]주릅 장 아무개 이름을 적었습니다.
其餘的馬　　　[諺]그 나믄 믈 글월도,
契,　　　　　[現]그 남은 말들의 매매 계약서도
都寫了也。　　[諺]다 써다.
　　　　　　　[現]다 썼습니다.

68. 咱們箅了牙稅錢着

咱們箅了牙　　[諺]우리 즈(스)름잡, 글월 벗길 잡 혜아리쟈.
稅錢着。　　　[現]우리 중개료, 매매 계약서 세금을 계산합시다.
　　　　　　　◇◇◇
　　　　　　　즈름잡[명]: 즈름값, 중개료.
　　　　　　　벗기다[동]: (문서나 증서를) 베끼다, 작성하다.
　　　　　　　글월 벗길 잡: 세금, 대서료, 매매 계약서 작성료,
　　　　　　　매매 문서를 작성할 값.
舊例買主管　　[諺]舊例예ᄂ 살 님재 글월 벗길 잡슬 ᄀᆞ음알고,
稅,　　　　　[現]전례에는 살 임자가 계약서 세금을 처리하고
　　　　　　　◇◇◇
　　　　　　　구례[명]: 구례(舊例), 전례, 선례.
賣主管牙　　　[諺]풀 님재 즈름갑슬 ᄀᆞ음아ᄂᆞ니.
錢。　　　　　[現]팔 임자가 중개료를 처리한답니다.
你各自箅將　　[諺]네 각각 즈름갑, 글월잡슬 혜라.
牙稅錢来。　　[現]당신들이 각각 중개료와 계약서 세금을 계산하
　　　　　　　십시오.
我這一百零　　[諺]우리 이 一百이오, 쓴이 닷 냥애,
五兩,　　　　[現]우리는 이 일백 냥과 우수리 닷 냥에

第四章 京城買賣

該多少牙稅錢？	[諺]히오니 즈름쌉, 글월 벗기는 갑시 얼머나 ㅎ뇨?
	[現]합하니 중개료와 계약서 세금을 얼마나 합니까?
你自筭，	[諺]이 손조 혜라.
	[現]당신이 손수 계산하십시오.
一兩該三分，	[諺]혼 냥애(이) 서 푼식이오,
	[現]한 냥에 서 푼씩이고
[16b]十兩該三錢，	[諺]열 냥애 서 돈식 ᄒ니,
	[現]열 냥에 서 돈씩 하니
一百零五兩，	[諺]一百이오, 쁜 닷 냥애,
	[現]일백이고 우수리 닷 냥에
牙稅錢該三兩一錢五分。	[諺]즈름갑, 글월갑시 ᄒ오니 석 냥 혼 돈 오 푼이로소니.
	[現]중개료와 계약서 세금을 합하니 석 냥 한 돈 오 푼이 듭니다.

◇◇◇

ᄒ오다[동]: 아우르다, 합하다, 합치다.

牙稅錢都筭了。	[諺]즈름갑, 글월갑슬 다 혜어다.
	[現]중개료와 계약서 세금을 다 계산했습니다.
我這馬契，	[諺]우리 이 ᄆᆞᆯ 글월을,
	[現]우리 이 말 계약서 세금을
幾時稅了？	[諺]언제 벗기료?
	[現]언제 낼까요?
這的有甚麽難？	[諺]이야 므슴 어려움이 이시리오?
	[現]이거야 무슨 어려움이 있습니까?
你着一箇火伴，	[諺]네 ᄒᆞᆫ 벗으로 ᄒᆞ여,
	[現]당신은 벗 한 명으로 하여금

跟我去来，	[諺]날 조차 가,
	[現]나를 따라 가서
到那裏便了。	[諺]뎨 가면 곳 ᄒ리라.
	[現]저기에 가면 곧 할 것입니다.
更不時，	[諺]쏘 그리 아니커든,
	[現]또 그렇게 아니하면
[17a]你都只這裏等侯着，	[諺]너희 다 그저 예셔 기ᄃ리라.
	[現]당신들은 다 그저 여기서 기다리십시오.
我去稅了，	[諺]내가 벗겨,
	[現]내가 가서 내어
送將來與你。	[諺]보내여 너늘 주마.
	[現]당신한테 보내 주겠습니다.

69. 這箇馬元來有病

我不曾好生看，	[諺]내 일즙 ᄀ장 보디 아(이)니ᄒ엿더니,
	[現]내가 일찍 잘 보지 아니하였더니
這箇馬元来有病！	[諺]이 ᄆ리(어) 본ᄃ 병이 잇고나!
	[現]이 말이 원래 병이 있구나!
有甚麼病？	[諺]므슴 병이 잇ᄂ뇨?
	[現]무슨 병이 있습니까?
那鼻子裏流齈，	[諺]뎌 코히셔 코 흐르니,
	[現]저 코에서 콧물이 흐르니

◇◇◇

콩[명]: 코.

코[명]: 코, 콧물.

是癢馬,	[諺]코 내는 물이로고나!	
	[現]콧물 내는 말이로구나!	
我怎麼敢買將去?	[諺]내 엇디 감히 사 가져가리오?	
	[現]내가 어찌 감히 사 가져갑니까?	
不爭將去時,	[諺]므더니 녀겨 가져가면,	
	[現]대수롭지 않게 여겨 가져가면	

◇◇◇

므더니[부]: 무던히, 대수롭지 않게.

連其餘的馬,	[諺]다른 물조차,	
	[現]다른 말까지	

◇◇◇

-조차[조]: -마저, -도, -까지.

都染的壞了。	[諺]다 뎐염ᄒ여 해야디리로다.	
	[現]다 전염되어 병나겠습니다.	

◇◇◇

뎐염ᄒ다[동]: 전염하다.
해야디다1[동]: 탈나다, 병나다.

[17b]這們的你要番悔?	[諺]이러면 네 므르고져 ᄒᄂ다?	
	[現]이렇다면 당신은 무르고자 합니까?	

◇◇◇

므르다1[동]: (흥정을) 무르다.

我委實不要。	[諺]내 진실로 말고져 ᄒ노라.	
	[現]나는 정말로 말고자 합니다.	
你既不要時,	[諺]네 임의 마다 ᄒ면,	
	[現]당신이 이미 싫다 하면	
契上明白寫着,	[諺]글월에 明白키 써시되,	
	[現]계약서에 명백히 써 있으되	

如馬好歹，	[諺]ᄒᆞ다가 ᄆᆞᆯ의 됴홈구즘으란,
	[現]만일 말의 좋음과 궂음은
	◇◇◇
	됴홈구즘[명]: 좋음과 궂음.
買主自見。	[諺]살 님재 제 보고.
	[現]살 임자 자기가 보고
先悔的罰銀五兩。	[諺]몬져 믈으쟈 ᄒᆞᄂᆞ니란 은 닷 냥 벌ᄒᆞ쟈 ᄒᆞ얏ᄂᆞ니.
	[現]먼저 무르자고 하는 사람은 은자 닷 냥을 벌금으로 하자고 했습니다.
	◇◇◇
	믈으다[동]: (흥정을) 무르다.
官憑印信，	[諺]구의눈 인신을 밋고,
	[現]관청에서는 도장을 믿고
	◇◇◇
	인신[명]: 인신(印信), 인, 도장.
私憑要約。	[諺]ᄉᆞᄉᆞ는 언약을 미들 써시니.
	[現]사사(私事)는 언약을 믿을 것입니다.
	◇◇◇
	ᄉᆞᄉᆞ[명]: 사사(私事).
你罰下銀五兩，	[諺]네 은 닷 냥을 벌로 내여,
	[現]당신은 은자 닷 냥을 벌금으로 내서
與他賣主，	[諺]뎌 ᄑᆞᆫ 님자를 주고,
	[現]저 판 임자한테 무르고
[18a]悔将去便是，	[諺]믈러가면 곳 올커니ᄯᅥ녀?
	[現]가면 곧 옳지 않겠는가요?

不須惱懆。	[諺]구틔야 노ᄒᆞ야 말라.
	[現]구태여 성내어 하지 마십시오.
	◇◇◇
	구틔야[부]: 구태여, 반드시, 틀림없이.
	노ᄒᆞ다[동]: 노하다, 성내다.
這們時,	[諺]이러면,
	[現]이렇다면
你拿出這箇馬契來,	[諺]네 이 ᄆᆞᆯ 글월ᄅᆞᆯ 내여다가,
	[現]당신은 이 말 매매 계약서를 내어다가
問他們,	[諺]뎌들ᄃᆞ려 무러,
	[現]저 사람들한테 물어서
元之價錢內中,	[諺]처엄 뎡ᄒᆞᆫ 갑새셔,
	[現]처음 정한 값에서
	◇◇◇
	처엄[명][부]: 처음.
除了五兩銀子,	[諺]닷 냥 은을 더러 내여,
	[現]은자 닷 냥을 덜어 내어
做番悔錢,	[諺]므르는 갑새 혜고,
	[現]무르는 값으로 계산하고
扯了文契着。	[諺]글월 믜여ᄇᆞ리라.
	[現]매매 계약서를 찢어 버리십시오.
	◇◇◇
	믜여ᄇᆞ리다[동]: 찢어 버리다.
這箇馬悔了,	[諺]이 ᄆᆞᆯ 믈러다.
	[現]이 말을 물렀습니다.
該着八兩銀價錢。	[諺]히오니 은 여듧 냥 갑시니.
	[現]합하니 은자 여덟 냥 값입니다.

你要過的牙錢,	[諺]네 바다 잇ᄂᆞ 즈름 갑도,
	[現]당신이 받은 중개료도
通該着一錢二分,	[諺]모도와 ᄒᆞᆫ 돈 두 픈이니,
	[現]합해서 한 돈 두 푼이니

◇◇◇

픈[의]: 푼(한 돈의 십분의 일).

[18b]你却廻將來。	[諺]네 ᄯᅩ 도로 가져오라.
	[現]당신도 도로 가져오십시오.
那們時廻與你。	[諺]그러면 도로 너를 주마.
	[現]그렇다면 도로 당신한테 주겠습니다.
你都這裏等候着,	[諺]네 다 예셔 기들오라.
	[現]당신들은 다 여기서 기다리십시오.

◇◇◇

기들오다[동]: 기다리다.

我稅契去。	[諺]우리 글월 벗기라 가노라.
	[現]우리 계약서 세금을 내러 갑니다.
要甚麼等你,	[諺]므스ᄒᆞ라 너를 기들오료?
	[現]무엇하러 당신을 기다립니까?
我赶着馬,	[諺]우리 ᄆᆞᆯ 모라,
	[現]우리는 말을 몰아
下處允付草料去。	[諺]햐쳐에 草料 쟝만ᄒᆞ라 가노라.
	[現]숙소에 짚과 콩을 준비하러 갑니다.

◇◇◇

쟝만ᄒᆞ다[동]: 장만하다, 준비하다.

你稅了契時,	[諺]네 글월 벗겨든,
	[現]당신이 계약서 세금을 내면
到明日,	[諺]ᄂᆡ일 다ᄃᆞ라,
	[現]내일 다다라

我下處送来。	[諺]우리 햐쳐로 보내여라. [現]우리 숙소로 보내주십시오.	

◇◇◇

-여라2[어미]: '하다'나 '하다'가 붙는 형용사 어간 뒤에 붙어, 해라할 자리에 쓰여, 명령의 뜻을 나타내는 종결 어미.

相別散了。	[諺]서르 여희여 훗터디쟈. [現]서로 헤어져 흩어집시다.	

◇◇◇

여희다[동]: 여의다, 헤어지다, 이별하다.
훗터디다[동]: 흩어지다.

70. 我買些羊到涿州地面賣去

你這人蔘布匹,	[諺]네 이 人蔘과 布匹을, [現]당신의 이 인삼과 베를	

◇◇◇

포필[명]: 포필(布疋), 베.

[19a]不魯裴落,	[諺]일즙 디쳐 아니 ᄒᆞ야시니, [現]일찍 처치 안 했으니	
還有些時住裏。	[諺]당시롱 저기 머믈미 이실로다. [現]아직 저기 머무르는 시간이 있습니다.	
我別沒甚買賣,	[諺]내 다른 아므란 훙졍 업스니, [現]내가 다른 아무런 매매가 없으니	
比及你賣布的其間,	[諺]네 뵈 풀믈 미처 그 ᄉᆞ이예, [現]당신이 베 팔고 있는 사이에	
我買些羊,	[諺]내 羊을 사, [現]나는 양을 사서	

到涿州地面	[諺]涿州 싸히 가 폴라 가.
賣去。	[現]탁주(涿州) 땅에 팔러 갑니다.
走一遭迴	[諺]훈 디위(워) 듣녀오리라,
来,	[現]한 번 다녀와서
咱們商量別	[諺]우리 별로 살 貨物을 의논호딕 엇더ᄒᆞ뇨?
買貨物如	[現]우리 별도로 살 물품을 의논하되 어떻습니까?
何?	
這們時也	[諺]이러면 쏘 됴토다.
好。	[現]이렇다면 또 좋습니다.
你買羊時,	[諺]네 羊을 사거든,
	[現]당신이 양을 산다면
咱們一厲去	[諺]우리 흔딕 가쟈,
来,	[現]우리 함께 갑시다.
[19b]我也閑	[諺]나도 놀며 갑슬 보라 가쟈.
看價錢去。	[現]나도 놀면서 값을 보러 갑시다.
到街上立地	[諺]거리예 가 셔실 스아에,
的其間,	[現]거리에 나가 서 있는 사이에
一箇客人赶	[諺]흔 나그내 흔 무리 양을 모라 디나오거늘,
着一羣羊過	[現]한 나그네가 한 무리의 양을 몰아 지나오거늘
来。	◇◇◇
	디나오다[동]: 지나오다.
大哥,	[諺]큰형아!
	[現]큰형님!
你這羊賣	[諺]네 이 羊을 폴다?
麽?	[現]당신은 이 양들을 팝니까?
可知賣裏。	[諺]그리어니. 폴리라.
	[現]그렇습니다. 팔 것입니다.

你要買時,	[諺]네 사고져 커든,
	[現]당신은 사고자 한다면
咱們商量。	[諺]우리 의논ᄒᆞ쟈.
	[現]우리 의논합시다.

71. 量這些羊討這般大價錢

這箇羝羊,	[諺]이 수양,
	[現]이 숫양,
	◇◇◇
	수양[명]: 숫양.
臊胡羊,	[諺]아질개양,
	[現]양의 새끼,
	◇◇◇
	아질게양[명]: 양의 새끼.
羯羊,	[諺]악대양,
	[現]거세한 양,
	◇◇◇
	악대양[명]: 불깐 양, 거세한 양.
殺㸑羔兒,	[諺]염쇼삿기,
	[現]염소 새끼,
	◇◇◇
	염쇼삿기[명]: 염소 새끼.
母殺㸑,	[諺]암염쇼,
	[現]암염소,
[20a]共通要	[諺]모도아 언머 갑(깁)시 폴려 ᄒᆞᄂᆞ다?
多少價錢?	[現]합해서 얼마 값에 팔려고 합니까?
我通要三兩	[諺]내 대되 석 냥 은을 바드리라.
銀子。	[現]나는 모두 석 냥 은자를 받겠습니다.

量這些羊,	[諺]혜아리건대 이만짠 양에,
	[現]계산해 보면 이만한 양에
	◇◇◇
	이만짠[관]: 이만한, 이까짓.
討這般大價	[諺]이런 큰 갑슬 바드려 ᄒ면,
錢!	[現]이런 큰 값을 받으려고 한다면
好綿羊却賣	[諺]됴흔 소옴티양은 또 언머에 폴다?
多少?	[現]좋은 면양(綿羊)은 또 얼마에 팝니까?
	◇◇◇
	소옴티양[명]: 면양(綿羊).
討的是虛,	[諺]쇠오ᄂ니ᄂ 거즛 거시오,
	[現]에누리하는 것은 거짓 값이고
	◇◇◇
	거즛[명]: 거짓.
還的是實。	[諺]갑ᄂ이야 진짓 거시라.
	[現]갚는 것이야 진짓 값입니다.
你與多少?	[諺]네 언머나 줄다?
	[現]당신은 얼마나 주겠습니까?
你這們胡討	[諺]네 이리 간대로 갑슬 바드려 ᄒ니,
價錢,	[現]당신이 이렇게 함부로 값을 받으려고 하니
我還你多少	[諺]내 너를 언머나 갑파야 올홀고?
的是?	[現]나는 당신한테 얼마나 갚아야 옳겠습니까?
	◇◇◇
	갑프다[동]: 갚다, 지불하다.
你說的是。	[諺]네 니름도 올타.
	[現]당신의 말도 옳습니다.
這們便,	[諺]이러면,
	[現]이렇다면

[20b]我減了五錢着。　[諺]내 닷 돈만 덜오마.
　　　　　　　　[現]나는 닷 돈만 덜겠습니다.
◇◇◇
－오마[어미]: 예스러운 표현으로 동사나 형용사 어간 뒤에 붙어, 주로 일인칭 주어와 함께 쓰인다. 해라할 자리에 쓰여, 상대편에게 약속하는 뜻을 나타내는 종결 어미. －마.

你来,　　　[諺]이바!
　　　　　[現]여보시오!
◇◇◇
이바[감]: 이봐! 여보시오! 여봐라!

你休減了五錢。　[諺]네 닷 돈을 더디 말고,
　　　　　　　[現]당신은 닷 돈을 덜지 말고

你說老實價錢,　[諺]네 고디식흔 갑슬 니르면,
　　　　　　　[現]당신은 진실한 값을 말하면

只一句兒話還你,　[諺]그저 흔 말에 네게 갑프마.
　　　　　　　　[現]그저 한 마디로 당신에게 지불하겠습니다.
◇◇◇
－으마[어미]: 'ㄹ'을 제외한 받침 있는 동사 어간 뒤에 붙어, 해라할 자리에 쓰여, 상대편에게 약속하는 뜻을 나타내는 종결 어미.

我與你二兩銀。　[諺]내 너를 두 냥 은을 줄 쩌시니,
　　　　　　　[現]나는 당신에게 두 냥 은자를 줄 것이니

肯時便賣,　[諺]즐기거든 풀고,
　　　　　[現]좋다면 팔고

你不肯時赶將去罷。　[諺]네 즐겨 아니커든 모라가미 므던ᄒ다.
　　　　　　　　　[現]당신이 좋지 아니하면 몰아가도 괜찮습니다.

休要只說二　　[諺]다만 두 냥만 니르디 말고,
兩。　　　　　[現]다만 두 냥만 말하지 말고

你再添五　　　[諺]네 쪼 닷 돈만 더 ᄒ야든,
錢,　　　　　[現]당신이 또 닷 돈만 더하면

賣與你。　　　[諺]네게 풀마.
　　　　　　　[現]당신에게 팔겠습니다.

添不得。　　　[諺]더 주디 못ᄒ리로다.
　　　　　　　[現]더 주지 못할 것입니다.

[21a]肯時　　　[諺]즐기거든 즐기고,
肯,　　　　　　[現]좋으면 좋고
不肯時罷。　　 [諺]슬커든 말라.
　　　　　　　 [現]싫으면 마십시오.
　　　　　　　 ◇◇◇
　　　　　　　 슳다[형]: 싫다.

我是快性　　　[諺]나는 셩샌른 사름이니,
的。　　　　　[現]나는 성급한 사람이니
　　　　　　　◇◇◇
　　　　　　　샌ᄅ다[형]: (성격이) 빠르다, 곧, 시원시원하다,
　　　　　　　소탈하다.
　　　　　　　셩샌ᄅ다[형]: 성급하다.

撿好銀子　　　[諺]됴ᄒᆞᆫ 은을 굴히여 오라.
来,　　　　　 [現]좋은 은자를 가려서 오십시오.
臨晩也,　　　 [諺]나죵애 다ᄃᆞ라,
　　　　　　　[現]날이 늦음에
　　　　　　　◇◇◇
　　　　　　　나죵애: 날이 늦음에.
　　　　　　　다ᄃᆞ라다[동]: 다다르다, 이르다.

我濫賤賣與你。	[諺]내 너손딩 디워 프라 주마.	
	[現]나는 당신한테 싸게 팔아 주겠습니다.	

◇◇◇

-손딩2[조]: -에게, -한테.
디우다[동]: (값을) 싸게 하다, 갂다.

火伴,	[諺]벗아!
	[現]친구!
你再下處好去坐的着,	[諺]네 쏘(소) 햐쳐에 됴히 가 안자시라.
	[現]당신은 또 숙소에 잘 가서 앉아 계십시오.
我赶着羊,	[諺]내 양 모라,
	[現]나는 양을 몰아
到涿州賣了便迴来。	[諺]涿州 가 폴고 즉시 도라오리라.
	[現]탁주(涿州)에 가서 팔고 즉시 돌아오겠습니다.

72. 一發買緞子將去

我恰尋思来,	[諺]내 앗가 싱각ᄒᆞ니,
	[現]나는 아까 생각해보니
這幾箇羊也,	[諺]이 여러 양도,
	[現]이 여러 마리의 양들도
當走一遭。	[諺]ᄒᆞᆫ 디위 마가 든닐 거시니,
	[現]한 번 따져 다닐 것인데

◇◇◇

막다[동]: 따지다, 대조하다.

[21b]既要去時,	[諺]이믜 가려 ᄒᆞ면,
	[現]이미 가려고 한다면

我有些餘剩的銀子，	[諺]내게 나믄 은이 이시니,
	[現]나한테 남은 은자가 있으니
閑放着怎麽？	[諺]힘힘이 노하 두워 므슴ᄒᆞ료?
	[現]한가히 놓아 두어서 무엇하겠습니까?

◇◇◇

힘힘이[부]: 심심히, 한가히.

一發買段子將去。	[諺]이믜셔 비단 사(시) 가져가쟈.
	[現]곧 비단 사서 가져갑시다.
咱們鋪裏商量去来。	[諺]우리 푸ᄌᆞ에 혜아리라 가쟈.
	[現]우리는 가게에 상의하러 갑시다.

◇◇◇

푸ᄌᆞ[명]: 가게, 점포.

賣段子的大哥，	[諺]비단 ᄑᆞ는 큰형아!
	[現]비단 파는 큰형님!
你那天青胷背，	[諺]네 뎌 텬쳥빗쳬 흉븨흔 비단과,
	[現]당신의 저 천청(天青)색의 흉배 비단과

◇◇◇

빗ᄎ[명]: 빛, 빛깔.
텬쳥빗ᄎ[명]: 천청(天青)색, 한늘빛.
흉븨[명]: 흉배(가슴과 등을 아울러 이르는 말).

柳青膝欄，	[諺]류쳥빗쳬 무룹도리로 문흔 비단,
	[現]유록(柳绿)색의 스란 무늬를 한 비단,

◇◇◇

류쳥빗ᄎ[명]: 유청(柳青)색, 유록(柳绿)색.
무룹도리[명]: 슬란, 스란(치맛단에 금박을 박아 선을 두른 것).
문[명]: 문(紋), 무늬.

鴨綠界地
雲,
[諺]압두록빗체 벽드르헤 운문훈 비단,
[現]압록(鴨綠)색의 벽돌 구름무늬를 짜넣은 비단,
◇◇◇
압두록빗ㅊ[명]: 압록(鴨綠)색, 짙은 녹색.
벽드르ㅎ[명]: 벽돌.
운문ㅎ다[동]: 운문하다, 구름문을 짜넣다.

鸚哥綠寶相
花,
[諺]연초록빗체 보샹화 문흔 비단,
[現]연초록(軟草綠)색의 보상화 무늬를 짜넣은 비단,
◇◇◇
보샹화[명]: 보상화.

[22a]黑綠天
花嵌八寶,
[諺]연야토룩빗체 텬화의 팔보 써 흔 문엣 비단,
[現]흑록(黑綠)색의 천화 팔보를 상감한 무늬 비단,
◇◇◇
연야토룩빗ㅊ[명]: 흑록(黑綠)색, 짙은 녹색.
텬화[명]: 천화.
끼다[동]: 끼다, 끼우다, 상감하다.

草綠蜂赶
梅,
[諺]초록빗체 버리 믜화 뜨로는 문엣 비단,
[現]초록(草綠)색의 벌이 매화 따르는 무늬 비단,
◇◇◇
믜화[명]: 매화.
뜨로다[동]: 따르다.

栢枝綠四季
花,
[諺]디튼 초록빗체 ㅅ계화 문흔 비단,
[現]짙은 초록(草綠)색의 사계화 무늬를 짜넣은 비단,
◇◇◇
딭다[형]: 짙다.
ㅅ계화[명]: 사계화.

葱白骨朶　　[諺]옥싴(식)빗체 굴근 떼구룸 문흔 비단,
雲,　　　　[現]옥색(玉色)빛의 굵은 떼구름 무늬를 짜넣은 비
　　　　　　단.
　　　　　　◇◇◇
　　　　　　옥싴빗ᄎ[명]: 옥색(玉色)빛.
　　　　　　떼구룸[명]: 떼구름.
桃紅雲肩,　　[諺]桃紅빗체 엇게예 구룸 문흔(혼) 비단,
　　　　　　[現]어깨에 도홍(桃紅)색 구름 무늬를 짜넣은 비
　　　　　　단,
　　　　　　◇◇◇
　　　　　　엇게[명]: 어깨.
大紅織金,　　[諺]다홍빗체 금 드려 ᄯᅳᆫ 비단,
　　　　　　[現]다홍(大紅)색의 금실을 드려서 짠 비단,
　　　　　　◇◇◇
　　　　　　ᄯᅳ다[동]: 짜다, 직조하다.
　　　　　　ᄯᅳᆫ[관]: 짠, 직조한.
銀紅西蕃　　[諺]은홍빗체 西蕃蓮 문흔 비단,
蓮,　　　　[現]은홍(銀紅)색의 연꽃 무늬를 짜넣은 비단,
　　　　　　◇◇◇
　　　　　　서번련[명]: 서번련(西蕃蓮), 연꽃.
肉紅纏枝牡　　[諺]肉紅빗체 너출 모란 문흔 비단,
丹,　　　　[現]육홍(肉紅)빛의 넌출 모란꽃 무늬를 짜넣은 비
　　　　　　단,
　　　　　　◇◇◇
　　　　　　육홍빗ᄎ[명]: 육홍(肉紅)빛, 분홍색.
　　　　　　너출[명]: 넌출, 덩굴, 넝쿨.

閃黃筆管
花,
[諺]연뉴황빗체 붓곳 문흔 비단,
[現]연한 유황(硫黃)색 붓꽃 무늬를 짜넣은 비단,
◇◇◇
연뉴황빗ㅊ[명]: 연유황(硫黃)색, 연한 유황색.
붓곳[명]: 붓꽃.

鵝黃四雲,
[諺]디튼 뉴황빗체 四雲 문흔 비단,
[現]짙은 유황(硫黃)색 네 개의 구름 무늬를 짜넣은 비단,
◇◇◇
수운[명]: 사운(四雲), 네 개의 구름.

柳黃穿花
鳳,
[諺]노른빗체 穿花鳳 문흔 비단,
[現]노란빛의 봉이 꽃에 드나드는 무늬를 짜넣은 비단,
◇◇◇
노른빗ㅊ[명]: 노란빛, 노란색.
천화봉[명]: 천화봉(穿花鳳), 봉이 꽃에 드나들다.

[22b]麝香褐
膝欄,
[諺]샤향빗체 슬란 문흔 비단,
[現]사향(麝香)빛의 스란 무늬를 한 비단,
◇◇◇
샤향빗ㅊ[명]: 사향(麝香)빛, 검은 갈색.

艾褐玉塼
堦,
[諺]쑥빗체 벽드르 문흔 비단,
[現]쑥빛의 벽돌 무늬를 짜넣은 비단,
◇◇◇
쑥빗ㅊ[명]: 쑥빛.

蜜褐光素,
[諺]노른 차할빗체 {민}비단,
[現]노란 다갈(茶褐)색 민비단,
◇◇◇
노릇다[형]: 노랗다.
차할빗ㅊ[명]: 갈색, 다갈색(茶褐色).

鷹背褐海　　[諺]매(마)등빗체 히매 문흔 비단,
馬,　　　　[現]매(鷹)의 등과 같은 빛깔의 해마 무늬를 짜넣
　　　　　　은 비단,
　　　　　　◇◇◇
　　　　　　매등빗ᄎ[명]: 매(鷹)의 등과 같은 빛깔.
　　　　　　히마[명]: 해마.
茶褐暗花,　　[諺]감찰빗체 스믠문 흔 비단,
　　　　　　[現]다갈(茶褐)색 스믠 무늬를 짜넣은 비단,
　　　　　　◇◇◇
　　　　　　감찰빗ᄎ[명]: 고동색, 다갈색(茶褐色).
　　　　　　스믜다[동]: 스미다, 드러나지 않다.
　　　　　　스믠문[명]: 스믠 무늬(드러나지 않은 꽃무늬, 직물
　　　　　　의 바탕에 명암이나 실의 굵기 또는 성기고 밴 정도
　　　　　　에 따라 은은하게 나타나 보이는 꽃무늬).
這們的紵絲　　[諺]이런 비단과 紗羅ㅣ 다 인ᄂ냐?
和紗羅都有　　[現]이런 비단과 사(紗), 나(羅)가 다 있습니까?
麽?　　　　　◇◇◇
　　　　　　사[명]: 사(紗), 생견으로 짠 비단.
　　　　　　로[명]: 나(羅), 얇고 성기게 짠 비단.
客人你要南　　[諺]나그내, 네 南京 치를 ᄒᆞ려 ᄒᆞᄂ다? 杭州 치를
京的那杭州　　ᄒᆞ려 ᄒᆞᄂ다? 蘇州 치를 ᄒᆞ려 ᄒᆞᄂ다?
的那蘇州的　　[現]나그네, 당신은 남경(南京) 것을 사려고 합니
那?　　　　　까? 항주(杭州) 것을 사려고 합니까? 소주(蘇州)
　　　　　　것을 사려고 합니까?
大哥,　　　　[諺]큰형아!
　　　　　　[現]큰 형님!

南京的顔色　　[諺]南京 치는 빗치 됴코 또 빗나고 ᄀᆞ놀거니와,
好又光細,　　　[現]남경 것은 색이 좋고 또 빛나고 가늘거니와
　　　　　　　　◇◇◇
　　　　　　　빗나다[동]: 빛나다.
[23a]只是不　　[諺]다만 오래 닙디 못ᄒᆞᆯ 써시오.
耐穿;　　　　　[現]다만 오래 입지 못할 것입니다.
　　　　　　　　◇◇◇
　　　　　　　닙다2[동]: (옷을) 입다.
　　　　　　　-오2[어미]: '이다', '아니다'의 어간, 받침 없는 용
　　　　　　　언의 어간, 'ㄹ' 받침인 용언의 어간 또는 어미 '-
　　　　　　　으시-' 뒤에 붙어, 하오할 자리에 쓰여, 설명·의
　　　　　　　문·명령의 뜻을 나타내는 종결 어미.
杭州的經緯　　[諺]杭州 치ᄂᆞᆫ 씨놀히 ᄀᆞᆺ고,
相等;　　　　　[現]항주 것은 씨와 날이 같고
　　　　　　　　◇◇◇
　　　　　　　씨놀ㅎ[명]: 씨와 날, 씨실과 날실.
蘇州的十分　　[諺]蘇州 치ᄂᆞᆫ ᄀᆞ장 엷고,
澆薄,　　　　　[現]소주 것은 가장 얇고
　　　　　　　　◇◇◇
　　　　　　　엷다[형]: 얇다.
又有粉飾不　　[諺]또 픈ᄌᆞ 머겻고 질긔디 아니ᄒᆞ니라.
牢壯。　　　　　[現]또 풀을 먹였고 질기지 아니합니다.
　　　　　　　　◇◇◇
　　　　　　　픈ᄌᆞ[명]: 풀, 분.
　　　　　　　질긔다[형]: 질기다.

73. 我要官綾子

你有好綾子麼？	[諺]네게 됴흔 綾이 인ᄂ냐? [現]당신은 좋은 능(綾) 비단이 있습니까?
你要甚麼綾子？	[諺]네 므슴 綾을 ᄒ려 ᄒᄂ는다? [現]당신은 무슨 능 비단을 사려고 합니까?
我要官綾子。	[諺]내 구의나기 綾을 ᄒ려 ᄒ노라. [現]나는 관제(官制) 능 비단을 사려고 합니다. ◇◇◇ 구의나기[명]: 관제(官制).
那嘉興綾子不好。	[諺]뎌 嘉興綾은 됴티 아니ᄒ니라. [現]저 가흥능(嘉興綾) 비단은 좋지 아니합니다.
客官你要絹子麼？	[諺]나그내야, 네 깁을 홀다? [現]나그네요, 당신은 깁 비단을 삽니까?
[23b]我有好山東大官絹，	[諺]내게 됴흔 山東셔 난 큰 구의ㅅ나기 깁과, [現]나에게 좋은 산동(山東)에서 난 큰 관제 깁 비단과 ◇◇◇ 구의ㅅ나기[명]: 관제(官制).
謙凉絹，	[諺]얼믠 깁과, [現]성기게 짠 깁 비단과 ◇◇◇ 얼믜다[형]: 성기다, 느슨하다.
易州絹，	[諺]易州셔 난 조븐 깁과, [現]역주(易州)에서 난 좁은 깁 비단과
倭絹，	[諺]왜 깁과, [現]일본 깁 비단과

蘇州絹,	[諺]蘇州 깁과,
	[現]소주(蘇州) 깁 비단과
水光絹,	[諺]제믈엣 깁과,
	[現]제물의 깁 비단과

◇◇◇

제믈엣깁[명]: 제물의 깁 비단.

白絲絹。	[諺]흰 싱깁이 잇다.
	[現]흰 생견 비단이 있습니다.

◇◇◇

싱깁[명]: 생견(白絹), 생사로 짠 비단.

我只要大官絹白絲絹蘇州絹水光絹,	[諺]내 다만 大官絹과 白絲絹과 蘇州絹과 水光絹을 ᄒᆞ려 ᄒᆞ노라.
	[現]나는 다만 큰 관제 깁 비단과 흰 생견 비단과 소주 깁 비단과 제물의 깁 비단을 사려고 합니다.
其餘的都不要。	[諺]그 나믄 이ᄂᆞᆫ 다 마다.
	[現]그 남은 것은 다 싫습니다.
你有好絲麼?	[諺]네게 됴흔 실 인ᄂᆞ냐?
	[現]당신에게 좋은 실이 있습니까?
我多要些。	[諺]내 만히 ᄒᆞ고져 ᄒᆞ노라.
	[現]나는 많이 사고자 합니다.
要甚麼絲?	[諺]므슴 실을 ᄒᆞ려 ᄒᆞᄂᆞᆫ다?
	[現]무슨 실을 사려고 합니까?
我要白湖州絲,	[諺]내 흰 湖州셔 난 실과,
	[現]나는 호주(湖州)에서 난 흰 실과
[24a]花拘絲。	[諺]굵고 것 댜ᄅᆞᆫ 실을 ᄒᆞ고져 ᄒᆞ노라.
	[現]굵고 겉 짧은 실을 사고자 합니다.

◇◇◇

것[명]: 겉(表).

댜ᄅᆞ다[형]: 짧다.

那宭州絲不　　[諺]뎌 宭州ㅅ 실은 마다.
要。　　　　　[現]저 정주(定州)의 실은 싫습니다.

74. 只要深青織金胷背緞子

這段匹綾絹紗　　[諺]이 비단과 綾과 깁과 사과 로들헷 써슬,
羅等項,　　　　[現]이 비단과 능 비단과 깁 비단과 사와 나 것들을
你都看了。　　　[諺]네 다 보왓ᄂ니,
　　　　　　　　[現]당신이 다 봤으니
你端的要買　　　[諺]네 정히 므슴 비단을 사고져 ᄒᄂ다?
甚麼段子?　　　[現]당신은 정말로 무슨 비단을 사고자 합니까?
別箇不要,　　　[諺]다ᄅᆫ 거슨 마다,
　　　　　　　　[現]다른 것은 말고,
只要深青織　　　[諺]다만 디든 야쳥 직금 흉븨흔 비단을 ᄒ고져 ᄒ
金胷背段子。　　노니,
　　　　　　　　[現]다만 짙은 야청 직금(織金) 흉배 비단을 사고
　　　　　　　　자 하노니
　　　　　　　　◇◇◇
　　　　　　　　직금[명]: 직금(織金), 금실로 무늬를 넣어서 천을
　　　　　　　　짜는 일.
我老實對你　　　[諺]내 고디시기 너ᄃ려 닐으마.
說,　　　　　　[現]나는 진실하게 당신한테 말하겠습니다.
　　　　　　　　◇◇◇
　　　　　　　　고디시기[부]: 진실하게.
不是我自穿　　　[諺]내 니브려 ᄒᄂ 줄이 아니라,
的,　　　　　　[現]내가 입으려고 하는 것이 아니라
要拿去別處　　　[諺]다ᄅᆫ 듸 가져가 옴겨 ᄑ라,
轉賣,　　　　　[現]다른 곳에 가져가서 옮겨 팔아

[24b]尋些利錢的。	[諺]니쳔 엇고져 ᄒ노니,	
	[現]이익을 얻고자 하노니	
你老實討價錢。	[諺]네 고디시기 갑슬 바드라.	
	[現]당신은 진실하게 값을 받으십시오.	
這織金胷背要七兩。	[諺]이 직금 흉븨예 닐곱 냥을 바드리라.	
	[現]이 직금 흉배에 일곱 냥을 받겠습니다.	
你休這般胡討,	[諺]네 이리 간대로 바드려 말라.	
	[現]당신은 이렇게 함부로 받으려고 하지 마십시오.	
倒悞了你買賣。	[諺]도로혀 네 흥졍을 머믈울이로다.	
	[現]도리어 당신의 매매를 지체하게 할 것입니다.	
	◇◇◇	
	머믈우다[동]: 머무르게 하다, 지체하게 하다.	
我不是利家,	[諺]내 흥졍바치 아니라(리)도,	
	[現]나는 장사꾼이 아니라도	
	◇◇◇	
	흥졍바치[명]: 상인, 장사꾼.	
這段子價錢,	[諺]이 비단 갑슬,	
	[現]이 비단 값을	
我都知道。	[諺]내 다 아노라.	
	[現]나는 다 압니다.	
這織金胷背是蘇州来的草段子,	[諺]이 직금 흉븨 비단은 蘇州셔 온 사(시)오나온 비단이니,	
	[現]이 직금 흉배 비단은 소주에서 온 나쁜 비단인데	
你討七兩時,	[諺]네 닐곱 냥을 바드려 ᄒ면,	
	[現]당신은 일곱 냥을 받으려고 하면	

[25a]這南京来的，　[諺]이 南京의셔 온,
　　　　　　　　[現]이 남경에서 온
清水織金絨段子，　[諺]픈즈의 업슨 직금훈ᄀ는 됴훈 비단으란,
　　　　　　　　[現]풀기 없는 직금한 가늘고 좋은 비단은
　　　　　　　　◇◇◇
　　　　　　　　픈즈의[명]: 풀기.

却賣多少？　　　[諺]쏘 언(안)머의 폴찌(짜)?
　　　　　　　　[現]또 얼마에 팔 것인가요?

不須多說。　　　[諺]구틔여 말 한 양 말라.
　　　　　　　　[現]굳이 말 한 양 마십시오.
　　　　　　　　◇◇◇
　　　　　　　　구틔여[부]: 구태여, 대단하게, 감히, 반드시, 굳이.

你既知道價錢，　　[諺]네 임의 갑슬 알거니,
　　　　　　　　[現]당신은 이미 값을 알고 있으니

你與多少？　　　[諺]네 언머를 줄짜?
　　　　　　　　[現]당신은 얼마를 줄 것인가요?

這織金胷背，　　[諺]이 직금(믄) 흉비 비단을,
　　　　　　　　[現]이 직금 흉배 비단은,

與你五兩是實實的價錢。[諺]너를 닷 냥만 줌이 이 진짓 갑시니.
　　　　　　　　[現]당신한테 닷 냥만 주는 것이 진짓 값입니다.

你肯時我買，　　[諺]네 즐기거든 내 사고,
　　　　　　　　[現]당신이 좋다면 내가 사고

不肯時我別處商量去。[諺]즐기디 아니커든 내 다른 고듸 의눈ᄒ라 가리라.
　　　　　　　　[現]좋지 아니하면 나는 다른 곳에 의논하러 가겠습니다.
　　　　　　　　◇◇◇
　　　　　　　　의눈ᄒ다[동]: 의논하다.

[25b]你既知　　[諺]네 임의 갑슬 알(일)면,
道價錢,　　　[現]당신은 이미 값을 알고 있으면
要甚麼多　　[諺]므슴흐라 말 한 양 ㅎㄴ뇨?
說!　　　　　[現]무엇하러 말 한 양 합니까?
揀好銀子　　[諺]됴흔 은 굴히여 가져오라.
来,　　　　　[現]좋은 은자를 골라서 가져오십시오.
賣與你。　　[諺]네손듸 폴마.
　　　　　　[現]당신한테 팔겠습니다.
這段子買了　[諺]이 비단 사다.
也。　　　　[現]이 비단을 샀습니다.

75. 這箇柳青紵絲有多少尺頭

咱們再商　　[諺]우리 쏘 혜아리쟈.
量,　　　　　[現]우리는 또 상의합시다.
這箇柳青紵　[諺]이 류쳥 비단이,
絲,　　　　　[現]이 유록(柳綠)색 비단은
有多少尺　　[諺]자히 언머고?
頭?　　　　　[現]몇 자가 됩니까?
勾做一箇襖　[諺]흔 오슬 즈래 지을까?
子麼?　　　　[現]옷을 하나 충분히 지을까요?
　　　　　　◇◇◇
　　　　　즈래[부]: 자라게, 충분히.
　　　　　짓다4[동]: (옷을) 짓다, 만들다.
　　　　　-ㄹ까[어미]: 예스러운 표현으로 동사, 형용사 어
　　　　　간이나 어미 뒤에 붙어, 해할 자리에 쓰여, 어떤 일
　　　　　에 대하여 상대편의 의사를 묻는 종결 어미. -ㄹ까.

| 你說甚麼話？ | [諺]네 므슴 말을 니ᄅᆞᄂᆞ다?
[現]당신은 무슨 말을 합니까? |

| 滿七托有餘， | [諺]ᄀᆞ득ᄒᆞᆫ 닐곱 발 남즉ᄒᆞ니,
[現]가득한 일곱 발 남짓하니 |

◇◇◇

ᄀᆞ득ᄒᆞ다[형]: 가득하다.

| 官尺裏二丈八， | [諺]구윗 자흐로ᄂᆞᆫ 스믈여듧 자히오,
[現]관청의 자로는 스물여덟 자이고 |

◇◇◇

스믈[수]: 스물.

| [26a]裁衣尺裏二丈五。 | [諺]바ᄂᆞ질 자흐로ᄂᆞᆫ 스믈대 자히니.
[現]바느질 자로는 스물다섯 자입니다. |

◇◇◇

바ᄂᆞ질[명]: 바느질.
대1[관]: (의존 명사 '자[尺]' 앞에 쓰여) 그 수량이 다섯임을 나타내는 말.

| 你一般身材， | [諺]너희 ᄒᆞᆫ가지 몸얼굴에ᄂᆞᆫ,
[現]당신 같은 체격으로는 |

◇◇◇

몸얼굴[명]: 몸의 모양, 외모, 체격.

| 做襖子時， | [諺]오슬 지으면,
[現]옷을 지으면 |

| 細褶兒也儘勾了。 | [諺]ᄀᆞᄂᆞ 주름도 유여ᄒᆞ고,
[現]가는 주름도 유여가 있고 |

| 若做直身襖子， | [諺]ᄒᆞ다가 딕녕옷곳 지으면,
[現]만일 직령옷만 지으면 |

◇◇◇

딕녕[명]: 직령(直領).

也有剩的。	[諺]쏘 남음이 이시리라.	
	[現]또 남음이 있을 것입니다.	
你打開,	[諺]네 펴라.	
	[現]당신은 펴십시오.	
我托看。	[諺]내 발마보쟈(지).	
	[現]내가 밟아봅시다.	
	◇◇◇	
	발마보다[동]: 밟아보다.	
那裏滿七	[諺]어듸 닐굽 발이 츠뇨?	
托!	[現]어디 일곱 발이 찹니까?	
剛剛的七托	[諺]계요 닐굽 발이 낫브다.	
少些。	[現]겨우 일곱 발이 모자랍니다.	
你身材大的	[諺]네 몸 큰 사룸은,	
人,	[現]당신 몸이 큰 사람은	
一托比別人	[諺]혼 발도 눔과 견조면 만히 쁘리라.	
爭多。	[現]한 발도 남들과 비교하면 많이 다릅니다.	
	◇◇◇	
	쁘다[형]: 뜨다, 다르다.	
[26b]這段子	[諺]이 비단이 밋짜치가? 어딧 치고?	
地頭是那裏	[現]이 비단이 원산지 것인가요? 어디 것인가요?	
的?		
你說是我識	[諺]네 니르되 내 貨物 아노라 호되,	
(織)貨	[現]당신이 자기는 물품을 안다고 하되	
物,		
却又不識。	[諺]쏘 모로느다.	
	[現]또 모릅니다.	

這段子是南京　[諺]이 비단 南京 치오,
的,　　　　　[現]이 비단은 남경 것이고

不是外路　　[諺]외방 치 아니니.
的。　　　　[現]외방 것이 아닙니다.

你仔細看,　　[諺]네 주셔히 보라.
　　　　　　[現]당신이 자세히 보십시오.
◇◇◇
주셔히[부]: 자세히.

沒些箇粉　　[諺]죠곰도 푼주식 업고,
飾,　　　　　[現]풀기가 조금도 없고
◇◇◇
죠곰[부]: 조금.

好清水段子。　[諺]됴흔 清水옛 段子라.
　　　　　　 [現]좋은 제물의 비단입니다.
◇◇◇
청수[명]: 청수(清水), 제물.

要多少價　　[諺]갑슬 언머나 바들다?
錢?　　　　　[現]값을 얼마나 받겠습니까?

這段子價錢,　[諺]이 비단 갑슬,
　　　　　　 [現]이 비단 값을

誰不知道?　　[諺]뉘 모로료?
　　　　　　 [現]누가 모릅니까?

要甚麼討價　　[諺]므슴아라 갑슬 쇠오리오?
錢?　　　　　 [現]무엇때문에 값을 에누리합니까?

[27a]若討時　[諺]만일 쇠오면 닷 냥을 쇠오려니와,
討五兩,　　　[現]만일 에누리하면 닷 냥을 에누리하려니와

老實價錢四　　[諺]고디식흔 갑슨 넉 냥이니,
兩,　　　　　 [現]진실한한 값은 넉 냥이니

拿銀子来便是。	[諺]銀을 가져오미 곳 올ㅎ니라.
	[現]은자를 가져오는 것이 곧 옳습니다.
這段子也買了。	[諺]이 비단도 사다.
	[現]이 비단도 샀습니다.

76. 你這鞍子

你這鞍子，	[諺]네 이 기른마,
	[現]당신의 이 길마,
轡頭，	[諺]구레,
	[現]굴레,
	◇◇◇
	구레[명]: 굴레(말이나 소 따위를 부리기 위하여 머리와 목에서 고삐에 걸쳐 얽어매는 줄).
鞦，	[諺]고둘개,
	[現]고들개,
	◇◇◇
	고들개[명]: 고들개(말굴레의 턱 밑으로 돌아가는 가죽. 흔히 방울을 단다).
攀胷，	[諺]가슴거리,
	[現]가슴걸이,
	◇◇◇
	가슴거리[명]: 가슴걸이.
䩞，	[諺]돌애,
	[現]말다래,
	◇◇◇
	돌애[명]: 말다래(말을 탄 사람의 옷에 흙이 튀지 아니하도록 가죽 같은 것을 말의 안장 양쪽에 늘어뜨려 놓은 기구).

鞍橋子,　　　[諺]기르마가지,
　　　　　　　[現]길마가지,
　　　　　　　◇◇◇
　　　　　　　기르마가지[명]: 길마가지, 안장가지.

鴈翅板,　　　[諺]둥울,
　　　　　　　[現]둥주리,
　　　　　　　◇◇◇
　　　　　　　둥울[명]: 둥주리(말 등에 얹고 그 안에 들어앉아 말을 타고 가는 데 썼다), 날개판(기둥의 강도를 높이기 위하여 기둥의 양옆에 설치한 판).

鐙鞦皮,　　　[諺]둥피,
　　　　　　　[現]둥절피,
　　　　　　　◇◇◇
　　　　　　　둥피[명]: 둥절피(둥자를 잡아매는 부드러운 가죽 끈), 둥자의 가죽 끈.

肚帶,　　　　[諺]오랑,
　　　　　　　[現]뱃대끈,

接絡,　　　　[諺]혁,
　　　　　　　[現]고삐,
　　　　　　　◇◇◇
　　　　　　　혁[명]: 고삐(말이나 소를 몰거나 부리려고 재갈이나 코뚜레, 굴레에 잡아매는 줄).

籠頭,　　　　[諺]바구레,
　　　　　　　[現]재갈에 맨 가죽 끈,
　　　　　　　◇◇◇
　　　　　　　바구레[명]: 재갈에 맨 가죽 끈.

包糞,		[諺]밋마기,
		[現]밀치,
		◇◇◇
		밋마기[명]: 믿마기, 똥받기, 밀치(말이나 당나귀의 안장이나 소의 길마에 절고 꼬리 밑에 거는, 좁다란 나무 막대기).
編縉,		[諺]다흔혁,
		[現]고삐줄,
		◇◇◇
		다흔혁[명]: (땋아서 만든) 고삐줄.
縉繩,		[諺]쥬리올,
		[現]후릿고삐,
		◇◇◇
		쥬리올[명]: 후릿고삐(말이나 소를 후려 몰기 위하여 길게 단 고삐).
兜頦,		[諺]즈가미,
		[現]턱자가미,
		◇◇◇
		즈가미[명]: 턱자가미(말의 턱에 붙이는 금속제 장식).
開口,		[諺]마함,
		[現]재갈,
汗(汗)		[諺]쏨어치,
替,		[現]땀언치,
		◇◇◇
		쏨어치[명]: 땀언치, 언치(말이나 소의 안장이나 길마 밑에 깔아 그 등을 덮어 주는 방석이나 담요).

[27b]皮替，　　　[諺]갓어치,
　　　　　　　　[現]가죽 언치,
　　　　　　　　◇◇◇
　　　　　　　　갓어치[명]: 갖언치, 가죽 언치.
替子,　　　　　[諺]핫어치,
　　　　　　　　[現]핫언치를
　　　　　　　　◇◇◇
　　　　　　　　핫어치[명]: 핫언치(솜을 두어 만든 언치).
都買了。　　　　[諺]다 사다.
　　　　　　　　[現]다 샀습니다.

77. 再買一張弓去

再買一張弓　　　[諺]또 ᄒᆞᆫ 댱 활 사라 가쟈.
去。　　　　　　[現]또 활 한 장 사러 갑시다.
　　　　　　　　◇◇◇
　　　　　　　　댱[의]: 장(張).
到賣弓的房　　　[諺]활 ᄑᆞᆯ 집의 가 무로되,
子裏問道,　　　 [現]활 팔 집에 가서 물으되
有賣的好弓　　　[諺]ᄑᆞᆯ 됴흔 활 잇ᄂᆞ냐?
麼?　　　　　　 [現]좋은 활 팔 것이 있습니까?
可知有,　　　　 [諺]그리어니. 잇(안)ᄂᆞ니라.
　　　　　　　　[現]그렇습니다. 있습니다.
沒時做甚麼　　　[諺]업스면 므슴 흥정 ᄒᆞ리오?
買賣裏!　　　　 [現]없으면 무슨 매매를 합니까?

第四章 京城買賣

你將這一張黃樺弓上弦着，	[諺]네 이 흔 댱 누론 봇 닙힌 활 가져다가 시욹 연즈라. [現]당신의 이 누른 벚나무 껍질이 입힌 활 한 장 가져다가 활시위를 얹으십시오.

◇◇◇

봇[명]: 벚나무 껍질.
시욹[명]: 시위(활대에 걸어서 켕기는 줄. 화살을 여기에 걸어서 잡아당기었다가 놓으면 화살이 날아간다), 활시위.
엱다[동]: (활시위를) 얹다, 매다.

我試扯，	[諺]내 드뢰여 보와, [現]내가 당겨 봐서

◇◇◇

드뢰다[동]: 당기다, 끌다.

氣力有時我買。	[諺]힘이 잇거든 내 사리라. [現]힘이 있으면 내가 살 것입니다.
新上了的弓，	[諺]又 연즌 활이니, [現]갓 얹은 활이니
[28a]慢慢的扯。	[諺]날회여 드리라. [現]천천히 당기십시오.

◇◇◇

드리다[동]: 당기다, 끌다.

是好弓時，	[諺]이 됴흔 활이면, [現]이것이 좋은 활이면
怕甚麼扯！	[諺]므슴 혀기를 저프리오? [現]무슨 당기가 두렵습니까?

◇◇◇

혀다2[동]: 당기다, 이끌다.

這弓弰裏　　[諺]이 활이 좀이 므르니,
軟,　　　　[現]이 활은 줌통이 무르니
　　　　　　◇◇◇
　　　　　　좀[명]: (활) 줌, 줌통.
　　　　　　므르다2[형]: 무르다, 유연하다.
難扯,　　　[諺]드릭기 어렵다.
　　　　　　[現]당기기 어렵습니다.
沒迴性。　　[諺]돌셩이 업다.
　　　　　　[現]탄력이 없습니다.
　　　　　　◇◇◇
　　　　　　돌셩[명]: 탄성, 탄력.
這弓你却是　[諺]이 활을 네 쏘 간대로 흔나므라는괴야.
胡駁彈。　　[現]당신은 이 활을 또 멋대로 헐뜯어 나무라는구나.
　　　　　　◇◇◇
　　　　　　흔-[접두]: 흔-, 마구.
　　　　　　흔나므라다[동]: 마구 나무라다, 마구 헐뜯다.
　　　　　　-괴야[어미]: 예스러운 표현으로 흔히 동사, 형용사 어간 뒤에 붙어, 해라할 자리나 혼잣말에 쓰여, 화자가 새롭게 알게 된 사실에 주목함을 나타내는 종결 어미. 흔히 감탄의 뜻이 수반된다. -구나.
這的弓你還　[諺]이런 활을 네 다홈 므서슬 나므라는다?
嫌甚麼？　　[現]이런 활을 당신이 도리어 무엇을 나무랍니까?
由他說。　　[諺]제대로 니르나마나,
　　　　　　[現]마음대로 말하나마나
　　　　　　◇◇◇
　　　　　　-나마나[어미]: 모음이나 'ㄹ'로 끝나는 용언, '이다'의 어간 또는 선어말 어미 '-으시-'의 뒤에 붙어, 어떤 행동을 하여도 아니한 것과 다름이 없을 정도로 뻔하다는 뜻을 나타내는 연결 어미.

駁彈的是買主。	[諺]흔나(ᄂ)ᄆ라ᄂ(나) 이아 살 님재라. [現]마구 헐뜯는 사람이야 살 임자랍니다.
這一張弓為甚麼不樺了？	[諺]이 ᄒᆞᆫ 댱 활은 엇디 봇 아니 닙(님)폇ᄂᆞ뇨? [現]이 활은 어찌 벗나무 껍질이 안 입혔습니까? ◇◇◇ 닙피다[동]: 입히다, 붙이다, 부착하다.
[28b]你不理會的。	[諺]네 모ᄅᆞᆫ고야. [現]당신은 모르는구나. ◇◇◇ -고야[어미]: 예스러운 표현으로 흔히 동사, 형용사 어간 뒤에 붙어, 해라할 자리나 혼잣말에 쓰여, 화자가 새롭게 알게 된 사실에 주목함을 나타내는 종결 어미. 흔히 감탄의 뜻이 수반된다. -구나.
這弓最好,	[諺]이 활이 ᄀᆞ장 됴흐니, [現]이 활이 아주 좋고
上等弓,	[諺]上等엣 활이니, [現]상등급 된 활이니
若樺了時,	[諺]만일 봇 닙피면, [現]만일 벗나무 껍질이 입히면
買的人不信。	[諺]살 사ᄅᆞᆷ이 밋디 아니홀 써시니. [現]살 사람이 믿지 아니할 것입니다.

教人看了面子上的角背子上鋪的筋，	[諺]사룸으로 ᄒᆞ여 面에 올린 ᄲᅳᆯ과 등 우희 신 힘 뵈고, [現]사람에게 정면에 올린 뿔과 등 위에 깐 힘줄을 보이게 하고	

◇◇◇

ᄒᆞ여: 시켜서.
ᄲᅳᆯ[명]: 뿔.
실다3[동]: 깔다, 붙이다, 부착하다.
신[관]: 깐, 붙인.
힘[명]: 힘줄.

商量了價錢然後，	[諺]갑슬 의논ᄒᆞᆫ 후에, [現]값을 의논한 후에	
樺了也不遲裏。	[諺]봇 닙펴도 더듸디 아니리라. [現]벚나무 껍질을 입혀도 늦지 아니합니다.	
這弓卸下，	[諺]이 활 브리오라. [現]이 활을 부리십시오.	

◇◇◇

브리오다2[동]: (활을) 부리다, 활시위를 벗기다.

彌子小些箇，	[諺]온ᄂᆡ 젹고, [現]오늬가 작고	

◇◇◇

온ᄂᆡ[명]: 오늬(활살의 머리를 활시위에 끼도록 에 워 낸 부분).

弰兒短。	[諺]고재 뎌ᄅᆞ다. [現]활고자가 짧습니다.	

◇◇◇

고재[명]: 활고자(활의 양 끝 머리. 어느 한 곳에 시 위를 메게 된 부분이다).
뎌ᄅᆞ다[형]: 짧다.

弓也買了也。	[諺]활도 사다.	
	[現]활도 샀습니다.	

78. 有賣的弓弦時將来

[29a]有賣的弓弦時將来,	[諺]풀 활시욹 잇거든 가져오라.	
	[現]활시위 팔 게 있으면 가져오십시오.	
我一漿買一條,	[諺]내 호번의 호 오리 사,	
	[現]내가 함께 한 오리 사서	
就這裏上了這弓着。	[諺]임의셔 예셔 이 활을 짓쟈.	
	[現]곧 여기서 이 활을 지어 봅시다.	
弦有,	[諺]시욹 이시니,	
	[現]시위가 있으니	
你自揀着買。	[諺]네 손조 굴히여 사라.	
	[現]당신이 손수 골라서 사십시오.	
這的忒細,	[諺]이는 너모 フ놀고,	
	[現]이것은 너무 가늘고	
這的却又麤俸,	[諺]이는 또 굵고 둔박ᄒ다.	
	[現]이것은 또 굵고 투박합니다.	
	◇◇◇	
	둔박ᄒ다[형]: 둔박하다, 투박하다.	
似這一等兒着中,	[諺]이 ᄒ가지 치야 맛다.	
	[現]이 한가지 것이야 적당합니다.	
	◇◇◇	
	맛다[동]: 맞다, 적당하다, 적중하다.	
恰好。	[諺]맛치 됴타.	
	[現]마침 좋습니다.	

這弓和弦,   [諺]이 활과 시욹을
               [現]이 활과 시위를
都買了也。 [諺]다 사다.
               [現]다 샀습니다.

79. 再買幾隻箭

再買幾隻   [諺]쏘 여러 낫 살 사쟈.
箭。   [現]또 화살을 여러 개 삽시다.
這鈚子,   [諺]이 셔보ᄌ,
              [現]이 비자(鈚子) 화살,
              ◇◇◇
              셔보ᄌ[명]: 비자(鈚子) 화살, 살촉이 얇고 넓으며 길이가 긴 화살.
虎爪,   [諺]거리살,
              [現]호랑이 발톱 모양으로 살촉이 넷으로 갈라지게 만든 호조(虎爪) 화살,
              ◇◇◇
              거리살[명]: 호조(虎爪) 화살, 호랑이 발톱 모양으로 살촉이 넷으로 갈라지게 만든 화살, 주로 꿩이나 토끼를 잡는 데 쓴다.
[29b]鹿角樸 [諺]노각 고도리,
頭,   [現]노각(鹿角)으로 만든 고두리살,
              ◇◇◇
              고도리[명]: 고두리, 고두리살(작은 새를 잡는 데 쓰는 화살. 철사나 대 따위로 고리처럼 테를 만들어 화살촉 대신으로 살 끝에 가로 끼운 것이다).

響樸頭,　　　　[諺]졔오도리,
　　　　　　　[現]우는 고두리살,
　　　　　　　◇◇◇
　　　　　　　졔오도리[명]: 우는 고두리살.
艾葉,　　　　　[諺]艾葉箭,
　　　　　　　[現]애엽(艾葉) 화살,
　　　　　　　◇◇◇
　　　　　　　애엽[명]: 쑥잎 모양.
柳葉,　　　　　[諺]柳葉箭,
　　　　　　　[現]유엽(柳葉) 화살,
　　　　　　　◇◇◇
　　　　　　　류엽[명]: 유엽(버들잎 모양).
迷針箭,　　　　[諺]迷針箭,
　　　　　　　[現]미침(迷針) 화살,
　　　　　　　◇◇◇
　　　　　　　미침[명]: 가늘고 긴 모양.
這箭簳是竹　　　[諺]이 살대는 대오,
子的,　　　　　[現]이 화살대는 대나무이고
　　　　　　　◇◇◇
　　　　　　　살대[명]: 화살대.
　　　　　　　대2[명]: 대나무.
這的是木頭　　　[諺]이는 남기로다.
的。　　　　　　[現]이것은 나무입니다.
　　　　　　　◇◇◇
　　　　　　　남기[명]: 나무.

再買這弓箭　　[諺]쏘 화살 녀흘 궁(듕)딕동(도)개 사쟈.
撒袋。　　　　[現]또 화살을 넣어 두는 궁대와 동개를 삽시다.
　　　　　　　◇◇◇
　　　　　　　궁딕동개[명]: 궁대(弓袋, 활을 넣어 두는 자루)와
　　　　　　　동개(筒介, 활과 화살을 꽂아 넣어 등에 지도록 만
　　　　　　　든 물건. 흔히 가죽으로 만드는데, 활은 반만 들어
　　　　　　　가고 화살은 아랫부분만 들어가도록 만든다).
諸般的都買　　[諺]여러 가짓 것 다 사다.
了也。　　　　[現]여러 가지 것을 다 샀습니다.

80. 再買些椀子什物

再買些椀子　　[諺]쏘 사발과 그릇벼들 사쟈,
什物，　　　　[現]또 사발과 그릇들을 삽시다.
　　　　　　　◇◇◇
　　　　　　　-벼[접미]: -붙이, -들.
鍋兒，　　　　[諺]가마,
　　　　　　　[現]가마,
鑼鍋，　　　　[諺]노고,
　　　　　　　[現]노구(鑼鍋),
　　　　　　　◇◇◇
　　　　　　　노고[명]: 노구(鑼鍋).
荷葉鍋，　　　[諺]헤너러딘 가마,
　　　　　　　[現]넓게 벌어진 가마,
　　　　　　　◇◇◇
　　　　　　　헤너러디다[동]: 헤벌어지다, 어울리지 아니하게
　　　　　　　넓게 벌어지다.

兩耳鍋，　　　[諺]두 귀 가진 가마,
　　　　　　　[現]두 귀 가진 가마,
瓷楪子，　　　[諺]즈긔뎝시,
　　　　　　　[現]지기접시,
　　　　　　　◇◇◇
　　　　　　　즈긔뎝시[명]: 자기접시.
木楪子，　　　[諺]나모뎝시,
　　　　　　　[現]나무접시,
[30a]漆楪
子，　　　　　[諺]옷칠흔 뎝시,
　　　　　　　[現]옷칠한 접시,
　　　　　　　◇◇◇
　　　　　　　옷칠ᄒ다[동]: 옷칠하다.
這紅漆匙，　　[諺]이 블근 칠흔 술,
　　　　　　　[現]이 붉게 칠한 숟가락,
黑漆匙，　　　[諺]검은 칠흔 술,
　　　　　　　[現]검게 칠한 숟가락,
銅匙，　　　　[諺]놋술,
　　　　　　　[現]놋숟가락,
　　　　　　　◇◇◇
　　　　　　　솟술[명]: 놋숟가락.
紅漆箸，　　　[諺]블근 칠흔 져,
　　　　　　　[現]붉게 칠한 젓가락,
銅箸，　　　　[諺]놋져,
　　　　　　　[現]놋젓가락,
　　　　　　　◇◇◇
　　　　　　　놋져[명]: 놋젓가락.

三脚,	[諺]아(이)리쇠,
	[現]삼발이,
	◇◇◇
	아리쇠[명]: 삼발이.
甑兒,	[諺]시르,
	[現]시루,
	◇◇◇
	시르[명]: 시루.
這盤子,	[諺]이 반,
	[現]이 쟁반은
	◇◇◇
	반[명]: 쟁반.
是大盤子,	[諺]이 큰 반,
	[現]큰 쟁반이고
小盤子,	[諺]져근 반,
	[現]작은 쟁반,
漆椀。	[諺]칠훈 사발,
	[現]칠한 사발,
這漆器家火,	[諺]이 칠훈 그릇벼ㅣ,
	[現]이 칠한 그릇들이
一半兒是通布裏的,	[諺]반은 대되 뵈로 뿌니오,
	[現]반은 모두 베로 싸맨 것이고
	◇◇◇
	뿌다[동]: 싸다, 싸매다, 포장하다.
	뿐[관]: 싼, 싸맨.
一半兒是膠漆的。	[諺]반은 아교 칠훈 거시라.
	[現]반은 아교풀로 칠한 것입니다.

| 再有些薄薄的生活， | [諺]쏘 사오나온 셩녕이 잇다. |
| | [現]또 질이 안 좋은 수공예품이 있습니다. |

◇◇◇

셩녕[명]: 수공예품, 물품.

[30b]其餘的都是布裹的，	[諺]그 나믄 이는 다 뵈로 싼 거시니,
	[現]그 나머지는 다 베로 싸맨 것이니
是主顧生活。	[諺]이는 마최옴 셩녕이오.
	[現]이들은 맞춤 수공예품입니다.

◇◇◇

마최옴[명]: (고객의 주문에 의하여) 맞춤.

| 其餘的都是市賣的。 | [諺]그 나믄 이는 다 져제 푸느니로다. |
| | [現]그 나머지는 다 시장에서 파는 것입니다. |

81. 今日備辦了些箇茶飯

| 今日備辦了些箇茶飯， | [諺]오늘 차반 여토와, |
| | [現]오늘 음식을 준비해서 |

◇◇◇

여토다[동]: 여투다(돈이나 물건을 아껴 쓰고 나머지를 모아 두다), 준비하다.

請咱們衆親眷閑坐的，	[諺]우리 모든 권당을 청호야 힘힘이 안젓쟈,
	[現]우리 모든 친척들을 초청하여 한가히 앉아서 이야기합시다.
公公，	[諺]하나비,
	[現]할아버지,

◇◇◇

하나비[명]: 할아버지.

婆婆,	[諺]할미,	
	[現]할머니,	
父親,	[諺]아비,	
	[現]아버지,	
母親,	[諺]어미,	
	[現]어머니,	
伯伯,	[諺]아븨 뭇형,	
	[現]백부,	
叔叔,	[諺]아븨 아ᄋ,	
	[現]숙부,	
哥哥,	[諺]형,	
	[現]형,	
兄弟,	[諺]아ᄋ	
	[現]남동생,	
姐姐,	[諺]뭇누의,	
	[現]맏누이,	
妹子,	[諺]아ᄋ 누의,	
	[現]누이동생,	
外甥,	[諺]누아게 난 아(의)들,	
	[現]생질,	
姪兒,	[諺]동싱 형데의 난 아들,	
	[現]친조카,	

◇◇◇

-의2[조]: -에게.

[31a]姪女,　　[諺]동싱 형데게 난 아ᄎᆫ똘,
　　　　　　　[現]친조카딸,

舅舅,	[諺]어믜 오라비, [現]외삼촌,	
女壻,	[諺]사회, [現]사위, ◇◇◇ 사회[명]: 사위.	
妗子,	[諺]어믜 오라븨 겨집, [現]외숙모,	
又嬸母,	[諺]아ᅌ 아자븨 겨집, [現]숙모,	
姨姨,	[諺]어믜 겨집 동싱, [現]이모,	
姑姑,	[諺]아(싱)븨 동싱(동) 누의, [現]고모,	
姑夫,	[諺]아븨 동싱 누의 남진, [現]고모부,	
姨夫,	[諺]어믜 겨집 동싱의 남진, [現]이모부,	
姐夫,	[諺]뭇누의 남진, [現]매형,	
妹夫,	[諺]아ᅌ 누의 남진, [現]매제,	
外甥女壻,	[諺]뚤의 사회, [現]생질서,	
叔伯哥哥兄弟,	[諺]同姓 四寸형 아ᅌ, [現]동성 사촌 형제,	

| 姑舅哥哥兄弟， | [諺]異姓 四寸형 아ᄉᆞ, |
| | [現]고종사촌 형제, |

◇◇◇

아ᄉᆞ[명]: 아우.

房親哥哥兄弟，	[諺]同姓 六寸형 아ᄉᆞ,
	[現]동성 육촌 형제,
兩姨哥哥兄弟，	[諺]어믜 겨(거)집 동싱의게서 난 형뎨,
	[現]이종사촌 형제,
親家公，	[諺]사돈짓 아비,
	[現]바깥사돈,

◇◇◇

사돈짓 아비[명]: 바깥사돈(딸의 시아버지나 며느리의 친정아버지를 양쪽 사돈집에서 서로 이르거나 부르는 말).

| [31b]親家母， | [諺]사돈짓 어미, |
| | [現]안사돈, |

◇◇◇

사돈짓 어미[명]: 안사돈(딸의 시어머니나 며느리의 친정어머니를 양편 사돈집에서 서로 이르거나 부르는 말).

| 親家伯伯， | [諺]사돈짓 아자비, |
| | [現]바깥사돈의 큰아버지, |

◇◇◇

사돈짓 아자비[명]: 바깥사돈의 큰아버지.

| 親家舅舅， | [諺]사돈짓 어믜(먹) 오라비, |
| | [現]안사돈의 오라비, |

◇◇◇

사돈짓 어믜 오라비[명]: 안사돈의 오라비.

親家姨姨，	[諺]사돈짓 어믜 겨집 동싱,
	[現]안사돈의 여동생,
	◇◇◇
	사돈짓 어믜 겨집 동싱[명]: 안사돈의 여동생.
使喚的奴婢，	[諺]브리논 奴婢를,
	[現]부리는 하인들을
	◇◇◇
	브리다[동]: 부리다(使), 쓰다, 사용하다.
	노비[명]: 노비(奴婢), 하인들.
都請將来。	[諺]다 請ᄒ야 오라.
	[現]모두 청하여 오십시오.
攔(欄)門盞兒都把了，	[諺]믄드림잔 다 밧ᄌ오라.
	[現]집에 온 손님들은 술잔을 받들어 올리십시오.
	◇◇◇
	믄드림잔[명]: 집에 온 손님에게 마실 것을 주는 잔.
	밧줍다[동]: 받들어 바치다, 받들어 올리다.
請家裏坐的。	[諺]쳥ᄒ노니 집의 드러 안ᄌ쇼셔.
	[現]청하노니 집에 들어와 앉으십시오.
今日些小淡薄禮，	[諺]오늘 잠깐 담박ᄒᆫ 녜로,
	[現]오늘 잠깐 보잘것없는 예의로
	◇◇◇
	담박ᄒ다[형]: 담박하다, 보잘것없다.
虚請親眷，	[諺]속졀업시 권당을 쳥ᄒ야,
	[現]속절없이 친척들을 청하여
酒也醉不得，	[諺]술도 취티 못ᄒ고,
	[現]술도 취하지 못하고,

茶飯也飽不	[諺]차반도 비브르디 못ᄒ여다.
得,	[現]음식도 배부르게 먹지 못했습니다.
休恠。	[諺]허믈 말라.
	[現]허물 마십시오.
休這般說。	[諺]이리 니ᄅ디 말라.
	[現]이렇게 말씀하지 마십시오.
[32a]不當,	[諺]당티 못ᄒ여라,
	[現]감당하지 못합니다.
教你一日辛	[諺]널로 ᄒ여곰 ᄒᄂᆞᆯ 슈고ᄒ여다.
苦。	[現]당신으로 하여금 하루를 수고하였습니다.

◇◇◇

ᄒ여곰[부]: 하여금.

ᄒᆞᆯㄴ[명]: 하루.

我們酒也醉	[諺]우리 술도 취ᄒ고,
了,	[現]우리는 술도 취하고
茶飯也飽	[諺]차반도 비브르다.
了。	[現]음식도 배부르게 먹었습니다.
你休恠。	[諺]네 허믈 말라.
	[現]당신은 허물 마십시오.

82. 如今正是臘月

| 如今正是臘 | [諺]이제 정히 섯(싯)돌이니, |
| 月, | [現]이제는 마침 섣달이니 |

◇◇◇

섯돌[명]: 섣달.

天氣寒冷,	[諺]하늘히 칩(친)다.
	[現]하늘도 춥습니다.
	◇◇◇
	칩다[형]: 춥다.
拾来的糞將来,	[諺]주어 온 물똥 가져다가,
	[現]주워 온 말똥을 가져다가
	◇◇◇
	줏다[동]: 줍다.
	물똥[명]: 말똥.
熰着些火,	[諺]블 무휘워
	[現]불을 피워
	◇◇◇
	무휘우다[동]: (불을) 피우다, 때다.
熱手脚。	[諺]손발 대이쟈.
	[現]손발을 데웁시다.
	◇◇◇
	대이다[동]: (불에) 데우다, 덥히다.
糞拾在筐子裏頭,	[諺]물똥을 주여 광조리 안히 이시니,
	[現]말똥을 주워 광주리 안에 담아있으니
	◇◇◇
	광조리[명]: 광주리.
收進来,	[諺]거두어 드려오고,
	[現]거두어 들여오고
	◇◇◇
	드려오다[동]: 들여오다.
休教別人將去了。	[諺]다른 사룸 가져가게 말라.
	[現]다른 사람이 가져가게 마십시오.

[32b]這車子,	[諺]이 술위,
	[現]이 수레는,
折了車輞子,	[諺]술윗박회 밧도리 해야디거다.
	[現]바퀴 바깥 둘레가 해어졌습니다.

◊◊◊

박회[명]: 바퀴.

밧도리[명]: 바깥 둘레.

해야디다2[동]: 해어지다, 망가지다.

輻條將來,	[諺]살들 가져오라.
	[現]살들을 가져오십시오.
可惜了。	[諺]앗가올샤.
	[現]아깝구나.

◊◊◊

앗갑다[형]: 아깝다.

-ㄹ샤[어미]: 예스러운 표현으로 동사, 형용사 어간 뒤에 붙어, 해라할 자리나 혼잣말에 쓰여, 화자가 새롭게 알게 된 사실에 주목함을 나타내는 종결어미. 흔히 감탄의 뜻이 수반된다. -구나.

咱們後頭不修理那?	[諺]우리 후의 아니 修理ㅎ랴?
	[現]우리 후에 수리를 안 합니까?
車軸,	[諺]술윗통,
	[現]굴대,

◊◊◊

술윗통[명]: 굴대(수레바퀴의 한가운데에 뚫린 구멍에 끼우는 긴 나무 막대나 쇠막대), 차축.

| 車釧, | [諺]술윗통엣 구무 부리 도리로 박은 쇠,
[現]굴대 구멍 가장자리 둘레에 박은 철,
◇◇◇
구무[명]: 구멍.
부리[명]: 테두리, 가장자리.
도리[명]: 둘레.
쇠[명]: 철.
| 車鐗, | [諺]술윗통 안히 달티 아니케 기조치로 박은 쇠,
[現]굴대 안에 닳지 않게 세로 박은 철,
◇◇◇
닳다[동]: 갈리다, 낡아지다.
기조치[명]: 세로.
| 車頭, | [諺]술윗 압 괴오는 나모,
[現]수레 앞을 괴는 나무,
◇◇◇
괴오다[동]: 괴다, (밑을) 괴다, 고이다.
| 車梯, | [諺]술윗(위) 뒤 괴오는 나모,
[現]수레 뒤를 괴는 나무,
| 車廂, | [諺]술윗 두 녁 난간,
[現]수레 두 쪽 난간,
| 車轅, | [諺]술윗 느릇,
[現]수레 끌채,
◇◇◇
느릇[명]: 나룻(수레의 양쪽에 달린 긴 채), 끌채(수레의 양쪽에 대는 긴 채. 앞에 멍에목을 가로 댄다).

繩索都好。　　[諺]바들 다 됴타.
　　　　　　　[現]밧줄들은 다 좋습니다.
　　　　　　　◇◇◇
　　　　　　　바[명]: 밧줄.
樓子車,　　　[諺]집 지은 술(슬)위,
　　　　　　　[現]집 지은 수레,
庫車,　　　　[諺]잡은것 넛는 술위,
　　　　　　　[現]잡다한 물건 넣는 수레,
　　　　　　　◇◇◇
　　　　　　　잡은것[명]: 연장이나 기구 등 잡다한 물건.
驢騾大車,　　[諺]나귀 노새들 머오는 큰 술위,
　　　　　　　[現]나귀나 노새들이 끄는 큰 수레,
　　　　　　　◇◇◇
　　　　　　　머오다[동]: (멍에를) 메우다.
[33a]坐車　　[諺]튼는 술위,
兒,　　　　　[現]타는 수레,
都好生房子　　[諺]다 됴히 집의 드려 노하 두고,
裏放着,　　　[現]모두 집에 잘 들여 놓아 두고
休教雨雪濕　　[諺]雨雪에 젓게 말라.
了。　　　　　[現]눈과 비에 젖지 않게 하십시오.
　　　　　　　◇◇◇
　　　　　　　젓다[동]: 젖다(濕).

83. 咱們遠垛子放着射

似這般冷　　　[諺]이리 치우니,
時,　　　　　 [現]이렇게 추우니

咱們遠垜子放着射,	[諺]우리 멀리 솔 티고 뽀아,
	[現]우리 멀리서 살받이를 설치하고 쏘아

◇◇◇

솔[명]: 살받이(과녁의 앞뒤 좌우에 화살이 떨어지는 자리).
티다3[동]: 치다, 설치하다.

賭一箇羊。	[諺]호 양을 던으쟈.
	[現]양 하나를 내기합시다.

◇◇◇

던다[동]: 걸다, 내기하다.

咱們六箇人,	[諺]우리 여슷 사롬이,
	[現]우리 여섯 사람이
三掤兒箭,	[諺]세 젼동 살로,
	[現]세 젼동의 화살로

◇◇◇

젼동[의]: 전동(箭筒), 화살을 담아 두는 통.

勾射了。	[諺]유여히 쏘리로다.
	[現]유여히 쏠 것입니다.
那邊先射過来。	[諺]뎌 편이 몬져 쏘라.
	[現]저쪽 편이 먼저 쏘십시오.
人叫喚大了!	[諺]사롬이 짓괴기를 크게 ᄒ더니
	[現]사람이 지껄이기를 크게 하더니

◇◇◇

짓괴다[동]: 지껄이다, 외치다.

纔射的歪了,	[諺]ᄀᆞᆺ 쏘기를 기우로 ᄒᆞ여다.
	[現]방금 쏘기를 기울게 하였습니다.

◇◇◇

기우로[부]: 기울게, 비스듬하게.

[33b] 高些箇 　[諺]눞즈(스)기 쏘고,
射,　　　　[現]높직이 쏘고
　　　　　　◇◇◇
　　　　　　눕즈기[부]: 높직이.

休小了!　　[諺]뼈디게 말라.
　　　　　　[現]떨어지지 마십시오.
　　　　　　◇◇◇
　　　　　　뼈디다3[동]: 떨어지다, 또는 (정도나 높이 따위가) 낮게 하다.

低射時,　　[諺]ᄂᆞ즈기 쏘면,
　　　　　　[現]낮게 쏘면
　　　　　　◇◇◇
　　　　　　ᄂᆞ즈기[부]: 나직이.

覷到了!　　[諺]근드겨 가ᄂᆞ니라.
　　　　　　[現]근덕거리며 갑니다.
　　　　　　◇◇◇
　　　　　　근드기다[동]: 근덕이다, 근덕거리다.

誰贏誰輸?　[諺]뉘 이긔며 뉘 못 이긔뇨?
　　　　　　[現]누가 이기며 누가 못 이긴가요?
　　　　　　◇◇◇
　　　　　　이긔다[동]: 이기다, 승리하다.

由他。　　　[諺]더뎌두고.
　　　　　　[現]맡겨두고요.
　　　　　　◇◇◇
　　　　　　더뎌두다[동]: 버려두다, 맡겨두다.

你看,　　　[諺]네 보라.
　　　　　　[現]당신이 보십시오.

早裏。　　　　[諺]일럿다.
　　　　　　　[現]일렀습니다.
一會兒,　　　[諺]흔 디위,
　　　　　　　[現]한 번
再添一枝箭　[諺]쏘 살 ᄒᆞ나만 더ᄒᆞ면,
時,　　　　　[現]또 화살 하나만 더하면
咱們滿了。　[諺]우리 ᄎᆞ리로다.
　　　　　　　[現]우리가 찰 것입니다.
　　　　　◇◇◇
　　　　　ᄎᆞ다3[동]: 차다(滿).
我贏了。　　[諺]우리 이긔여다.
　　　　　　　[現]우리가 이겼습니다.
輸了的,　　　[諺]못 이긔니는,
　　　　　　　[現]못 이긴 사람은
做筵席着!　[諺]이바디ᄒᆞ라.
　　　　　　　[現]잔치를 하십시오.
　　　　　◇◇◇
　　　　　이바디[명]: 이바지, 잔치, 연회.

84. 咱們做漢兒茶飯着

咱們做漢兒　[諺]우리 한 차반 딩그쟈.
茶飯着。　　[現]우리 한인의 음식을 만듭시다.
頭一道團攛　[諺]첫 흔 도는 團攛湯이오 製法未詳,
湯,　　　　　[現]첫째는 단찬탕(團攛湯 제법 미상)이고,

[34a]第二道鮮魚湯，	[諺]第二道는 싱션탕이오, [現]둘째는 생선탕이고, ◇◇◇ 싱션탕[명]: 생선탕.	
第三道雞湯，	[諺]第三道는 둙탕이오, [現]셋째는 닭탕이고, ◇◇◇ 둙탕[명]: 닭탕.	
第四道五軟三下鍋，	[諺]製法未詳, [現]넷째는 오연삼하고(五軟三下鍋 제법 미상),	
第五道乾按酒，	[諺]第五道는 므른 안쥬, [現]다섯째는 마른 안주, ◇◇◇ 안쥬[명]: 안주.	
第六道灌肺，	[諺]第六道는 난폐권ᄒᆞ니, [現]여섯째는 관폐(灌肺), ◇◇◇ 난폐권ᄒᆞ니[명]: 관폐(灌肺), 짐승의 허파에 밀가루, 녹두가루, 생강, 깨 따위를 반죽한 것을 채워서 삶은 음식.	
蒸餠，	[諺]증편, [現]증병(蒸餠), ◇◇◇ 증편[명]: 증병(蒸餠), 여름에 먹는 떡의 하나. 멥쌀가루, 막걸리를 조금 탄 뜨거운 물로 묽게 반죽하여 더운 방에서 부풀려 밤, 대추, 잣 따위의 고명을 얹고 틀에 넣어 찐 음식.	

脫脫麻食，	[諺]투투멋,
	[現]투투멋(脫脫麻食),
	◇◇◇
	투투멋[명]: 투투멋(Tutmaq), 수제비와 비슷한 음식.
第七道粉湯，	[諺]第七道는 스면과,
	[現]일곱째는 물국수와
	◇◇◇
	스면[명]: 물국수.
饅頭，	[諺]상홰니.
	[現]만두입니다.
	◇◇◇
	상화[명]: 만두.
打散。	[諺]각산홀 쩌시라.
	[現]각각 흩어질 것입니다.
	◇◇◇
	각산ᄒ다[동]: 풀다, 흩뜨리다, 각각 흩어지다.
咱們點看這果子菜蔬，	[諺]우리 이 과실과 치(지)소를 덤고ᄒ여 보쟈,
	[現]우리는 이 과일과 채소를 점검해 봅시다.
	◇◇◇
	치소[명]: 채소.
	덤고ᄒ다[동]: 점고하다, 점검하다.
整齊麼不整齊？	[諺]정제혼가? 정제티 아니혼가?
	[現]가지런한지 가지런하지 않은지요?
	◇◇◇
	정제ᄒ다[동]: 정제하다, 정돈하여 가지런하게 하다.

這藕菜, [諺]이 년근치,
 [現]이 연근,
 ◇◇◇
 년근치[명]: 연근채(蓮根菜), 연근.
黃瓜, [諺]외,
 [現]오이,
茄子, [諺]가지,
 [現]가지,
[34b]生葱, [諺]파,
 [現]파,
薤, [諺]부치,
 [現]부추,
 ◇◇◇
 부치[명]: 부추.
蒜, [諺]마늘,
 [現]마늘,
 ◇◇◇
 마늘[명]: 마늘.
蘿蔔, [諺]닷무우,
 [現]무,
 ◇◇◇
 닷무우[명]: 무.
冬瓜, [諺]동화,
 [現]동과,
 ◇◇◇
 동화[명]: 동아, 동과.
葫蘆, [諺]박,
 [現]박,

芥子,　　　　[諺]계ᄌᆞ,
　　　　　　[現]겨자,
　　　　　　◇◇◇
　　　　　　계ᄌᆞ[명]: 겨자.
蔓菁,　　　　[諺]쉬무우,
　　　　　　[現]순무,
　　　　　　◇◇◇
　　　　　　쉬무우[명]: 순무.
赤根,　　　　[諺]시근치,
　　　　　　[現]시금치,
　　　　　　◇◇◇
　　　　　　시근치[명]: 시금치.
海帶;　　　　[諺]다ᄉᆞ마.
　　　　　　[現]다시마가 있습니다.
　　　　　　◇◇◇
　　　　　　다ᄉᆞ마[명]: 다시마.
這按酒,　　　[諺]이 안쥬는,
　　　　　　[現]이 안주는
煎魚,　　　　[諺]믌고기 젼ᄒᆞ니,
　　　　　　[現]물고기를 지진 것,
　　　　　　◇◇◇
　　　　　　믌고기[명]: 물고기.
　　　　　　젼ᄒᆞ다[동]: 지지다.
羊雙腸,　　　[諺]양의 챵ᄌᆞ,
　　　　　　[現]양의 창자,
　　　　　　◇◇◇
　　　　　　챵ᄌᆞ[명]: 창자.

頭,　　　　　[諺]머리,
　　　　　　[現]머리,
蹄,　　　　　[諺]발,
　　　　　　[現]발,
肚兒,　　　　[諺]양,
　　　　　　[現]위,
　　　　　　◇◇◇
　　　　　　양2[명]: 위(胃).
睛,　　　　　[諺]눈망올,
　　　　　　[現]눈망울,
　　　　　　◇◇◇
　　　　　　눈망올[명]: 눈망울.
脆骨,　　　　[諺]삭삭(식)ᄒ 쎄ᄉ그,
　　　　　　[現]사박사박한 연골,
　　　　　　◇◇◇
　　　　　　삭삭ᄒ다[형]: 사박사박하다.
　　　　　　쎄ᄉ그[명]: 뼈끝, 뼈의 끝, 연골, 물렁뼈.
耳朶;　　　　[諺]귀(귀).
　　　　　　[現]귀가 있습니다.
這果子,　　　[諺]이 과실은,
　　　　　　[現]이 과일은
棗兒,　　　　[諺]대쵸,
　　　　　　[現]대추,
乾柿,　　　　[諺]ᄆᆞᄅᆞᆫ 감,
　　　　　　[現]곶감,
　　　　　　◇◇◇
　　　　　　ᄆᆞᄅᆞᆫ 감[명]: 곶감.

核桃,　　　[諺]호도,
　　　　　　[現]호두,
　　　　　　◇◇◇
　　　　　　호도[명]: 호두.
乾葡萄,　　[諺]ᄆᆞ른 보도,
　　　　　　[現]건포도,
　　　　　　◇◇◇
　　　　　　ᄆᆞ른 보도[명]: 건포도.
龍眼,　　　[諺]룡안,
　　　　　　[現]용안,
　　　　　　◇◇◇
　　　　　　룡안[명]: 용안.
荔支,　　　[諺]녀지,
　　　　　　[現]여지,
　　　　　　◇◇◇
　　　　　　녀지[명]: 여지.
杏子,　　　[諺]술고,
　　　　　　[現]살구,
　　　　　　◇◇◇
　　　　　　술고[명]: 살구.
西瓜,　　　[諺]슈박,
　　　　　　[現]수박,
　　　　　　◇◇◇
　　　　　　슈박[명]: 수박.
甜瓜,　　　[諺]춤외,
　　　　　　[現]참외,
　　　　　　◇◇◇
　　　　　　춤외[명]: 참외.

[35a]柑子，　　[諺]감ᄌᆞ，
　　　　　　[現]감귤，
　　　　　　◇◇◇
　　　　　　감ᄌᆞ[명]: 감자(柑子), 감귤.
石榴，　　　[諺]셕뉴，
　　　　　　[現]석류，
　　　　　　◇◇◇
　　　　　　셕뉴[명]: 석류.
梨兒，　　　[諺]빈，
　　　　　　[現]배，
　　　　　　◇◇◇
　　　　　　빈3[명]: 배(梨).
李子，　　　[諺]외앗，
　　　　　　[現]자두，
　　　　　　◇◇◇
　　　　　　외앗[명]: 자두.
松子，　　　[諺]잣，
　　　　　　[現]잣，
砂糖，　　　[諺]사당，
　　　　　　[現]사탕，
　　　　　　◇◇◇
　　　　　　사당[명]: 사탕.
蜜栗子。　　[諺]ᄭᅮᆯ에 조린 밤이라.
　　　　　　[現]꿀에 절인 밤이 있습니다.
　　　　　　◇◇◇
　　　　　　ᄭᅮᆯ[명]: 꿀.
這肉都煮熟　[諺]이 고기 다 술마 닉거다,
了，　　　　[現]이 고기 다 삶아 익었습니다.

領項骨,　　　[諺]목댱쎠,
　　　　　　[現]목뼈,
　　　　　　◇◇◇
　　　　　　쎠[명]: 뼈.
　　　　　　목댱쎠[명]: 목뼈.
背皮,　　　　[諺]겁지운,
　　　　　　[現]등껍질,
　　　　　　◇◇◇
　　　　　　겁지운[명]: 배피, 등껍질.
肋扇,　　　　[諺]녑팔치,
　　　　　　[現]갈비,
　　　　　　◇◇◇
　　　　　　녑팔치[명]: 갈비.
前膊,　　　　[諺]업엇게,
　　　　　　[現]앞 어깨,
　　　　　　◇◇◇
　　　　　　업엇게[명]: 앞 어깨.
後腿,　　　　[諺]뒷다리,
　　　　　　[現]뒷다리,
胷子,　　　　[諺]가슴.
　　　　　　[現]가슴이 있습니다.
却怎麼不見　　[諺]쏘 엇디 훈 뒷다리 업스뇨?
一箇後腿?　　[現]또 어째서 뒷다리 하나가 없습니까?
饅頭餡兒裏　　[諺]샹화 소에 쁘니라.
使了。　　　[現]만두 소로 썼습니다.
　　　　　　◇◇◇
　　　　　　샹화[명]: 만두.
　　　　　　소[명]: 소(餡兒).

湯水茶飯，   [諺]湯水와 茶飯이,
            [現]탕수(湯水)와 차반(茶飯)이
都完備了。   [諺]다 ᄀ지다.
            [現]다 갖추어져 있습니다.
            ◇◇◇
            ᄀ지다[동]: 갖추어져 있다, 완비되어 있다.
日頭落了，   [諺]히 뎌시니,
            [現]해가 졌으니
            ◇◇◇
            디다3[동]: (해가) 지다.
[35b]疾忙擡   [諺]셜리 대육 드러든 훗터디쟈.
肉時散着。   [現]빨리 고기를 들었으면 흩어집시다.
            ◇◇◇
            대육[명]: 고기.
咱們今日筵   [諺]우리 오늘 이바디에,
席，   [現]우리 오늘 잔치에
喫了多少   [諺]언멋 술을 먹거뇨?
酒？   [現]얼마의 술을 먹었습니까?
喫了二兩銀   [諺]두 냥 은엣 술을 머거다.
的酒。   [現]두 냥 은자가 되는 술을 먹었습니다.
咱們通是十   [諺]우리 대되 열라믄 사름이,
數箇人，   [現]우리는 모두 여남은 사람이
            ◇◇◇
            열라믄[관]: 여남은(개, 마리, 명).
怎麼喫二兩   [諺]엇디 두 냥 은에 술을 먹그뇨?
銀的酒？   [現]어찌 두 냥 은자가 되는 술을 먹었습니다.

也不只十數 箇人喫，	[諺]쏘 여라믄 사룸만 먹글 쑨이 아니라, [現]또 여남은 사람만 먹을 뿐이 아니라

◇◇◇

쑨[의]: 뿐.

下頭伴當們 偏不喫?	[諺]아랫 반당은 독별이 먹디 아니랴? [現]아랫 사람은 유난히 먹지 아니했습니까?

◇◇◇

반당[명]: 하인, 종, 아랫것.

這筵席散 了。	[諺]이 이바디 흐터디거다. [現]이 잔치는 흩어졌습니다.

85. 我有些腦痛頭眩

我有些腦痛 頭眩，	[諺]내 져기 골치 알(일)프고 머리도 어즐ᄒ니, [現]나는 머리가 조금 아프고 어질하니

◇◇◇

알프다[형]: 아프다.

[36a]請太 醫来診俲脉 息，	[諺]의원 쳥ᄒ여다가 脉 잡혀 보아지라. [現]태의를 청하다가 맥(脉) 잡혀 보고 싶습니다.

◇◇◇

의원[명]: 태의, 의사.

看甚麽病。	[諺]므슴 병고 보라. [現]무슨 병인지 보십시오.
太醫說，	[諺]의원이 닐오ᄃᆡ, [現]태의가 말하되

| 你脉息浮沉, | [諺]네 脉이 浮ᄒ락 沉ᄒ락 ᄒ니, |
| | [現]당신의 맥이 오르락 내리락 하니 |

◇◇◇

부ᄒ다[동]: 부(浮)하다, (맥이) 오르다.

침ᄒ다[동]: 침(沉)하다, (맥이) 가라앉고 내리다.

-락[어미]: 받침 없는 용언의 어간, 'ㄹ' 받침인 용언의 어간 뒤에 붙어, 주로 '-락 -락' 구성으로 쓰여, 뜻이 상대되는 두 동작이나 상태가 번갈아 되풀이됨을 나타내는 연결 어미.

| 你敢傷着冷物来? | [諺]네 冷物에 샹ᄒᆞᆫ 둣ᄒ다. |
| | [現]당신은 냉물에 상한 듯합니다. |

◇◇◇

냉물[명]: 냉물(冷物), 찬 것, 찬 음식.

샹ᄒ다2[동]: 상하다, 탈나다.

我昨日冷酒多喫了。	[諺]내 어제 츤 술을 만히 먹으롸.
	[現]나는 어제 찬 술을 많이 먹었습니다.
那般時,	[諺]그러면,
	[現]그렇다면
消化不得,	[諺]消化티 못ᄒ여,
	[現]소화하지 못하여
因此上,	[諺]이란 젼츠로,
	[現]이런 까닭으로

◇◇◇

이란[관]: 이런.

| 腦痛頭眩, | [諺]딕골이 알프고 머(미)리 어즐ᄒ고, |
| | [現]머리가 아프고 어질하고 |

◇◇◇

딕골[명]: 대갈, 머리통.

不思飲食。	[諺]음식 싱각 아니하ᄂᆞ니라.	
	[現]음식 생각이 아니합니다.	
我這藥裏頭,	[諺]내 이 약 듕에,	
	[現]나는 이 약 중에	
[36b]與你些剋化的藥餌,	[諺]너를 쇼화홀 약을 줄 거(기)시니,	
	[現]당신한테 소화할 약을 줄 것이니	
喫了便敎無事。	[諺]먹으면 곳 ᄒᆞ여곰 일업ᄉᆞ리라.	
	[現]먹으면 곧 일이 없게 될 것입니다.	
消痞丸,	[諺]消痞丸,	
	[現]소비환(消痞丸),	
木香分氣丸,	[諺]木香分氣丸,	
	[現]목향분기환(木香分氣丸),	
神芎丸,	[諺]神芎丸,	
	[現]신궁환(神芎丸),	
檳榔丸,	[諺]檳榔丸,	
	[現]빈랑환(檳榔丸),	
這幾等藥裏頭,	[諺]이 여러 가지 약 듕에,	
	[現]이 여러 가지 약들 중에	
堪服治飮食停滯。	[諺]음식 머믄 것 곳{틸} 거슬 먹엄즉ᄒᆞ니.	
	[現]음식을 머문 것을 고칠 수 있는 약입니다.	

◇◇◇

곳티다[동]: 고치다, 치료하다.
먹엄즉ᄒᆞ다[형]: 먹음직하다.

只喫一服檳榔丸,	[諺]오직 檳榔丸 ᄒᆞᆫ 복(븍)만 먹을 거시니,	
	[現]오직 빈랑환 한 복만 먹을 것이니	

食後喫，	[諺]食後에 먹으되,
	[現]식후에 먹으되
每服三十	[諺]민 흔 복애 셜흔 환식 ᄒᆞ여,
丸，	[現]매 한 복에 서른 환씩 하여
	◇◇◇
	셜흔[수][관]: 서른.
生薑湯送	[諺]生薑湯에 ᄂᆞ리오라.
下。	[現]생강탕(生薑湯)에 넘기게 하십시오.
	◇◇◇
	ᄂᆞ리오다[동]: 내려가게 하다, 넘기게 하다.
喫了時，	[諺]먹으면,
	[現]먹으면
[37a]便動臟	[諺]곳 臟腑ㅣ 動ᄒᆞ여,
腑，	[現]곧 장부(臟腑)가 움직이여
	◇◇◇
	장부[명]: 장부(臟腑), 오장 육부, 내장.
動一兩次	[諺]흔 두 번 動ᄒᆞ면,
時，	[現]한 두 번 움직이면
便思量飯	[諺]곳 밥 먹기를 싱각ᄒᆞ리니.
喫。	[現]곧 밥 먹기를 생각할 것입니다.
先喫些薄粥	[諺]몬져 믉은 죽 먹어 보ᄒᆞ고,
補一補，	[現]먼저 묽은 죽을 먹어 원기를 돕고
	◇◇◇
	믉다[형]: 묽다.
	보ᄒᆞ다[동]: 보(補)하다, 원기를 돕다.
然後喫茶	[諺]그런(런) 후에 차반 먹으라.
飯。	[現]그런 후에 음식을 드십시오.

明日太醫来問，	[諺]이틋날 太醫ㅣ 와 무로디, [現]이튿날 태의가 와서 물으되 ◇◇◇ 이틋날[명]: 이튿날.
你好些箇麽？	[諺]네 져그나 됴커냐? [現]당신은 적으나마 좋아졌습니까?
今日早晨，	[諺]오늘 아춤에, [現]오늘 아침에
纔喫了些粥，	[諺]又 죽 먹으니, [現]갓 죽을 먹었으니
較好些了。	[諺]져기 됴해라. [現]조금 좋아졌습니다.
明日病痊疴了時，	[諺]닉일 병이 다 됴커든, [現]내일 병이 다 좋으면
太醫上重重的酬謝。	[諺]太醫께 만히 은혜 갑파 샤례호리라. [現]태의게 은혜를 많이 갚아 사례하겠습니다. ◇◇◇ 샤례ᄒ다[동]: 사례(謝禮)하다.

第五章 爲人之道

86. 咱們每年每月每日快活

[37b]咱們每年每月每日快活,	[諺]우리 每年 每月 每日에 즐기고, [現]우리는 매년 매월 매일 즐기고
春夏秋冬一日也不要撇了。	[諺]春夏秋冬에 ᄒᆞᄅᆞ도 ᄇᆞ리디 마쟈. [現]춘하추동에 하루도 버리지 맙시다. ◇◇◇ ᄒᆞᄅᆞ[명]: 하루.
咱人今日死的明日死的,	[諺]우리 사ᄅᆞᆷ이 오늘 죽을 쫑 ᄂᆡ일 죽을 쫑, [現]우리 사람은 오늘 죽을 둥 내일 죽을 둥 ◇◇◇ 쫑[의]: 둥, '-은/는/을 둥 만/마는/말 둥' 구성으로 쓰여 무슨 일을 하는 듯도 하고 하지 않는 듯도 함을 나타내는 말.
不理會得;	[諺]아디 못ᄒᆞ니, [現]모르니
安樂時不快活時,真箇呆人。	[諺]편안ᄒᆞᆫ 적의 즐기디 아니ᄒᆞ면, [現]편안한 적에 즐기지 아니하면 [諺]진짓 어린 사ᄅᆞᆷ이라. [現]참으로 어리석은 사람입니다. ◇◇◇ 진짓2[부]: 참으로, 정말로. 어리다[형]: 어리석다, 우둔하다.

死的後頭,	[諺]죽은 후에눈,
	[現]죽은 후에는
不揀甚麼,	[諺]아므것도 굴히디 못ᄒᆞ여,
	[現]아무것도 가리지 못하여
都做不得主張。	[諺]다 쥬댱티 못ᄒᆞ여,
	[現]다 주장(主張)하지 못해

◇◇◇

쥬댱ᄒᆞ다[동]: 주장(主張)하다, 어떤 일을 중심이 되어 맡아 처리하다.

[38a]好行的馬,	[諺]됴히 것든 물도,
	[現]잘 걷던 말도
別人騎了,	[諺]다른 사(시)룸이 ᄐᆞ며,
	[現]다른 사람이 타며
好襖子,	[諺]됴흔 옷도,
	[現]좋은 옷도
別人穿了,	[諺]다른 사룸이 니브며,
	[現]다른 사람이 입으며
好媳婦,	[諺]됴흔 겨집도,
	[現]좋은 아내도
別人娶了。	[諺]다른 사룸이 엇ᄂᆞ니.
	[現]다른 사람이 얻어갑니다.
活時節,	[諺]사라신 적의,
	[現]살아있을 적에
着甚麼来由不受用!	[諺]므슴 젼ᄎᆞ로 ᄡᅳ디 아니ᄒᆞ리오?
	[現]무슨 이유로 쓰지 아니합니까?

87. 從小來好教道的成人時

大檗人的孩兒,	[諺]대개 사룸의 즈식이, [現]대개 사람의 자식이

◇◇◇
즈식[명]: 자식.

從小來,	[諺]져거셔브터, [現]어렸을 때부터
好教道的成人時,	[諺]잘 ᄀᆞᄅ쳐 사룸 되면, [現]잘 가르쳐 사람이 되면
官人前面行着。	[諺]관원 앏픠 ᄃᆞ니다가, [現]벼슬아치 앞에 다니다가

◇◇◇
관원[명]: 관리, 벼슬아치.

他有福分時,	[諺]제 복 분이 이시면, [現]제 복이 있으면
官人也做了。	[諺]관원도 되ᄂᆞ니라. [現]벼슬아치도 될 것입니다.
[38b]若教道他,	[諺]ᄒᆞ다가 저를 ᄀᆞᄅ쳐도, [現]만일 저 사람을 가르쳐도
不立身成不得人,	[諺]立身 못ᄒᆞ고 사룸 되디 못ᄒᆞ면, [現]입신(立身) 못하고 사람이 되지 못하면
也是他的命也。	[諺]ᄯᅩ 제 명이어니ᄯᆞ녀? [現]또 제 운명이지 않겠는가?
咱們盡了為父母的心,	[諺]우리는 부모 되여 잇ᄂ 무ᄋᆞᆷ을 다ᄒᆞ여, [現]우리는 부모가 되어 있는 마음을 다하여

不魯落後。	[諺]눔의게 뻐디디 말 뻐시라.	
	[現]남에게 뒤떨어지지 않게 할 것입니다.	
你這小孩	[諺]네 이 아히들히,	
兒,	[現]당신 이 아이들이	
若成人時,	[諺]ᄒᆞ다가 사름곳 되면,	
	[現]만일 사람만 되면	
三條路兒中	[諺]세 오리 길헤 가온대로 ᄃᆞ닐 거시라.	
間裏行着,	[現]세 갈림길에서 가운데로 다닐 것입니다.	

◇◇◇

오리[의]: 거리, 갈림길의 수효를 세는 단위.
가온대[명]: 가운데, 중앙.

別人東西休	[諺]다른 사름의 거슬 ᄉᆞ랑티 말며,	
愛,	[現]다른 사람의 것을 탐내지 말며	

◇◇◇

ᄉᆞ랑ᄒᆞ다[동]: 탐내다.

別人折針也	[諺]눔의 것근 바늘도 가지디 말며,	
休拿,	[現]남의 꺾인 바늘도 갖지 말며	

◇◇◇

것ㄱ다[동]: 꺾다, 꺾이다.

[39a]別人是	[諺]눔의 是非 닐으디 말라.	
非休說。	[現]남의 시비(是非)를 말하지 마십시오.	
若依着這般	[諺]ᄒᆞ다가 이대로 용심ᄒᆞ여 ᄃᆞ니면,	
用心行時,	[現]만일 이대로 마음을 써서 다니면	
不揀幾時,	[諺]아모제라 업시,	
	[現]아무때라도	
成得人了。	[諺]사름 되리라.	
	[現]사람이 될 것입니다.	

常言道， [諺]샹언에 니로되,
[現]속담에 이르되
◇◇◇
샹언[명]: 속담, 상담.
-로되[어미]: '이다', '아니다'의 어간이나 어미 '-으시-' 뒤에 붙어, 뒤에 오는 말이 인용하는 말임을 미리 나타내어 보일 때 인용 동사에 붙여 쓰는 연결 어미. '-되'보다 다소 강한 느낌을 나타낸다. -되.

老實常在， [諺]고디식ᄒ니ᄂ 샹샹에 잇고,
[現]진실한 사람은 항상 있고
◇◇◇
샹샹에[부]: 상상에, 항상, 늘

脫空常敗。 [諺]섭섭ᄒ니ᄂ 샹샹에 패혼다 ᄒᄂ니라.
[現]부실한 사람은 늘 실패한다고 합니다.
◇◇◇
섭섭ᄒ다[형]: 부실하다.
패ᄒ다[동]: 실패하다.

休做賊說 [諺]도적ᄒ기와 거즛말 니ᄅ기 말며,
謊， [現]도둑질하지 말고 거짓말하지 말며
◇◇◇
도적ᄒ기[명]: 도둑질.

休姦猾懶 [諺]姦猾ᄒ기와 懶惰티 말라.
惰。 [現]교활하지 말고 게으름을 피우지 마십시오.
◇◇◇
간활ᄒ다[형]: 간활(姦猾)하다, 교활하다, 간교하다.
나타ᄒ다[형]: 나타(懶惰)하다, 게으르다.

官人們前 [諺]과원의 앏픠,
面， [現]벼슬아치 앞에

出不得氣力行時，	[諺]	氣力을 내디 못ᄒ여 ᄃᆞ니면,
	[現]	힘을 내지 않고 다니면

◇◇◇

기력[명]: 기력(氣力), 힘.

一日也做不得人。	[諺]	ᄒᆞᄅᆞ도 사ᄅᆞᆷ 되디 못ᄒᆞ리라.
	[現]	하루도 사람 되지 못할 것입니다.

88. 火伴中間自家能處休說

[39b]火伴中間，	[諺]	벗들 ᄉᆞ이예,
	[現]	벗들 사이에
自家能處休說，	[諺]	내 능ᄒᆞᆫ 곳을 니ᄅᆞ디 말며,
	[現]	내가 능한 것을 이르지 말며
休自誇；	[諺]	내 몸 쟈랑 말며,
	[現]	내 몸을 자랑하지 말며

◇◇◇

쟈랑ᄒᆞ다[동]: 자랑하다.

別人落處休笑。	[諺]	ᄂᆞᆷ의 딘 곳 웃디 말라.
	[現]	남의 뒤진 것을 웃지 마십시오.
船是從水裏出，	[諺]	ᄇᆡᄂᆞᆫ 믈에셔 조차 니(나)고,
	[現]	배는 물에서 다니고
旱地裏行不得，	[諺]	무틔ᄂᆞᆫ ᄃᆞ니디 못ᄒᆞ야,
	[現]	육지에서는 다니지 못하여

◇◇◇

뭍[명]: 육지.

須要車子載着；	[諺]	모로미 술위로 시르며,
	[現]	반드시 수레로 실으며

車子水裏去時，	[諺]술위(위)는 믈에 가면,
	[現]수레는 물에 가면
水裏行不得，	[諺]믈에 둔니디 못ㅎ야,
	[現]다니지 못하여
須用船裏載着。	[諺]모로미 븨로야 싯ᄂ니라.
	[現]반드시 배로야 싣습니다.
一箇手打時響不得，	[諺]흔 손을 티면 소릭 나디 아니ㅎ고,
	[現]한 손을 치면 소리 나지 아니하고

◇◇◇

소릭[명]: 소리.

[40a]一箇脚行時去不得。	[諺]흔 발로 거르면 가디 못ㅎᄂ니라.
	[現]한 발로 걸으면 가지 못합니다.
咱們人厮將就厮附帶行時好。	[諺]우리 사름이 서르 둘(두)워라 ㅎ여 서르 더브러 둔기면 됴ㅎ니라.
	[現]우리 사람이 서로 두르며 서로 더불어 다니는 것이 좋습니다.

◇◇◇

둘우다[동]: 두르다, 주선하다, 알선하다.
더브러[부]: 더불어.
둔기다[동]: 다니다.

又這火伴們，	[諺]쏘 이 벗들희,
	[現]또 이 벗들이
好的歹的，	[諺]됴ㅎ니, 구즈니를,
	[現]좋은 점, 나쁜 점을

◇◇◇

궂다[형]: 궂다, 좋지 않다, 나쁘다.

都厮扶助着	[諺]다 서르 잡드러 둔니쟈.
行。	[現]다 서로 잡아 들어 다닙시다.
人有好處揚	[諺]사롬이 됴흔 곳디 잇거든 내여 니르며,
說着,	[現]사람이 좋은 점이 있으면 내어 말하며
人有歹處掩	[諺]사롬이 사오나온 곳디 잇거든 금츨 써시니라.
藏着。	[現]사람이 나쁜 점이 있으면 감출 것입니다.

◇◇◇

금초다[동]: 감추다, 숨기다.

常言道,	[諺]샹언에 니르되,
	[現]속담에 이르되
隱惡揚善。	[諺]사오나온 일란 그이고 됴흔 일란 들어나게 ᄒ라 ᄒ니라.
	[現]나쁜 일을 감추고 좋은 일을 드러나게 하라고 한답니다.

◇◇◇

그이다[동]: 꺼리다, 숨기다, 감추다.

[40b]若是隱	[諺]ᄒ다가 사롬의(외) 어딘 일란 그이고,
人的德,	[現]만일 사람의 어진 일을 감추고
揚人的非,	[諺]사오나온 일란 드러내미,
	[現]나쁜 일을 드러내는 것이
最是歹勾	[諺]ᄀ장 사오나온 일이라.
當。	[現]가장 나쁜 일이랍니다.

89. 咱們做奴婢的人

咱們做奴婢 的人,	[諺]우리 죵 되여 잇는 사롬이, [現]우리 노비 되어 있는 사람은 ◇◇◇ 죵[명]: 종, 노비.	
跟着官人們 行時,	[諺]官人을 조차 돈닐 제, [現]관인(官人)을 따라 다닐 적에 ◇◇◇ 관인[명]: 관인(官人), 관직에 있는 사람.	
這裏那裏下 馬處,	[諺]여긔 뎌긔 물 누리는 딕, [現]여기 저기 말 내리는 곳에	
將官人的馬 牽着,	[諺]官人의 물을 잇그러다가, [現]관인의 말을 이끌어다가	
好生絟着。	[諺]됴히 미고, [現]잘 매어두고	
肥馬涼着,	[諺]술진 물란 서늘케 ᄒ고, [現]살진 말은 서늘하게 하고	
瘦馬鞍子摘 了,	[諺]여윈 물란 기르마 벗기고, [現]여윈 말은 안장을 벗기고	
絆了脚,	[諺]발에 지달쓰고, [現]지달로 발을 얽어매고	
草地裏撒 了,	[諺]플 기은 짜히 노하, [現]풀이 많이 난 땅에 놓아 ◇◇◇ 깃다2[동]: 논밭에 잡풀이 많이 나다.	

第五章 爲人之道

[41a]教喫草。	[諺]호여곰 플 먹게 호고,
	[現]풀을 먹게 하고
布帳子疾忙打起着,	[諺]布帳을 쌀리 티고,
	[現]장막을 빨리 치고

◇◇◇

포장[명]: 포장(布帳), 베로 만든 장막.

| 鋪陳整頓着, | [諺]鋪陳을 정졔히 호고, |
| | [現]깔개를 가지런히 하고 |

◇◇◇

포진[명]: 포진(鋪陳), 바닥에 깔아 놓는 방석, 요, 돗자리.
정졔히[부]: 정제(整齊)히, 가지런히.

房子裏搬入去着。	[諺]방의 올마 들거든,
	[現]방에 옮겨 들어가면
鞍子轡頭,	[諺]기르마과 굴에란,
	[現]안장과 굴레는
自己(己)睡卧房子裏放着,	[諺]내 자는 방의 노코,
	[現]자기가 자는 방에 놓고
上頭着披氈盖着。	[諺]우희 안롱으로 덥고,
	[現]위에 안롱으로 덮고

◇◇◇

안롱[명]: 피전, 수레나 가마 따위를 덮는 우비의 하나, 두꺼운 유지로 만듦.

那的之後,	[諺]그리훈 후에,
	[現]그렇게 한 후에
鑼鍋安了着,	[諺]노고 안치고,
	[現]노구를 앉히고

疾忙茶飯做着。	[諺]샐리 차반 밍글고,
	[現]빨리 음식을 만들고
肉熟了,	[諺]고기 닉거든,
	[現]고기가 익으면
撈出来。	[諺]건뎌 내여 와.
	[現]건져 냅니다.
[41b]茶飯喫了時,	[諺]茶飯 먹어든,
	[現]음식을 먹으면
椀子家具收拾了。	[諺]사발과 그릇쎄를 슈습ᄒ고,
	[現]사발과 그릇들을 정리하고

◇◇◇

슈습ᄒ다[동]: 수습하다, 정리하다, 서릇다.

官人們睡了時,	[諺]官人들히 자거든,
	[現]관인들이 자면
教一箇火伴伺候着。	[諺]ᄒᆞᆫ 벗으로 ᄒ여 伺候ᄒ게 ᄒ라.
	[現]한 벗을 시중 들게 하십시오.

◇◇◇

사후ᄒ다[동]: 사후(伺候)하다, 시중을 들다.

若這般謹慎行時,	[諺]만일 이리 조심ᄒ여 ᄃᆞ니면,
	[現]만일 이렇게 조심하여 다니면
便是在下人,	[諺]곳 이 아랫 사ᄅᆞᆷ의,
	[現]곧 아랫사람의
扶侍官長的道理。	[諺]官長 모시는 道理어니ᄯᅥ녀?
	[現]윗사람을 모시는 도리이지 않겠는가요?

◇◇◇

관장[명]: 관장(官長), 윗사람, 상전.

90. 咱們結相識行時

咱們結相識　　[諺]우리 벗지어 둔닐쟉시면,
行時,　　　　　[現]우리 벗을 삼아 다닐 터이면
休說伱歹我　　[諺]너 사오나오며 나 엇일롸 니르디 말고,
好。　　　　　　[現]당신이 나쁘며 내가 어질다 이르지 말고
　　　　　　　　◇◇◇
　　　　　　　　엇일다[형]: 어질다.
朋（明）友　　[諺]벗의 놋갓츨,
的面皮,　　　　[現]벗의 얼굴을
　　　　　　　　◇◇◇
　　　　　　　　놋갓ᄎ[명]: 낯가죽, 면피, 얼굴.
[42a]休教羞　　[諺]븟그업게 말라.
了。　　　　　　[現]부끄럽게 하지 마십시오.
　　　　　　　　◇◇◇
　　　　　　　　븟그업게[부]: 부끄럽게.
親熱（熟）　　[諺]ᄉ랑ᄒ고 화동ᄒ여 둔니면,
和順行時,　　　[現]사랑하고 화목하게 다니면
　　　　　　　　◇◇◇
　　　　　　　　화동ᄒ다[동]: 화동하다, 화목하게 어울리다, 화합하다.
便是一箇父　　[諺]곳 ᄒᆫ 父母의게 난 형뎨과 ᄒᆞ가지니,
母生的弟兄　　[現]곧 한 부모에게서 난 형제와 한가지니
一般,
相待相顧眄　　[諺]서(ᄅ)ᄅ(서) 디졉ᄒ며 서ᄅ 보솔퍼(펴) 둔니
着行。　　　　　라.
　　　　　　　　[現]서로 대접하며 서로 보살펴 다니십시오.

朋友們，	[諺]벗들히,
	[現]벗들이
若困中沒盤纏時，	[諺]ᄒᆞ다가 어려온 제 쁠 것 업슨 적의,
	[現]만일 어려워서 쓸 것 없을 적에
自己(己)錢物休愛惜，	[諺]내 쳔을 앗기디 말고,
	[現]내 돈을 아끼지 말고
接濟朋友們使着。	[諺]벗들 주어 쁘게 ᄒᆞ쟈.
	[現]벗들한테 주어 쓰게 합시다.
朋友若不幸，	[諺]벗이 만일 不幸ᄒᆞ야,
	[現]벗이 만일 불행하여
遭着官司口舌時，	[諺]구의만과 口舌의 익을 죠낫거든,
	[現]소송과 시비의 액을 만났다면

◇◇◇

구의만[명]: 송사(訟事), 소송(訴訟).
구설[명]: 구설(口舌), 말다툼, 시비, 입씨름.
익[명]: 액, 액운.
죠나다[동]: 만나다.

[42b]衆朋友們，	[諺]모든 벗들히,
	[現]모든 벗들이
向前救濟着。	[諺]나아가 구제ᄒᆞ라.
	[現]나아가 구제하십시오.
若不救時，	[諺]ᄒᆞ다가 구티 아니ᄒᆞ면,
	[現]만일 구제하지 아니하면

傍人要唾罵。	[諺]겨틔 사름이 춤 밧고 쑤지즈리라.
	[現]곁의 사람이 침 뱉고 꾸짖을 것입니다.
	◇◇◇
	춤[명]: 침.
	밧다[동]: (침을) 뱉다.
	쑤짖다[동]: 꾸짖다.
有些病疾時,	[諺]병 드러잇거든,
	[現]병이 들었다면
休迴避,	[諺]에도디 말고,
	[現]회피하지 말고
	◇◇◇
	에돌다[동]: 애돌다, 회피하다.
請太醫下藥看治着,	[諺]태의를 쳥ᄒᆞ야 약 뻐 보술펴(펴) 곳티며,
	[現]태의를 청하여 약을 써서 보살펴 고쳐주며
早起晚夕,	[諺]아춤 나조히,
	[現]아침 저녁에
	◇◇◇
	나죻[명]: 저녁.
休離了,	[諺]뻐나디 말고,
	[現]떠나지 말고
煎湯熨水,	[諺]탕 달히며 믈 데이며,
	[現]탕약을 달이며 물을 데우며
	◇◇◇
	탕[명]: 탕약.
	달히다[동]: 달이다.
	데이다[동]: 덥히다, 데우다.
問恢着。	[諺]병증 무로라.
	[現]병증을 물으십시오.

若這般相看時，	[諺]이러ᄐᆞ시 서르 보ᄉᆞᆯ피면, [現]이렇듯이 서로 보살피면
便有十分病也減了五分。	[諺]곳 열 分만ᄒᆞᆫ 병이 잇다라(가)도 五分이나 덜리라. [現]곧 열 분만한 병이 있다 하더라도 닷 분이나 덜어질 것입니다.
[43a]朋友有些病疾，	[諺]벗이 병 드러잇거든, [現]벗이 병이 들었는데
你不照覷他，	[諺]네 ᄃᆞ늘 보ᄉᆞᆯ피디 아니ᄒᆞ면, [現]당신이 저 사람을 보살피지 아니하면
那病人想着沒朋友的情分，	[諺]뎌 병든 사ᄅᆞᆷ이 싱각ᄒᆞ되 벗인 ᄠᅳ시 업다 ᄒᆞ여, [現]저 병든 사람이 생각하되 벗인 뜻이 없다 하여
悽(悽)惶時，	[諺]슬허ᄒᆞ면, [現]슬퍼하면 ◇◇◇ 슬허ᄒᆞ다[동]: 슬퍼하다.
縱有五分病，	[諺]비록 五分만한 병이라도, [現]비록 닷 분만한 병이라도
添做十分了。	[諺]더 十分이 되ᄂᆞ니라. [現]열 분이 됩니다.

91. 做男兒行時

咱們世上人，	[諺]우리 세상 사ᄅᆞᆷ이, [現]우리 세상 사람이 ◇◇◇ 셰샹[명]: 세상.

做男兒行時,	[諺]男兒ㅣ 되여 ᄃᆞ닐씬대,	
	[現]남자가 되어 다닐진대	
	◇◇◇	
	-ㄹ씬대[어미]: 예스러운 표현으로 동사, 형용사 어간 뒤에 붙어, 앞 절의 일을 인정하면서, 그것을 뒤 절 일의 조건이나 이유, 근거로 삼음을 나타내는 연결 어미. 장중한 어감을 띤다. -ㄹ진대.	
自己(己)祖上的名聲,	[諺]내 조샹 명셩을,	
	[現]내 조상 명성을	
	◇◇◇	
	조샹[명]: 조상.	
	명셩[명]: 명성.	
休壞(環)了。	[諺]ᄒᆞ여ᄇᆞ리디 말고,	
	[現]헐어버리지 말고	
	◇◇◇	
	ᄒᆞ여ᄇᆞ리다[동]: 헐어버리다, 못쓰게 하다.	
凡事要謹慎行時,	[諺]믈읫 일을 조심ᄒᆞ여 ᄃᆞ니면,	
	[現]무릇 일을 조심하여 다니면	
[43b]卓立的男子。	[諺]어딘 男子ㅣ 어니ᄯᆞ녀?	
	[現]어진 남자이지 않겠는가요?	
父母的名聲,	[諺]父母의 名聲을,	
	[現]부모의 명성을	
辱磨(麼)了時,	[諺]더러이면,	
	[現]더럽히면	
	◇◇◇	
	더러이다[동]: 더럽히다.	
別人唾罵也。	[諺]ᄂᆞᆷ이 춤 밧고 ᄭᅮ지즈리라.	
	[現]남이 침을 뱉고 꾸짖을 것입니다.	

父母在生時,	[諺]父母] 사라신 적의,
	[現]부모가 살아 계신 적에
家法名聲好来,	[諺]家法과 名聲이 됴흐며,
	[現]가법과 명성이 좋으며
田産家計有来,	[諺]던디 가산도 이시며,
	[現]논밭과 가산도 있으며

◇◇◇

던디[명]: 전지(田地), 논밭.

孳畜頭口有来,	[諺]기르는 효근 즘싱과 굴근 즘싱도 이시며,
	[現]기르는 작은 짐승과 큰 짐승도 있으며
人口奴婢有来。	[諺]더브러는 사름이며 죵들도 잇다가,
	[現]거느리는 사람과 노비들도 있다가
爺娘亡沒之後,	[諺]부뫼 업슨 후에,
	[現]부모가 돌아가신 후에
落後下的孩兒們,	[諺]후주식들히,
	[現]후손들이

◇◇◇

훗주식[명]: 훗자식, 후손.

| [44a]不務營生, | [諺]살올일 일오기 힘쓰디 아니ᄒ고, |
| | [現]살아갈 일에 힘쓰지 아니하고 |

◇◇◇

살올일[명]: 살아갈 일, 생업.
일오다[동]: 이루다.

| 教些幇閑的潑男女, | [諺]노롯ᄒ며 훙뚱여 놀며 보피로온 男女로 ᄒ여, |
| | [現]희롱하고 흥청거리며 무지막지하게 구는 남녀로 하여금 |

◇◇◇

노롯ᄒ다[동]: 놀이하다, 희롱하다.
훙뚱이다[동]: 흥청이다, 흥청거리다.
보피롭다[형]: 방탕스럽다, 무지막지하다.

狐朋狗黨,　　[諺]여ᄋ 벗 지으며 가히와 무지 지어,
　　　　　　[現]여우 벗을 삼고 개와 같이 무리를 지어
　　　　　　◇◇◇
　　　　　　여ᄋ[명]: 여우.
　　　　　　가히[명]: 개.
　　　　　　무지[명]: 무리.
　　　　　　짓다5[동]: (무리를) 짓다, 결당하다.
每日穿茶　　[諺]每日 차 ᄑᆞᄂᆞᆫ 집의 쒜나들며,
房,　　　　[現]매일 차 파는 집에 쎄나들며
　　　　　　◇◇◇
　　　　　　쒜나들다[동]: 쎄나들다, 줄곧 드나들다.
入酒肆妓女　[諺]술 ᄑᆞᄂᆞᆫ 져졔와 녀기 ᄑᆞ져의 드러가,
人家,　　　[現]술 파는 가게와 기녀집에 들어가서
　　　　　　◇◇◇
　　　　　　녀기[명]: 기녀.
　　　　　　ᄑᆞ져[명]: 가게, 점포.
胡使錢。　　[諺]간대로 쳔을 쓰거든.
　　　　　　[現]마음대로 돈을 씁니다.
衆親眷街坊　[諺]모든 권당과 이우지 늘근이돌히 말려 니로듸,
老的們勸　　[現]모든 친척과 이웃집 늙으니들이 말려 이르되
說,　　　　◇◇◇
　　　　　　늘근이[명]: 늙으니, 노인.
你爲甚麼省　[諺]네 엇디 슬피디 못ᄒᆞᄂᆞ다 ᄒᆞ면,
不得,　　　[現]당신은 어째서 살피지 못하고
　　　　　　◇◇◇
　　　　　　슬피다[동]: 살피다, 살펴보다, 판단하다, 관찰하다.

執迷着心?	[諺]ᄆᆞᄋᆞᆷ을 어리워 가지고셔?	
	[現]마음을 어리석게 가지고 있는가요?	
	◇◇◇	
	어리우다[동]: 어리석게 하다, 미혹하다.	
迴言道,	[諺]딕답ᄒᆞ여 니로딕,	
	[現]대답하되	
[44b]使時使	[諺]ᄡᅥ도 내 쳔을 쓰고,	
了我的錢,	[現]써도 내 돈을 쓰고	
壞時壞了我	[諺]히여ᄇᆞ려도 내 짓 거슬 히여ᄇᆞ리ᄂᆞ니,	
的家私,	[現]헐어버려도 내 집 것을 헐어버리니	
干伱甚麽	[諺]네게 므슴 일이 브트뇨?	
事?	[現]당신에게 무슨 일이 관계됩니까?	
	◇◇◇	
	븥다2[동]: 붙다, 관계되다, 딸리다.	
因此上,	[諺]이런 젼ᄎᆞ로,	
	[現]이런 까닭으로	
衆人再不肯	[諺]모든 사ᄅᆞᆷ이 다시 말리디 아니ᄒᆞ니,	
勸他,	[現]모든 사람이 다시 말리지 아니하니	
随着他胡使	[諺]제 ᄆᆞᄋᆞᆷ으로 쳔을 간대로 쓰니.	
錢。	[現]제 마음대로 돈을 함부로 씁니다.	
每日十數箇	[諺]每日 열아믄 노롯바치 집의,	
幇閑的家	[現]매일 여남은 왈짜패 집의	
裏,		
媳婦孩兒,	[諺]겨(거)집과 아히의,	
	[現]여자와 아이들의	

喫的穿的，	[諺]먹는 것 닙는 거시,
	[現]먹는 것, 입는 것이
都是這呆廝	[諺]다 이 어린 놈의 쳔이라.
的錢。	[現]다 이 어리석은 놈의 돈입니다.
[45a]騎的馬	[諺]튼는 물은 은 셜흔 냥 쏜 흔 필 マ장 것는 물이
三十兩一匹	오,
好竄行馬，	[現]타는 말은 은자 서른 냥으로 비싸고 가장 잘 걷
	는 말이고
鞍子是時樣	[諺]기르마는 시톄예 은 입 소 흔 수 견엣 됴흔 기르
減銀事件的	마 구레니,
好鞍轡，	[現]안장은 유행의 장식품으로 은 새겨넣은 좋은
	안장과 굴레들이니

◇◇◇

시톄[명]: 시체(時體, 그 시대의 풍습과 유행).
입 소 흐다[동]: 입사하다, 새겨 넣다, 껴 넣다, 상감
하다.
수 견[명]: 장식품.

| 通是四十兩 | [諺]대되 마은 냥 은을 엇더라. |
| 銀。 | [現]모두 은자 마흔 냥을 썼습니다. |

92. 穿衣服時

穿衣服時，	[諺]오술 니블쩐대,
	[現]옷을 입을진대
按四時穿衣	[諺]수 졀을 조차 옷 니브되,
服，	[現]사계절을 따라 옷을 입으되

◇◇◇

수 졀[명]: 사절, 사계절.

每日脫套換　　[諺]날마다 ᄒᆞᆫ 볼 벗고 ᄒᆞᆫ 볼 ᄀᆞ라닙ᄂᆞ니.
套。　　　　　[現]날마다 한 벌 벗고 한 벌 갈아입습니다.
　　　　　　　◇◇◇
　　　　　　　볼[의]: 벌, 부.

春間好靑羅　　[諺]봄의ᄂᆞᆫ 됴흔 야쳥 노 이삭딕녕에,
衣撒,　　　　[現]봄에는 좋은 청흑색 나(羅) 비단 직령에
　　　　　　　◇◇◇
　　　　　　　노[명]: 나(羅), 얇고 성기게 짠 비단.
　　　　　　　이삭딕녕[명]: 직령의 한 가지.

白羅大搭　　　[諺]흰 노 큰 더그레예,
胡,　　　　　[現]흰 나 비단 큰 더그레에
　　　　　　　◇◇◇
　　　　　　　더그레[명]: 몽골어 'Degelei'에서 차용된 말이다.
　　　　　　　깃과 소매가 없거나 소매가 아주 짧은 겉옷. 중국에
　　　　　　　서 들어온 것으로, 조선 시대에는 배자(褙子), 반비
　　　　　　　의(半臂衣), 답호(褡護)라고도 했다.

柳綠（祿）　　[諺]프른 뉴쳥 노 ᄀᆞᄂᆞᆫ 줄옴 텰릭이오.
羅細褶兒。　　[現]유록(柳綠)색 나 비단 가는 주름 철릭입니다.
　　　　　　　◇◇◇
　　　　　　　뉴쳥[명]: 유청(柳靑), 유록(柳綠)색.
　　　　　　　줄옴[명]: 주름.
　　　　　　　텰릭[명]: 철릭, 무관의 공복.

到夏間,　　　[諺]녀롬 다ᄃᆞ거든,
　　　　　　　[現]여름에 다다르면

[45b]好極細　[諺]ᄀᆞ장 ᄀᆞᄂᆞᆫ 모시뵈 젹삼에,
的（皆）毛　　[現]가장 가는 모시베 적삼에
施布布衫,　　◇◇◇
　　　　　　　젹삼[명]: 적삼.

上頭繡銀條	[諺]우에논 슈노혼 흰 믠사 더그레예,
紗搭胡,	[現]위에는 수놓은 흰 민사(紗) 비단 더그레에
	◇◇◇
	슈놓다[동]: 수놓다, 자수하다.
	믠-[접두]: 민-.
鴨綠紗直	[諺]야토로 사 딕녕이오.
身。	[現]압록(鴨綠)색 사 비단 직령입니다.
	◇◇◇
	야토로[명]: 압록(鴨綠)색, 짙은 녹색.
到秋間是羅	[諺]ᄀᆞᆯ히 다돗거든 노 오시오.
衣裳。	[現]가을에 다다르면 나 비단 옷입니다.
到冬間,	[諺]겨올이 다돗거든,
	[現]겨울에 다다르면
	◇◇◇
	겨올[명]: 겨울.
界地紵絲襖	[諺]벽드르 문엣 비단 옷과,
子,	[現]벽돌 무늬 있는 비단 옷과
綠紬襖子,	[諺]초록 면듀 핫옷과,
	[現]초록(草綠)색 명주 솜옷과
	◇◇◇
	면듀[명]: 명주.
	핫옷[명]: 솜옷.
織金膝欄襖	[諺]금으로 쫀 膝欄흔 핫옷과,
子,	[現]금실로 짠 스란 무늬를 한 솜옷과

茶褐水波浪　　[諺]감찰비치 믈껼 바탕에 ᄉ화 문흔 비단 핫옷과,
地兒四花襖　　[現]다갈색 물결 바탕에 네 개의 꽃 무늬를 짜넣은
子,　　　　　비단 솜옷과
　　　　　　　◇◇◇
　　　　　　　믈껼[명]: 물결.

青六雲襖　　　[諺]야청빗체 六雲文 비단 핫옷과,
子,　　　　　[現]청흑색 여섯 개의 구름 무늬를 짜넣은 비단 솜
　　　　　　　옷과

[46a]茜紅氈　[諺]곡도숑 믈드린 블근 빗체 털조차 쫀 비단과 남
毯藍綾子袴　　능 고의에,
兒,　　　　　[現]꼭두서니 물들인 붉은 색 털까지 짠 비단과 남
　　　　　　　색 능(綾) 비단 고의(袴衣)에
　　　　　　　◇◇◇
　　　　　　　곡도숑[명]: 꼭두서니.
　　　　　　　남[명]: 남색.
　　　　　　　고의[명]: 고의(袴衣, 남자의 바지).

白絹汗衫,　　[諺]흰 깁 한삼과,
　　　　　　　[現]흰 깁 비단 적삼과
　　　　　　　◇◇◇
　　　　　　　한삼[명]: 적삼, 속옷.

銀褐紵絲板　　[諺]은빗채 비단 너븐 주름 텰릭과,
摺兒,　　　　[現]은색 비단 넓은 주름 철릭과
短襖子,　　　[諺]뎌른 핫옷과,
　　　　　　　[現]짧은 솜옷과
　　　　　　　◇◇◇
　　　　　　　뎌르다[형]: 짧다.

黑緑紵絲比	[諺]黑緑빗체 비단 비게를 ᄒᆞ여,
甲。	[現]흑록색 비단 비갑옷을 해서
	◇◇◇
	비게[명]: 비갑(옷의 이름, 소매가 없으며 앞섶이 여며지지 않고 두 쪽이나 나란히 맞닿은 철릭의 일종이다).
這般按四時	[諺]이러트시 ᄉᆞ절을 조차 오ᄉᆞᆯ 닙드라.
穿衣裳。	[現]이렇듯이 사계절을 따라 옷을 입습니다.
	◇◇◇
	이러트시[부]: 이렇듯이, 이러하듯이.

93. 繫腰時

繫腰時,	[諺]씌도,
	[現]띠도
	◇◇◇
	씌[명]: 허리띠.
也按四季,	[諺]쏘 ᄉᆞ절을 조차 히오되,
	[現]또 사계절을 따라 하되
春裏繫金條	[諺]봄에ᄂᆞᆫ 금툐환 씌고,
環;	[現]봄에는 금으로 된 띠고리가 달리고 금실을 섞어 꼬아 만든 띠를 띠고
	◇◇◇
	금툐환[명]: 금으로 된 띠고리가 달리고 금실을 섞어 꼬아 만든 띠.

| 夏裏繫玉鉤子， | [諺]녀름에는 옥으로 쯰 긋테 갈(길)구리 ᄒ니를 쯰오되， |
| | [現]여름에는 끝 부분에 옥으로 만든 고리를 단 허리띠를 띠되 |

◇◇◇

갈구리[명]: 갈고리, 띠고리.
쯰다[동]: 띠다, 두르다, 매다, 차다.

[46b]最低的是菜玉，	[諺]ᄀ장 ᄂᄌ니아 菜玉이오，
	[現]제일 나쁜 것이라야 채옥(菜玉)이고
最高的是羊脂玉；	[諺]ᄀ장 놉프니는 羊脂玉이오，
	[現]제일 좋은 것은 양지옥(羊脂玉)이고
秋裏繫減金鉤子，	[諺]ᄀ슬히는 금 입ᄉ혼 구ᄌ를 쯰ᄂ니，
	[現]가을에는 금으로 상감한 띠고리 띠를 띠는데

◇◇◇

ᄀ슳[명]: '가을'의 옛말. 휴지(休止) 앞에서는 'ㅎ'이 탈락하여 'ᄀ슬'로 나타난다.
구ᄌ[명]: 구자, 띠고리, 갈고리.

| 尋常的不用， | [諺]샹녜 쎠슨 쓰디 아니코， |
| | [現]보통의 것은 쓰지 아니하고 |

◇◇◇

샹녜[명]: 상례(常例), 보통.

| 都是玲瓏花樣的； | [諺]다 셜픠게 곳 사긴 거시러라. |
| | [現]다 영롱하게 꽃 새긴 것입니다. |

◇◇◇

셜픠다[형]: 영롱하다, 찬란하다.
사기다[동]: 새기다.

冬裏繫金廂	[諺]겨올이어든 금으로 보셕에 젼메워 워젼즈러니
寶石鬧裝,	쑤민 씌를 씌며,
	[現]겨울이면 금으로 보석을 상감하여 요란스럽게 꾸민 띠를 띠며

◇◇◇

보셕[명]: 보석.
젼메우다[동]: 상감하다.
워젼즈런니[부]: 요란스럽게, 어수선하게, 수선스럽게.
쑤미다[동]: 꾸미다, 장식하다.

又繫有綜眼	[諺]쏘 종구무 잇는 오셔각으로 밍근 씌를 씌엇드라.
的烏犀繫	[現]또 무소뿔 눈 모양의 무늬가 있는 오서각(烏犀角)으로 만든 띠를 띠었습니다.
腰。	

◇◇◇

종구무[명]: 무소뿔에 나타나 있는 눈 모양의 무늬 (뿔 가운데 가장 고급품으로 여겼다).
오셔각[명]: 오서각(烏犀角), 코뿔소의 뿔.

94. 戴帽時

頭上戴的好	[諺]머리에 쁜 거슨 됴흔 돈피 이엄이오,
貂鼠皮披	[現]머리에 쓴 것은 좋은 담비 가죽으로 만든 어깨까지 가려지는 이엄(耳掩)이고
肩,	

◇◇◇

돈2[명]: 돈(獤), 노랑가슴담비.
돈피[명]: 담비의 모피, 노랑 가슴담비의 가죽.
이엄[명]: 이엄(耳掩), 피견(관복을 입을 때에 사모 밑에 쓰던 모피로 된 방한구).

[47a]好纓
樱金頂大帽
子。

[諺]됴흔 종(즁)나모 실로 밋(믓)고 금(그)딩즈 브
틴 갓이니,
[現]좋은 종려나무 실로 맺고 금중자를 부친 갓인데
◇◇◇
종나모[명]: 종려나무.
밋다[동]: 맺다, 걷다.
딩즈[명]: 증자(頂子, 전립 따위의 위에 꼭지처럼
만들어 달던 꾸밈새).
브티다[동]: 붙이다, 부치다, 부탁하다.

這一箇帽
子,

[諺]이 흔 갓은,
[現]이 갓 하나는

結裏四兩銀
子。

[諺]녁 량 은을 드려 민그릇고,
[現]은자 넉 냥을 들여 만들었고
◇◇◇
민글다[동]: 만들다.

又有紵絲剛
叉帽兒,

[諺]쏘 비단으로 드르 두 녁 가르뻐 돌마기 둘온 갓
애,
[現]또 비단으로 도래를 둘로 갈라내어 단추를 단
갓에
◇◇◇
드르[명]: 도래, 갓양태.
가르뻐다[동]: 가로로 타다, 두 갈래로 나누다.
돌마기[명]: 단추.
돌다2[동]: 달다, 붙이다.

羊脂玉頂
子。

[諺]양지오 딩즈 브텨시니,
[現]양지옥 증자를 부쳤는데

這一箇帽
子,

[諺]이 흔 갓은,
[現]이 갓 하나는

結裹三兩銀子。	[諺]셕 량 은을 드려 빙그라 내엿고,
	[現]은자 석 냥을 들여 만들어 냈고
又有天靑紵絲帽兒,	[諺]쏘 텬쳥빗체(졔) 비단 갓과,
	[現]또 하늘색 비단 갓과
雲南氈帽兒,	[諺]雲南에서 난 젼으로 혼 갓과,
	[現]운남(雲南)에서 난 모전으로 만든 갓과

◇◇◇

젼1[명]: 젼(氈), 모전.

| 又有貂鼠皮狐帽, | [諺]쏘 돈피 털갓(깃)애, |
| | [現]또 담비 털가죽으로 만든 갓인데 |

◇◇◇

털갓[명]: 털가죽으로 만든 갓(모자).

| [47b]上頭都有金頂子。 | [諺]우희 다 금딩즈 잇드라. |
| | [現]위에 다 금정자가 있습니다. |

95. 穿靴時

| 穿靴時, | [諺]훠롤 신을딘대, |
| | [現]가죽신을 신을진대 |

◇◇◇

훠[명]: 목이 있는 가죽신.
-을딘대[어미]: 예스러운 표현으로 앞 절의 일을 인정하면서, 그것을 뒤 절 일의 조건이나 이유, 근거로 삼음을 나타내는 연결 어미. 장중한 어감을 띰. -을진대.

| 春間穿皂麂皮靴, | [諺]봄(봄)에는 거믄 기즈피 훠롤 신오되, |
| | [現]봄에는 검은 사슴 가죽신을 신으되 |

◇◇◇

기즈피[명]: 궤피, 개발사슴의 가죽.

| 上頭縫着倒 | [諺]우희 구룸 갓(깃)고로 드리웟게 호와 잇고, |
| 提雲。 | [現]위에 구름 거꾸로 늘어뜨리게 꿰매있고 |

◇◇◇

갓고로[부]: 거꾸로.
드리우다[동]: 늘어뜨리다, 매달다.
-게4[어미]: -게.
호다[동]: 바느질하다, 꿰매다, 달다, 부착하다.

夏間穿獤皮	[諺]녀름에는 뎐피훠롤 신고,
靴。	[現]여름에는 양 가죽신을 신고
到冬間穿嵌	[諺]겨을에는 금(그)션조차 남비단 갸품 낀 흰 기
金線藍條子	즈피 훠롤 신오되,
白鹿皮靴，	[現]겨울에는 남색 비단 솔기에 금실까지 끼운 백
	색 사슴 가죽신을 신으되

◇◇◇

겨을[명]: 겨울.
금션[명]: 금실.
갸품[명]: 옷이나 신의 혼 솔기에 끼우는 다른 띠오리.

氈襪穿好絨	[諺]시욹쳥은 됴흔 보드라온 털로 미론 쳥 신어 쇼
毛襪子，	되,
	[現]모전으로 만든 버선은 좋고 부드러운 털로 짠
	버선을 신고 있으되

◇◇◇

쳥[명]: 버선.
시욹쳥[명]: 전(氈)버선, 모전으로 만든 버선.
보드랍다[형]: 보드랍다, 부드럽다.

都使大紅紵	[諺]다 다홍(홍)비단으로 깃 두라 이시니,
絲緣（綠）	[現]모두 붉은 비단으로 깃을 달았는데
口子。	

一對靴上,	[諺]흔 빵 훠에,
	[現]한 컬레의 가죽신에
	◇◇◇
	빵[의]: 쌍, 컬레.
[48a]都有紅	[諺]다 블근 실로 고 드라 잇더라.
絨鴈爪;	[現]다 붉은 실로 기러기의 발가락 모양으로 장식
	했습니다.
	◇◇◇
	고[명]: 가죽신에 붉은 실로 기러기의 발가락 모양
	으로 장식하다.
那靴底,	[諺]뎌 훠 챵이,
	[現]저 가죽신의 밑창은
	◇◇◇
	챵[명]: 밑창.
都是兩層淨	[諺]다 두 층 조흔 챵애,
底;	[現]다 두 층 좋은 밑창인데
上的線,	[諺]드라 잇는 실은,
	[現]꿰매있는 실은
蠟打了,	[諺]밀 텨 잇고,
	[現]밀납을 먹였고
	◇◇◇
	티다4[동]: 치다, 바르다, 먹이다.
錐兒細線	[諺]송고순 ᄀᆞᄅᆞ고 노흔 굴그니,
麤,	[現]송곳은 가늘고 노끈은 굵으니
	◇◇◇
	ᄀᆞᄅᆞ다[형]: 가늘다.

上的分外的	[諺]ᄃᆞ라 잇ᄂᆞᆫ 양이 분외에 구드니,
牢壯,	[現]꿰매있는 모양이 특별히 굳으니
	◇◇◇
	분외[명]: 제 분수 이상, 특별히.
好看。	[諺]보기 됴트라.
	[現]보기 좋습니다.

96. 喫飯時

喫飯時,	[諺]밥 머글 제ᄂᆞᆫ,
	[現]밥 먹을 때는
揀口兒喫。	[諺]입에 먹검즉ᄒᆞᆫ 거슬 ᄀᆞᆯᄒᆞ여 먹더라.
	[現]입에 먹음직한 것을 골라 먹습니다.
清早晨起	[諺]일른 아ᄎᆞ믜 니러나,
来,	[現]이른 아침에 일어나
梳頭洗面	[諺]머리 빗고 ᄂᆞᆺ 싯고,
了,	[現]머리를 빗고 얼굴을 씻고
先喫些箇醒	[諺]몬져 술 ᄭᆡ오ᄂᆞᆫ 탕을 먹고,
酒湯,	[現]먼저 술 깨우는 탕을 먹고
	◇◇◇
	ᄭᆡ오다[동]: 깨우다.
[48b]或是些	[諺]혹 효근 샹화 먹고,
點心。	[現]혹은 좋은 만두를 먹고
然後打餅熬	[諺]후에 떡 밍ᄀᆞᆯ며 羊肉 고으며,
羊肉,	[現]그 다음에 떡 만들고 양고기를 고으며

| 或白煑着羊 | [諺]혹 믈에 양의 존둥과 가슴을 솖마 먹고,
| 腰節胷子喫 | [現]혹은 맹물에 양의 잔등과 안심을 삶아 먹고
| 了時, | ◇◇◇
| | 믈[명]: 맹물.
| | 존둥[명]: 잔등, 등심.
| | 가슴[명]: 가슴, 안심.

騎着鞍馬,　　[諺]안마 투고,
　　　　　　[現]안장을 지운 말을 타고
　　　　　　◇◇◇
　　　　　　안마[명]: 안장을 지운 말.

引着伴儅,　　[諺]반당 드리고,
　　　　　　[現]하인들을 데리고

着幾箇幇閑　　[諺]여러 노롯바치로 놀이ᄒ거든,
的盤弄着,　　[現]여러 광대들한테 부추김을 당하면
　　　　　　◇◇◇
　　　　　　노롯바치[명]: 재인, 광대.
　　　　　　놀이ᄒ다[동]: 놀이하다, 희롱을 당하다, 부추김을
　　　　　　당하다.

先投大酒肆　　[諺]몬져 큰 술져제 가 안자셔.
裏坐下。　　　[現]먼저 큰 술 시장에 가 앉아서

一二兩酒　　　[諺]ᄒ두 냥엣 술, 고기를,
肉,　　　　　[現]한두 냥이 되는 술과 고기를

喫了時,　　　[諺]먹거,
　　　　　　[現]먹어

酒帶半酣,　　[諺]술을 반만 취ᄒ여 가지고,
　　　　　　[現]술을 반쯤 취해 가지고

引動淫心,　　[諺]淫心을 내여,
　　　　　　[現]음심(淫心)을 내어

[49a]唱的人　　[諺]놀애 브르는 사름의 집의 가.
家裏去。　　　[現]노래 부르는 사람의 집에 갑니다.
　　　　　　　◇◇◇
　　　　　　　놀애[명]: 노래.
　　　　　　　브르다[동]: 부르다.
到那裏，　　　[諺]뎌긔 가셔,
　　　　　　　[現]저기에 가서
教那彈絃子　　[諺]뎌 줄풍(품)뉴 뜬고 거즛말 ᄒᆞ는 놈들로 ᄒᆞ여,
的謊厮們，　　[現]저 현악을 타고 거짓말 하는 놈들한테
　　　　　　　◇◇◇
　　　　　　　줄풍뉴[명]: 현악.
　　　　　　　뜬다[동]: 타다, 켜다, 연주하다.
捉弄着，　　　[諺]놀(늘)이ᄒᆞ며셔,
　　　　　　　[現]희롱을 당하면서
　　　　　　　◇◇◇
　　　　　　　-며셔[어미]: 예스러운 표현으로 동사, 형용사 어
　　　　　　　간에 붙어, 두 가지 이상의 움직임이나 사태 따위가
　　　　　　　동시에 겸하여 있음을 나타내는 연결 어미. -면서.
假意兒叫幾　　[諺]거즛 여러 소리(의)로 브르되,
聲，　　　　　[現]거짓으로 여러 번 부르되
舍人公子，　　[諺]샤의 공지야!
　　　　　　　[現]나리 공자님!
　　　　　　　◇◇◇
　　　　　　　샤의[명]: 측근자, 나리, 문객.
早開手使錢　　[諺]일즉기 손 여러 돈 쓰라 ᄒᆞ여든,
也。　　　　　[現]일찍이 손을 열어 돈을 쓰라 하면

那錢物只由 那幇閑的人 支使,	[諺]그 錢物을 뎌 노롯ᄒᆞᄂᆞᆫ 놈들의 ᄆᆞᄋᆞᆷ대로 쓰게 ᄒᆞ고, [現]그 재물(錢物)을 저 희롱하는 놈들이 마음대로 쓰게 하고
他只粧孤,	[諺]저는 그저 얼운다이, [現]본인은 그저 어른대로 ◇◇◇ 얼운[명]: 어른.
正面兒坐 着,	[諺]정면으로 안자, [現]정면의 자리에 앉아
做好漢。	[諺]어딘 남진 톄ᄒᆞ거든. [現]어진 남자인 척합니다. ◇◇◇ 톄ᄒᆞ다[보동]: 체하다.
那廝們,	[諺]뎌 놈들흔, [現]저 놈들은
[49b]將着銀 子花使了,	[諺]은을 가져셔 간대로 쓰고, [現]은자를 가져가서 함부로 쓰고
中間剋落了 一半兒,	[諺]듕간애 반이나 ᄀᆞᆯ여내여, [現]중간에 반이나 떼어먹어 ◇◇◇ 듕간[명]: 중간. ᄀᆞᆯ여내다[동]: 가려내다, 덜어내다, 가로채다, 떼어 먹다.
養活他媳婦 孩兒。	[諺]제 겨집과 ᄌᆞ식을 치니. [現]제놈의 계집과 자식을 먹여 살립니다. ◇◇◇ 치다[동]: 기르다, 봉양하다, 먹여 살리다.

一箇日頭，	[諺]흔 날애,
	[現]하루에는
比及到晚出	[諺]나조히 다두라 나오매 미치는,
来時，	[現]저녁이 다되도록 나오는데
至少使三四	[諺]ᄀ장 져거야 서너 량 은을 쁘ᄂ니.
兩銀子。	[現]가장 적어야 서너 냥 은자를 씁니다.
後来使的家	[諺]후에 집의 뿔 거시,
私，	[現]나중에 집에 쓸 것이
漸漸的消乏	[諺]졈졈 업서,
（之）了，	[現]점점 없어져서
	◇◇◇
	졈졈[부]: 점점.
人口頭匹家	[諺]사름, ᄆ쇼, 가지, 금은 긔명을,
財金銀器	[現]사람, 가축, 가재, 금은 그릇붙이들을
皿，	◇◇◇
	가지[명]: 가재.
	긔명[명]: 기명, 그릇붙이.
都盡賣了，	[諺]다 풀며,
	[現]다 팔며
[50a]田産	[諺]뎐디며 집을 볼모드리니,
房舍也典儅	[現]논밭과 집을 저당 잡혔으니
了，	◇◇◇
	볼모드리다[동]: 저당 잡히다.
身上穿的也	[諺]몸애 니블 것도 업스며,
沒，	[現]몸에 입을 것도 없으며
口裏喫的也	[諺]입에 먹을 것도 업스니.
沒。	[現]입에 먹을 것도 없습니다.

幇閑的那廝們,	[諺]	노룻ᄒ던 그놈들히,
	[現]	왈짜패 그 놈들이
更沒一箇肯	[諺]	노의여 ᄒ나토 긔수ᄒ리 업서.
偢保的。	[現]	다시 아랑곳하는 사람이 하나도 없습니다.

◇◇◇

노의여[부]: 다시, 전혀.
긔수ᄒ다[동]: 아랑곳하다, 거들떠보다, 상대하다.

如今跟着官人拿馬,	[諺]	이제ᄂ 관원을 조차 ᄃ녀 ᄆᆞᆯ을 잡아,
	[現]	이제는 관원을 따라 다니며 말을 잡아주고
且得暖衣飽飯。	[諺]	아직 아므려나 옷 덥고 밥 ᄇᆡ브르고져 ᄒᆞᄂᆞ라.
	[現]	아직 어쨌거나 옷을 덥게 입고 밥을 배부르게 먹고자 합니다.

第六章　辭別起程

97. 我買這貨物要去涿州賣去

| 我買這貨物， | [諺]내 이 황호엣 것들 사, |
| | [現]나는 이 화물들을 사서 |

◇◇◇

황호[명]: 잡화, 화물.

要涿州賣去。	[諺]涿州로 풀라 가려 ᄒ더니,
	[現]탁주(涿州)로 팔러 가려고 했더니
[50b]這幾日爲請親眷筵席，	[諺]요즈음 권당 쳥ᄒ여 이바디ᄒ며,
	[現]요즘 친척들을 초청해서 잔치를 하며
又爲病疾耽閣，	[諺]ᄯ또 병으로 머믈어,
	[現]또 병으로 머믈어
不曾去的。	[諺]가디 못ᄒ엿더니,
	[現]가지 못했는데
我如今去也。	[諺]내 이제 가노라.
	[現]나는 이제 갑니다.
火伴你落後好坐的着。	[諺]벗아! 너는 뻐뎌 됴히 안자시라.
	[現]친구! 당신은 여기서 잘 앉아 계십시오.
我到那裏，	[諺]내 뎌긔 가,
	[現]내가 거기에 가서
賣了貨物便来。	[諺]황호 폴고 즉시 오마.
	[現]화물을 팔고 즉시 돌아오겠습니다.

你好去着。	[諺]네 됴히 가라.	
	[現]당신은 잘 가십시오.	
我賣了這人蔘毛施布時，	[諺]내 이 人蔘과 모시뵈 풀면,	
	[現]내가 이 인삼과 모시베를 팔면	
不揀幾日，	[諺]아므 날이라 업시,	
	[現]아무 날이라 상관없이	
好歹等你來，	[諺]모로매 너를 기드려셔,	
	[現]반드시 당신을 기다려서	
[51a]咱商量買迴去的貨物。	[諺]우리 도라갈 貨物 사기를 의논ᄒ리니,	
	[現]우리가 돌아갈 화물 사기를 상의하고 싶으니	
你是必早來。	[諺]네 모로미 일 오라.	
	[現]당신은 반드시 일찍 오십시오.	

98. 這蔘是好麼

店主人家，	[諺]뎜 쥬인아!
	[現]여관 주인집!
引着幾箇鋪家来，	[諺]여러 젼 사름을 드려 오라.
	[現]여러 가게 사람들을 데려오십시오.

◇◇◇

젼2[명]: 가게, 점포.

商量人蔘價錢。	[諺]人蔘 갑슬 의논ᄒ쟈.
	[現]인삼 값을 상의합시다.

這蔘是好麼？	[諺]이 심이 됴ᄒᆞ냐?
	[現]이 인삼이 좋습니까?

◇◇◇

심[명]: 삼, 인삼.

将些樣蔘来我看。	[諺]본 볼(블) 심 가져오라. 내 보쟈.
	[現]본 볼 인삼을 가져와서 내가 봅시다.
這蔘是新羅蔘也,	[諺]이 심은 新羅ㅅ 심이라,
	[現]이 인삼은 신라(新羅)의 삼입니다.
着中。	[諺]듕(로)품이로(듕)다.
	[現]중품입니다.

◇◇◇

듕품[명]: 중품.

你說甚麼話！	[諺]네 므슴 말을 니ᄅᆞᆫ다?
	[現]당신은 무슨 말을 합니까?
這蔘絶高,	[諺]이 심이 ᄀᆞ장 됴ᄒᆞ니,
	[現]이 인삼이 가장 좋은 것이니
怎麼做着中的看？	[諺]엇디 듕품으로 보ᄂᆞᆫ다?
	[現]어찌 중품으로 봅니까?
[51b]牙家說,	[諺]즈름이 닐오되,
	[現]주릅이 말하되,
你兩家不須折辨高低。	[諺]너희 둘히 구틔여 됴홈, 구즘을 분변티 말라.
	[現]당신 둘이서 구태여 좋고 나쁨을 분변하지 마십시오.

◇◇◇

분변ᄒᆞ다[동]: 분변하다, 판별하다, 분간하다, 분별하다.

如今時價五錢一斤,	[諺]이제 시개 닷 돈에 흔 근식이니, [現]이제 시가에 닷 돈에 한 근썩이니
有甚麽商量!	[諺]므슴 혜아림이 이시(사)리오? [現]무엇을 상의할 것이 있습니까?
你這蔘多少斤重?	[諺]네 이 蔘이 몃 근 므긔고? [現]당신의 이 인삼은 무게가 몇 근입니까?

◇◇◇

므긔[명]: 무게.

我這蔘一百一十斤。	[諺]내 이 蔘이 일뷕 열 근이라. [現]내 이 인삼은 일백 열 근입니다.
你稱如何?	[諺]네 저울이 엇더ᄒ뇨? [現]당신의 저울이 어떻습니까?
我的是官稱,	[諺]내 하는 구윗 저울이라. [現]내 것은 관청의 저울입니다.
放着印子裏,	[諺]인 텻ᄂ니, [現]관인이 찍혔으니
誰敢使私稱!	[諺]뉘 감히 아름저울 쓰리오? [現]누가 감히 사적 저울을 씁니까?

◇◇◇

아름저울[명]: 개인이 사사로이 만들어 쓰는 저울.

這價錢一㝎也,	[諺]이 갑시 일뎡커다. [現]이 값이 정했습니다.

◇◇◇

일뎡ᄒ다[동]: 일정(一定)하다.

[52a]我只要上等官銀,	[諺]내 샹등엣(앳) 됴흔 은을(올) 바드되, [現]나는 상등급 된 좋은 은자를 받으되

見要銀子,	[諺]앏픠셔 즉제 은을 밧고,	
	[現]앞에서 즉시 은자를 받고	

◇◇◇

앏프3[명]: '앞'의 옛말, 지금, 현재.

不賒。	[諺]드리오디 아니호리라.
	[現]외상으로 하지 않습니다.

◇◇◇

드리오다[동]: 외상하다, 외상으로 하다.

怎那般說!	[諺]엇디 그리 니ᄅᆞᄂᆈ?
	[現]어찌 그렇게 말합니까?
銀子與你好的。	[諺]은은 너를 됴한 이를 주려니와,
	[現]은자는 당신에게 좋은 것을 주려니와
買貨物的,	[諺]황호 사는 이,
	[現]상품을 사는 사람이
那裏便與見銀!	[諺]어디 앏픠셔 즉제 은을 주리(리)오?
	[現]어디 앞에서 즉시 은자를 줍니까?
須要限幾日。	[諺]모로미 여러날 그음ᄒᆞ쟈.
	[現]반드시 며칠 한정합시다.

◇◇◇

그음ᄒᆞ다[동]: 한정하다, 한도로 하다.

你兩家休争。	[諺]너희 둘(들)히 싯구디 말고,
	[現]당신 둘이서 다투지 말고
限十箇日頭,	[諺]열흘만 그음ᄒᆞ야,
	[現]열흘만 한정하여
還足價錢。	[諺]갑슬 차게 가폴 ᄯᅥ시라.
	[現]값을 차게 다 갚을 것입니다.

這般時，	[諺]이러면,	
	[現]이렇다면	
[52b]依着牙家話。	[諺]즈름의 말대로 ᄒᆞ쟈.	
	[現]주릅의 말대로 합시다.	
這蔘稱了，	[諺]이 심을 ᄃᆞ니,	
	[現]이 인삼을 달아보니	
只有一百斤。	[諺]다만 일ᄇᆡᆨ 근이로다.	
	[現]다만 일백 근입니다.	
你說一百一十斤，	[諺]네 닐오ᄃᆡ 일ᄇᆡᆨ 열 근이라 ᄒᆞ더니,	
	[現]당신이 말하되 일백 열근이라고 하더니	
那一十斤，	[諺]뎌 열 근은,	
	[現]저 열 근은	
却在那裏？	[諺]ᄯᅩ 어ᄃᆡ 잇ᄂᆞ뇨?	
	[現]또 어디에 있습니까?	
我家裏稱了一百一十斤。	[諺]내 집의셔 ᄃᆞ니 일ᄇᆡᆨ 열 근이러니.	
	[現]나는 집에서 달아보니 일백 열 근입니다.	
你這稱大，	[諺]네 이 저울이 세니,	
	[現]당신의 이 저울이 세니까	
因此上，	[諺]이런 젼ᄎᆞ로,	
	[現]이런 까닭으로	
折了十斤。	[諺]열 근이 ᄉᆞ도다.	
	[現]열 근이 줄었습니다.	

◇◇◇

ᄉᆞ다[동]: 까다, 줄다, 축나다.

那裏稱大！	[諺]어ᄃᆡ 저울이 세리오?
	[現]어디 저울이 셉니까?

這蔘你来時　　[諺]이 심이 네 올 제 져기 저젓다가,
節有些濕，　　[現]이 인삼이 당신이 올 적에 조금 젖어있다가
如今乾了，　　[諺]이제 물라시니,
　　　　　　　[現]이제 말랐으니
[53a]因此　　[諺]이런 젼츠로,
上，　　　　　[現]이런 까닭으로
折了這十　　　[諺]이 열 근(ㅅ)이 싄도다.
斤。　　　　　[現]이 열 근이 줄었습니다.
這蔘做了五　　[諺]이 심을 다숫 운에 논화,
分兒分了，　　[現]이 인삼을 다섯 몫으로 나눠
　　　　　　　◇◇◇
　　　　　　　운[의]: 몫.
　　　　　　　논호다[동]: 나누다, 분리하다.
一箇人二十　　[諺]ᄒ나히 스므 근식 ᄒ야.
斤家。　　　　[現]하나에 스무 근씩 하여
每一斤五　　　[諺]미 ᄒ 근에 닷 돈식 ᄒ면,
錢，　　　　　[現]매 한 근에 닷 돈씩 하면
二十斤該十　　[諺]스므 근에 열 량이니.
兩。　　　　　[現]스무 근에 열 냥입니다.
通計五十　　　[諺]대되 혜니 쉰(슈) 냥이로다.
兩。　　　　　[現]모두 계산하니 쉰 냥입니다.

99. 你這毛施布細的價錢麁的價錢要多少

又店主人　　　[諺]쏘 뎜 쥬인아!
家，　　　　　[現]또 여관 주인집!

引將幾箇買	[諺]여러 모시뵈(븨) 살 나(니)그내 켜 오라.
毛施布的客	[現]모시베 살 나그네를 여러 명을 데려오십시오.
人來。	◇◇◇
	켜다[동]: 끌다, 데리다.
你這毛施	[諺]네 이 모시뵈,
布，	[現]당신의 이 모시베
細的價錢，	[諺]ᄀᆞᄂᆞ 이엣 갑과,
	[現]촘촘한 모시베의 값과
	◇◇◇
	ᄀᆞᄂᆞ 이: 가는 모시베, 촘촘한 모시베.
[53b]麤的價	[諺]굴근 이엣 갑슬,
錢，	[現]성긴 모시베의 값을
	◇◇◇
	굴근 이: 굵은 모시베, 성긴 모시베.
要多少？	[諺]언멋식 밧고져 ᄒᆞᄂᆞᆫ다?
	[現]얼마씩 받고자 합니까?
細的上等好	[諺]ᄀᆞᄂᆞ 上等엣 됴흔 뵈(븨)ᄂᆞᆫ,
布，	[現]촘촘한 상등급 된 좋은 베는
要一兩二	[諺]ᄒᆞᆫ 냥 두 돈 밧고,
錢；	[現]한 냥 두 돈을 받고
麤的要八	[諺]굴근 이ᄂᆞᆫ 여닯 돈 밧고져 ᄒᆞ노라.
錢。	[現]성긴 모시베는 여덟 돈을 받고자 합니다.
這黃布，	[諺]이 가ᄆᆞᆫ 뵈예,
	[現]이 누른 베는
	◇◇◇
	감다[형]: 누르다.

好的多少價錢？	[諺]됴ᄒᆞ니는 갑시 언몌며, [現]좋은 것은 값이 얼마이고
低的多少價錢賣？	[諺]사오나온 이는 언머 쌉(씹)세 폴다? [現]나쁜 것은 얼마에 팝니까?
這一等好的一兩，	[諺]이 ᄒᆞᆫ 등엣 됴ᄒᆞᆫ 이는 ᄒᆞᆫ 냥이오, [現]이 등급 된 좋은 모시베는 한 냥이고
這一等較低些的七錢家。	[諺]이 ᄒᆞᆫ 등엣 져기 ᄂᆞ즉ᄒᆞᆫ 이는 닐곱 돈식이라. [現]이 등급 된 조금 나직한 것은 일곱 돈씩입니다. ◇◇◇ ᄂᆞ즉ᄒᆞ다[형]: 나직하다.
你休胡討價錢，	[諺]네 간대로 갑 쇼오디 말라. [現]당신은 함부로 값을 에누리하지 마십시오. ◇◇◇ 쇼오다[동]: 꾀다, 꾀오다, 에누리하다.
[54a]這布如今見有時價。	[諺]이 뵈 이제 번ᄃᆞᆯ시 時價ㅣ 이시니. [現]이 베는 이제 뚜렷히 시가가 있습니다. ◇◇◇ 번ᄃᆞᆯ시[부]: 뚜렷이, 환히.
我買時，	[諺]내 사면, [現]내가 사면
不是買自穿的，	[諺]이 내 니블 것시 아니라, [現]내가 입을 것이 아니라
一裝買將去，	[諺]홈ᄭᅴ 사 가져가, [現]함께 사 가져가서
要覓些利錢。	[諺]리쳔을 엇고져 ᄒᆞ노라. [現]이전을 얻고자 합니다. ◇◇◇ 리쳔[명]: 이전(利錢), 이익.

我依着如今的價錢,	[諺]내 이젯 갑스로 조차,	
	[現]나는 이제의 값을 따라	
還你,	[諺]너를 주리(러)라.	
	[現]당신한테 주겠습니다.	
這毛施布高的一兩,	[諺]이 모시뵈 됴훈 이는 훈 냥이오,	
	[現]이 모시베 좋은 것은 한 냥이고	
低的六錢;	[諺]ᄂ즌 이는 엿 돈이오.	
	[現]낮은 것은 엿 돈입니다.	
這黃布高的九錢,	[諺]이 가믄 뵈 됴훈 이는 아홉 돈이오,	
	[現]이 누른 베는 좋은 것은 아홉 돈이고	
低的五錢。	[諺]ᄂ즌 이는 닷 돈식 ᄒ야.	
	[現]낮은 것은 닷 돈씩 합니다.	
[54b]我不賒你的,	[諺]내 네것 드리오디 아니코,	
	[現]나는 당신에게 외상으로 하지 아니하고	
一頓兒還你好銀子。	[諺]흠끠 너를 됴훈 은을 주리라.	
	[現]함께 당신에게 좋은 은자를 줄 것입니다.	
牙家說,	[諺]즈름이 니ᄅ되,	
	[現]주릅이 말하되,	
他們還的價錢是着實的。	[諺]뎌의 주려 ᄒ는 갑시 올흐니.	
	[現]저 사람이 주려고 하는 값이 옳습니다.	
你客人們,	[諺]너 나그너들훈,	
	[現]당신 나그네들은	
遼東新来,	[諺]료동으로셔 새로 와시니,	
	[現]요동(遼東)으로서 처음 왔으니	

不理會得這着實的價錢。	[諺]이 바른 갑슬 아디 못ᄒᄂ니. [現]이 바른 값을 모릅니다.	
你休疑惑,	[諺]네 의심 말고, [現]당신들은 의심하지 말고	
成交了罷。	[諺]흥졍 ᄆᆞᆺ춤이 무던ᄒᆞ다. [現]매매를 마쳐도 괜찮겠습니다.	
這們時,	[諺]이러면, [現]이렇다면	
價錢依着你,	[諺]갑슨란 너를 조츠려니와, [現]값은 당신을 따르려니와	
銀子依的我時,	[諺]은으란 내 말대로 ᄒᆞ면, [現]은자는 내 말대로 하면	
[55a]成交;	[諺]흥졍을 ᄆᆞᆺ고, [現]매매를 마치고	
依不得我時,	[諺]내 말대로 아니면, [現]내 말대로 아니하면	
我不賣。	[諺]내 ᄑᆞ디 아니리라. [現]나는 팔지 아니합니다.	
我這低銀子都不要,	[諺]내 이 사오나온 은으란 다 마다. [現]나는 이 나쁜 은자는 다 싫습니다.	
你只饋我一樣的好銀子。	[諺]네 나ᄅᆞᆯ ᄒᆞ가지 됴ᄒᆞᆫ 은을 주고려. [現]당신은 나에게 한가지 좋은 은자를 주십시오.	
似你這般都要官銀時,	[諺]네 이러트시 다 구읫나기 은으로 바드면, [現]당신은 이렇듯이 다 관청에서 난 은자를 받으면	

虧着我。	[諺]내게 셜웨라.	
	[現]내게 손해입니다.	
待虧你多少?	[諺]네게 언머나 셜오뇨?	
	[現]당신에게 얼마나 손해됩니까?	
肯時成交,	[諺]즐기거든 흥졍을 ᄒᆞ고,	
	[現]좋다면 매매를 하고	
不肯時你別處買去。	[諺]슬커든 네 다ᄅᆞᆫ ᄃᆡ 사라 가라.	
	[現]싫으면 당신이 다른 곳에 사러 가십시오.	
這們時,	[諺]이러면,	
	[現]이렇다면	
[55b]與你這好銀子買。	[諺]너를 됴ᄒᆞᆫ 은을 주고 사리라.	
	[現]당신에게 좋은 은자를 주고 사겠습니다.	

100. 你這布裏頭長短不等

你這布裏頭,	[諺]네 이 뵈 듕에,	
	[現]당신의 이 베 중에	
長短不等,	[諺]댱단이 ᄀᆞᆺ디 아니ᄒᆞ다.	
	[現]긺과 짧음이 같지 아니합니다.	

◇◇◇

댱단[명]: 장단(長短), 긺과 짧음.

有勾五十尺的,	[諺]쉰 자 남으니도 이시며,	
	[現]쉰 자가 남은 것도 있으며	
也有四十尺的,	[諺]쏘 마은 자치도 이시며,	
	[現]또 마흔 자가 된 것도 있으며	
也有四十八尺的,	[諺]쏘 마은 여듧 자치도 이시니,	
	[現]또 마흔 여덟 자가 된 것도 있으니	

長短不等。　　[諺]댱단이 굿디 아니ᄒᆞ다.
　　　　　　　[現]깊과 짧음이 같지 아니합니다.
這布都是地　　[諺]이 뵈ᄂᆞᆫ 다 믿ᄯᅡ히셔 ᄧᅡ 오고,
頭織来的,　　[現]이 베는 다 원산지에서 짜 온 것이고
　　　　　　　◇◇◇
　　　　　　　ᄧᅡ다[동]: 짜다, 직조하다.
我又不曾剪　　[諺]내 ᄯᅩ 일즙 긋 버히디 아녓고,
了稍子,　　　[現]나는 또 일찍 끝을 자르지 않았고
　　　　　　　◇◇◇
　　　　　　　긋[명]: 끝.
　　　　　　　버히다[동]: 베다, 자르다.
兩頭放着印　　[諺]두 머리에 보람 두엇ᄂᆞ니라.
記裏。　　　　[現]두 머리에 기호를 두었습니다.
[56a]似這一　　[諺]이 ᄀᆞ튼 ᄒᆞᆫ 뵈ᄂᆞᆫ,
箇布,　　　　[現]이 같은 베는
經緯都一　　　[諺]ᄡᅵ놀히 다 ᄀᆞᆮᄐᆞ여,
般,　　　　　[現]씨실과 날실이 모두 같아서
便是魚子兒　　[諺]곳 고기알 ᄀᆞ티 고로고 긧긧ᄒᆞ거니와,
也似匀淨　　　[現]곧 고기알과 같이 고르고 끼끗하거니와
的;　　　　　◇◇◇
　　　　　　　긧긧ᄒᆞ다[형]: 끼끗하다, 깨끗하다.
似這一等經　　[諺]이 ᄒᆞᆫ가지 ᄀᆞᆮ트ᄂᆞᆫ ᄡᅵ(ᄧᅧ)놀히 ᄀᆞᆮ디 아니ᄒᆞ고,
緯不等,　　　[現]이 한가지 같은 베는 씨실과 날실이 같지 아니
　　　　　　　하고
織的又鬆,　　[諺]ᄧᆞᆫ 거시 ᄯᅩ 얼믜어,
　　　　　　　[現]짜임새가 또 성기어
却不好。　　　[諺]ᄯᅩ 됴티 아니ᄒᆞ니.
　　　　　　　[現]좋지 아니합니다.

買的人多少　　[諺]살 사룸이 ᄀ장 희나므라홀 거시니,
駁彈,　　　　[現]살 사람이 잘 나무랄 것이니
　　　　　　　◇◇◇
　　　　　　　희나므라ᄒ다[동]: 헐뜯어 나무라다, 마구 타박하다.
急且難着主　　[諺]과갈이 님쟈 엇기 어려오리라.
兒。　　　　　[現]급자기 임자 얻기가 어렵습니다.
　　　　　　　◇◇◇
　　　　　　　과갈이[부]: 급자기, 급히.
　　　　　　　님쟈[명]: 임자.
似這等布,　　[諺]이 등 ᄀᆺ튼 뵈는,
　　　　　　　[現]이 등급 같은 베는
寬時好,　　　[諺]너브니 됴커니와,
　　　　　　　[現]넓으니 좋거니와
　　　　　　　◇◇◇
　　　　　　　넙다[형]: 넓다, 너르다.
這幾箇布忒　　[諺]이 여러 뵈는 너모 좁다.
窄。　　　　　[現]이 여러 베는 너무 좁습니다.
[56b]窄時偏　　[諺]조브들 독별히 므서시 ᄯ리오?
争甚麼?　　　[現]좁다고 한들 특별히 무엇이 다릅니까?
　　　　　　　◇◇◇
　　　　　　　ᄯ다[형]: 다르다.
也一般賣　　　[諺]ᄯ 혼가지로 풀리라.
了。　　　　　[現]또 한가지로 팔 것입니다.
你怎麼說那　　[諺]네 엇디 뎌런 말 닐으는다?
等的話!　　　[現]당신은 어쨰서 저런 말을 합니까?
寬時做衣裳　　[諺]너브면 옷 지으매 남음이 잇고,
有餘剩,　　　[現]넓으면 옷 지을 때 남음이 있고

又容易賣； [諺]또 풀기 쉽거니와,
         [現]또 팔기 쉽거니와

窄時做衣裳 [諺]조브면 옷 지으매(애) ᄌᆞ라디 몯ᄒᆞ여,
不勾,   [現]좁으면 옷 지을 때 충분하지 못하여
         ◇◇◇
         ᄌᆞ라다[형]: 자라다, 충분하다, 족하다.

若少些時, [諺]ᄒᆞ다가 져기 모조라면,
         [現]만약 조금 모자라면

又要這一等 [諺]ᄯᅩ 이 ᄀᆞ튼 뵈 ᄯᅳ니 언노라 ᄒᆞ면,
的布零截, [現]또 이 같은 베 자투리를 얻느라 하면
         ◇◇◇
         ᄯᅳᆫ[명]: 자투리, 도막.

又使一錢 [諺]ᄯᅩ ᄒᆞᆫ 돈 은을 ᄡᅳᄂᆞ니.
銀。   [現]또 한 돈의 은자를 씁니다.

為這上, [諺]이런 젼ᄎᆞ로,
         [現]이런 까닭으로

買的人少。 [諺]살 사ᄅᆞᆷ이 져그니라.
         [現]살 사람이 적을 것입니다.

[57a]要甚麼 [諺]므슴아라 {쇽}졀업시 겻고료?
閑講!   [現]무엇 때문에 쓸데없이 겨루고 있습니까?
         ◇◇◇
         겻고다[동]: 겨루다, 흥정하다, 의논하다.

筭了價錢, [諺]갑(깝)슬 혜고,
         [現]값을 계산하고

看了銀子。 [諺]은을 보쟈.
         [現]은자를 봅시다.

101. 都與好銀子是

你是牙家，	[諺]너는 즈름이니,
	[現]당신은 주릅이니
你筭了着，	[諺]네 혜라,
	[現]당신은 계산하십시오.
該多少？	[諺]혜오니 언머나 ᄒᆞ뇨?
	[現]계산하니 얼마나 합니까?
上等毛施布	[諺]샹등엣 모시뵈 일빅 필은,
一百匹，	[現]상등급 된 모시베 일백 필은
每匹一兩，	[諺]每 ᄒᆞᆫ 필에 ᄒᆞᆫ 량식 ᄒᆞ니,
	[現]매 한 필에 한 냥씩 하니
共該一百	[諺]대되 일빅 량이오,
兩；	[現]모두 일백 냥이고
低的三十	[諺]ᄂᆞ즌 이 셜흔 필은,
匹，	[現]낮은 등급 된 것 서른 필은
每匹六錢，	[諺]每 ᄒᆞᆫ 필에 엿 돈식 ᄒᆞ니,
	[現]매 한 필에 엿 돈씩 하니
共通一十八	[諺]대되 열 여듧 량이니.
兩。	[現]모두 열 여덟 냥입니다.
都與好銀子	[諺]다 됴흔 은을 주미 올ᄒᆞ니라.
是。	[現]다 좋은 은자를 줘야 옳습니다.
[57b]委實	[諺]진실로 뎌대도록 만히 됴흔 은이 업세라.
沒許多好銀	[現]진실로 저토록 좋은 은자가 많이 없습니다.
子。	◇◇◇
	뎌대도록[부]: 저토록.

敢只到的 九十兩,	[諺]九十兩이 왓는 듯ᄒᆞ다, [現]아흔 냥이 가져온 듯합니다.	
那零的 二十八兩,	[諺]그 쁘니 스믈 여듧 량으란, [現]그 나머지 스물 여덟 냥은	
與伱青絲如何?	[諺]너를 구품 은을 주미 엇더ᄒᆞ뇨? [現]당신한테 구품짜리 은자를 주는 게 어떻습니까?	
客人看,	[諺]나그내아! 보라, [現]나그네! 보십시오.	
這偌多交易,	[諺]이대도록 만흔 흥졍애, [現]이토록 많은 매매에	

◇◇◇

이대도록[부]: 이토록.

要甚麼爭競!	[諺]므슴아라 {싯}구ᄂᆞ(ㄴ)뇨? [現]무엇때문에 시끄럽게 굽니까?	
這些箇銀子是好青絲,	[諺]이 은이 됴흔 구품이니, [現]이 은자는 좋은 구품이니	
比官銀一般使。	[諺]구윗나기 은을 ᄀᆞᆯ와 ᄒᆞᆫ가지로 ᄡᆞᆯ 것시라. [現]관청 은자에 비교해서 한가지로 쓸 것입니다.	
這們時依着伱,	[諺]이러ᄒᆞ면 네대로 ᄒᆞ리라. [現]이렇다면 당신 말대로 하겠습니다.	
[58a]將好青絲来。	[諺]됴흔 구품은 가져 오라. [現]좋은 구품짜리 은자를 가져오십시오.	
這銀子都看了,	[諺]이 은 다 보아다, [現]이 은자를 다 봤습니다.	
我數將布去。	[諺]나는 뵈 혜여 가져가노라. [現]나는 베를 헤아려 가져갑니다.	

102. 你都使了記號着

你且住着。　　　[諺]네 아직 날회라.
　　　　　　　　[現]당신이 아직 천천히 가십시오.
這銀子裏　　　　[諺]이 銀ㅅ 듕에,
頭，　　　　　　[現]이 은자 중에
真的假的，　　　[諺]진짓 쎠신동 거즛 쎠신동,
　　　　　　　　[現]진짜 것인지 가짜 것인지
　　　　　　　　　◇◇◇
　　　　　　　　-ㄴ동 -ㄴ동[어미]: 예스러운 표현으로 어간 뒤에
　　　　　　　　붙어, 뒤 절의 진술이나 궁금증, 의문 따위에 대해
　　　　　　　　서 둘 중에 어느 하나를 추측하고 있음을 나타내는
　　　　　　　　말. -ㄴ지 -ㄴ지.
我高麗人不　　　[諺]우리 高麗ㅅ 사름이 아디 못ᄒ니,
識。　　　　　　[現]우리 고려 사람은 모르니
你都使了記　　　[諺]네 다 보람 두고,
號着，　　　　　[現]당신은 다 기호를 두고
牙家眼同看　　　[諺]즈름과 眼同ᄒ여 보라.
了着。　　　　　[現]주릅과 다 같이 보십시오.
　　　　　　　　　◇◇◇
　　　　　　　　안동ᄒ다[동]: 안동(同)하다, 함께 하다, 다 같이
　　　　　　　　하다, 마주 서서 하다.
後頭使不得　　　[諺]후에 쓰디 못ᄒ거든,
時，　　　　　　[現]후에 쓰지 못하면
我只問牙家　　　[諺]내 즈름ᄃᆞ려 무러 밧고리라.
換。　　　　　　[現]나는 주릅한테 물어서 바꿀 것입니다.

[58b]却不當面看了見數,	[諺]쏘 놋츨 당ᄒ야셔 잇ᄂ 수을 보디 아니ᄒ엿ᄂ냐? [現]또 당면해서 있는 수를 보지 아니하였습니까? ◇◇◇ 놋치[명]: 낯, 얼굴. -야셔[어미]: 'ᄒ다'의 어간이나 끝음절의 모음이 'ㅣ'인 어간 뒤에 붙어, 앞 절의 내용이 뒤 절의 행동에 대한 방식이나 수단임을 나타내는 연결 어미. -아서.
出門不管退換! 怎麼說!	[諺]문에 나면 므르기를 알라 못ᄒᆯ 쩌시라. [現]문에 나서면 무르기를 못할 줄 알아야 합니다. [諺]므서시라 니르ᄂ다? [現]무엇을 말합니까?
你這們慣做買賣的人, 我一等不慣的人根前, 多有欺瞞。	[諺]네 이러트시 흥졍ᄒ기 니근 사ᄅᆷ이, [現]당신은 이렇듯이 매매하기에 익숙한 사람이 [諺]우리 ᄒᆞ가지 닉디 못ᄒ 사ᄅᆷ의게, [現]우리처럼 익숙하지 못한 사람을 [諺]만히 소기ᄂ니. [現]많이 속입니다.
你使着記號着, 大家把穩。	[諺]네 보람 두에야, [現]당신은 기호를 두어야 [諺]대되 편안ᄒ리라. [現]모두 편안할 것입니다.
這一百兩做一包。	[諺]이 일빅 냥으란 ᄒᆞᆫ 뽐에 ᄆᆡᇰᄀᆞ라. [現]이 일백 냥은 한 쌈으로 만드십시오.
這的是一百一十八兩。	[諺]이ᄂ 일빅 열여듧 냥이로다. [現]이것은 일백 열여덟 냥입니다.

[59a] 那幾箇客人, [諺] 뎌 여러 나그내,
[現] 저 몇 명의 나그네는

將布子去了。 [諺] 뵈 가(갸)져가거다.
[現] 베를 가져갔습니다.

咱們人蔘價錢, [諺] 우리 人蔘ㅅ 갑도,
[現] 우리는 인삼의 값도

也都收拾了, [諺] 다 收拾ᄒ쟈,
[現] 다 정리합시다.

貨物都裝落了。 [諺] 황호 다 디쳐ᄒ여다.
[現] 물품을 다 처리했습니다.

103. 咱們買些甚麼迴貨去時好

咱們買些甚麼迴貨去時好? [諺] 우리 져그나 므슴 도라가 ᄡᆞᆯ 황호를 사 가야 됴ᄒ고?
[現] 우리 돌아가서 쓸 물품을 무엇을 사 가야 좋습니까?

商量其間, [諺] 의논홀 ᄊᆞ(싸)이예,
[現] 의논할 사이에

涿州買賣去来的火伴到来, [諺] 涿州예 흥졍ᄒ라 갓든 벗이 오나늘,
[現] 탁주에 장사하러 갔던 벗이 오거늘
◇◇◇
-나늘[어미]: 예스러운 표현으로 '오다'의 어간 뒤에 붙어, 까닭이나 원인을 나타내는 연결 어미. -거늘.

相見。 [諺] 서ᄅᆞ 보고.
[現] 서로 보고

好麼好麼？	[諺]이대? 이대? [現]잘 있습니까? 잘 있습니까?
買賣稱意麼？	[諺]흥졍이 뜻(쁘)의 마즌가? [現]장사는 뜻에 맞았습니까?
[59b]托着哥哥們福陰裏，	[諺]형들희 덕분을 닙어, [現]형들의 덕분을 입어 ◇◇◇ 닙다3[동]: (덕을) 입다.
也有些利錢。	[諺]쏘 져기 니쳔을 어드롸. [現]또 조금 이익을 얻었습니다.
你的貨物(要)都賣了不曾?	[諺]네 황호를 다 푼다? 못ᄒ엿는다? [現]당신의 물품은 다 팔았습니까? 못 팔았습니까?
我貨物都賣了，	[諺]우리 황호 다 풀고, [現]우리는 물품을 다 팔았고
正要買迴去的貨物，	[諺]졍히 도라갈 황호 사려 ᄒ여, [現]마침 돌아갈 물품을 사려고 하여
尋思不定，	[諺]혜아림을 뎡티 못 ᄒ엿드니, [現]생각을 정하지 못하였더니
恰好你来到。	[諺]마치 됴히 네 올샤. [現]마침 당신이 잘 왔습니다.
你要買甚麼貨物?	[諺]네 므슴 황호 사려 ᄒ든다? [現]당신은 무슨 물품을 사려고 합니까?
我知他甚麼好拿去!	[諺]내 몰래라. 므스 거시 가져가기 됴홀고? [現]나는 모르겠습니다. 무엇 가져가기 좋습니까?

大哥你與我 擺布着。	[諺]형아, 날ᄃ려 긔걸ᄒ여라. [現]형님, 나한테 명령하십시오.	

◇◇◇

긔걸ᄒ다[동]: 명령하다, 좌지우지하다.

[60a]我魯打 聽得，	[諺]내 일즙 드ᄅ니, [現]내가 일찍 들었는데
高麗地面裏 賣的貨物，	[諺]高麗ㅅ ᄯᅡ히 ᄑᆞᄂᆞᆫ 황회, [現]고려 땅에서 파는 물품,
十分好的，	[諺]ᄀᆞ장 됴ᄒᆞᆫ 거슨, [現]가장 좋은 것은
倒賣不得，	[諺]도로혀 ᄑᆞ디 못ᄒ고, [現]도리어 팔지 못하고
只宜將就的 貨物，	[諺]다만 두어라! 홀 황회아 맛당ᄒ여, [現]다만 그럭저럭 할 물품이야 마땅하여

◇◇◇

두어라[감]: 두어라! (우선 아쉬운 대로, 그럭저럭), 옛 시가에서, 어떤 일이 필요하지 아니하거나 스스로의 마음을 달랠 때 영탄조로 하는 말.

倒着主兒 快。	[諺]도로혀 님자 어듬이 샌ᄅ다 ᄒᄃ라. [現]도리어 임자 얻기가 빠르다고 한답니다.
可知！	[諺]그리어니! [現]그렇습니다!
大哥你說的 正是。	[諺]형아, 네 니롬이 졍히 올타. [現]형님, 당신의 말씀이 정말 옳습니다.
我那裏好的 歹的不識，	[諺]우리 뎌긔ᄂᆞᆫ 됴ᄒᆞᆫ 것, 구즌 것 모ᄅᆞ고, [現]우리 저쪽은 좋은 것, 나쁜 것 모르고

只揀賤的	[諺]다만 쳔훈 거슬 골라 사ᄂᆞ니,
買,	[現]다만 천한 것을 골라 사니
正是宜假不	[諺]졍히 거즛 거슨 맛당ᄒᆞ고 진짓 거슨 맛당티 아니ᄒᆞ니라.
宜眞。	
	[現]진실로 가짜는 마땅하고 진짜는 마땅치 아니합니다.

104. 買些零碎的貨物

[60b]我引着	[諺]내 너 ᄃᆞ리고,
你,	[現]나는 당신을 데리고
買些零碎的	[諺]효근 황호 사리라.
貨物,	[現]자잘한 물품을 살 것입니다.

◇◇◇

혹다[형]: 작다, 자잘하다, 자질구레하다.

| 紅纓一百 | [諺]샹모 一百 斤, |
| 斤, | [現]상모가 일백 근, |

◇◇◇

샹모[명]: 상모, 삭모.

| 燒珠兒五百 | [諺]구은 구슬 갓긴 五百 목, |
| 串, | [現]구운 구슬로 만든 갓끈이 오백 목, |

◇◇◇

구슬[명]: 구슬.

갓긴[명]: 갓끈(갓에 다는 끈. 헝겊을 접거나 나무, 대, 대모(玳瑁), 금패(錦貝), 구슬 따위를 꿰어서 만든다).

| 瑪瑙珠兒 | [諺]마노 갓긴 一百 목, |
| 一百串, | [現]마노 구슬로 만든 갓끈이 일백 목, |

琥珀珠兒   [諺]호박 갓긴 일빅 목,
一百串,   [現]호박 구슬로 만든 갓끈이 일백 목,
玉珠兒一百   [諺]옥 갓긴 일빅 목(묵),
串,   [現]옥 구슬로 만든 갓끈이 일백 목,
香串珠兒   [諺]향쥬 갓긴 일빅 목,
一百串,   [現]향나무 구슬로 만든 갓끈이 일백 목,
               ◇◇◇
               향쥬[명]: 향나무로 만든 구슬.
水精珠兒   [諺]슈정 갓긴 일빅 목(묵),
一百串,   [現]수정 구슬로 만든 갓끈이 일백 목,
               ◇◇◇
               슈정[명]: 수정 구슬.
珊瑚珠兒   [諺]산호 갓긴 일빅 목,
一百串,   [現]산호 구슬로 만든 갓끈이 일백 목,
[61a]大針   [諺]큰 바늘 일빅 뽐,
一百帖,   [現]큰 바늘이 일백 쌈,
               ◇◇◇
               뽐[의]: 쌈.
小針一百   [諺]셰{침} 일빅 뽐(뽓),
帖,   [現]작은 바늘이 일백 쌈,
               ◇◇◇
               셰침[명]: 셰침(細針), 작은 바늘.
鑷兒一百   [諺]죠집게 일빅 낫,
把,   [現]족집게가 일백 개,
               ◇◇◇
               죠집게[명]: 족집게.

蘇木一百　　[諺]다목 일뵉 근,
斤,　　　　[現]소목이 일백 근,
　　　　　　◇◇◇
　　　　　　다목[명]: 소목(피를 맑게 하거나 진통제로 쓰임).
氈帽兒一百　[諺]시으갓 일뵉 낫,
箇,　　　　[現]전모가 일백 개,
　　　　　　◇◇◇
　　　　　　시으갓[명]: 전모(氈帽, 모전으로 만든 갓).
桃尖椶帽兒　[諺]섈롯흔 총갓 일뵉 낫,
一百箇,　　[現]뾰족한 종려털로 만든 모자가 일백 낫,
　　　　　　◇◇◇
　　　　　　섈롯ᄒᆞ다[형]: 뾰족하다.
　　　　　　총갓[명]: 종려털로 만든 모자.
琥珀頂子　　[諺]호박 딩ᄌᆞ 일뵉 볼,
一百副,　　[現]호박 증자가 일백 벌,
結椶帽兒　　[諺]총(椶)으로 미즌 갓 일뵉 낫,
一百箇,　　[現]종려털로 맺은 모자 일백 개,
　　　　　　◇◇◇
　　　　　　총[명]: 종려모, 종려털.
面粉一百　　[諺]면분 일뵉 갑,
匣,　　　　[現]밀가루가 일백 갑,
　　　　　　◇◇◇
　　　　　　면분[명]: 밀가루.
綿臙脂一百　[諺]소옴 연지 일뵉 낫,
箇,　　　　[現]솜에 들인 연지가 일백 개,

蠟（臘）臙脂	[諺]밀에 드린 연지 일빅 근,
一百斤，	[現]밀납에 들인 연지가 일백 근,
	◇◇◇
	밀[명]: 밀랍.

牛角盒兒	[諺]쇠쌸로 흔 면합즈 일빅 낫,
一百箇，	[現]소뿔로 만든 합이 일백 개,
	◇◇◇
	쇠쌸[명]: 소뿔.
	면합즈[명]: 합.

| [61b]鹿角盒 | [諺]노각으로 흔 면합(함)즈 일빅 낫, |
| 兒一百箇， | [現]노각으로 만든 합이 일백 개, |

繡針一百	[諺]슈쓰는 바늘 일빅 뽑,
帖，	[現]수놓는 바늘이 일백 쌈,
	◇◇◇
	슈쓰다[동]: 수 뜨다, 수놓다.

棗木梳子	[諺]대쵸나모 어레빗 일빅 낫,
一百箇，	[現]대추나무로 만든 얼레빗이 일백 개,
	◇◇◇
	어레빗[명]: 얼레빗, 빗살이 굵고 성긴 큰 빗.

黃楊木梳子	[諺]황양목 어레빗 일빅 낫,
一百箇，	[現]황양목으로 만든 얼레빗이 일백 개,
	◇◇◇
	황양목[명]: 황양목(黃楊木), 회양목.

大笓子一百	[諺]굴근 춤빗 일빅 낫,
箇，	[現]굵은 참빗이 일백 개,
	◇◇◇
	춤빗[명]: 참빗.

密笓子一百　　[諺]빈 춤빗 일빅 낫,
箇,　　　　　[現]촘촘한 참빗이 일백 개,
　　　　　　　◇◇◇
　　　　　　　빈다2[형]: 배다, 촘촘하다.
斜皮針筒兒　　[諺]셔피로 흔 바늘통 일빅 낫,
一百箇,　　　[現]사피로 만든 바늘통이 일백 개,
　　　　　　　◇◇◇
　　　　　　　셔피[명]: 돈피, 사피.
大小刀子共　　[諺]大小 刀子 대되 일빅(가) 볼,
一百副,　　　[現]크고 작은 칼이 모두 일백 벌,
雙鞘刀子　　　[諺]쌍가플훈 칼 일빅 낫,
一十把,　　　[現]이중 칼집의 칼이 일백 개,
　　　　　　　◇◇◇
　　　　　　　쌍가플[명]: 쌍으로 된 칼집, 이중 칼집.
[62a]雜使刀　　[諺]잡하의 쁠 칼 열 즈르,
子一十把,　　[現]잡것으로 쓰는 칼이 열 자루,
　　　　　　　◇◇◇
　　　　　　　잡하[명]: 잡것, 잡된 것, 잡다한 것.
　　　　　　　즈르[의]: 자루.
割紙細刀子　　[諺]죠히 버힐 ᄀᆞ는 칼 열 즈르,
一十把,　　　[現]종이 베는 가느다란 칼이 열 자루,
裙刀子一十　　[諺]치마 허리예 츨 칼 열 즈르,
把,　　　　　[現]치마 허리에 차는 칼이 열 자루,
五事兒十　　　[諺]연장 다숫 드려 밍근 칼 열 볼,
副,　　　　　[現]도구 다섯 가지가 들어가게 만든 칼이 열 벌,

象棊十副,　　[諺]쟝긔 열 부,
　　　　　　[現]장기가 열 부,
　　　　　　◇◇◇
　　　　　　쟝긔[명]: 장기.
大碁十副,　　[諺]바독 열 부,
　　　　　　[現]바둑이 열 부,
　　　　　　◇◇◇
　　　　　　바독[명]: 바둑.
雙六十副,　　[諺]솽륙 열 부,
　　　　　　[現]쌍륙(雙六)이 열 부,
　　　　　　◇◇◇
　　　　　　솽륙[명]: 쌍륙(雙六), 놀이의 하나. 여러 사람이 편을 갈라 차례로 두 개의 주사위를 던져서 나오는 사위대로 말을 써서 먼저 궁에 들여보내는 놀이이다.
茶褐欒帶
一百條,　　　[諺]감찰 아롱디즈 일빅 오리,
　　　　　　[現]다갈색 비단에 아롱아롱한 무늬를 넣어 만든 대자(帶子)가 일백 오리.
　　　　　　◇◇◇
　　　　　　아롱디즈[명]: 다갈색 비단에 아롱아롱한 무늬를 넣어 만든 대자(帶子).
紫絛兒一百
條,　　　　　[諺]즈디 툐으 일빅 오리,
　　　　　　[現]자주색 실띠가 일백 오리,
　　　　　　◇◇◇
　　　　　　즈디[명]: 자주, 자주색.
　　　　　　툐으[명]: 끈목, 실띠.

壓口荷包　　[諺]닷개흔 ᄂᆞᄆᆞᆺ 일빅 낫,
一百箇,　　[現]덮개 달린 두루주머니가 일백 개,
　　　　　　◇◇◇
　　　　　　닷개[명]: 덮개.
　　　　　　ᄂᆞᄆᆞᆺ[명]: 염낭, 두루주머니, 쌈지.
剃頭刀子　　[諺]머리 갓ᄂᆞᆫ 칼 일빅 ᄌᆞᄅᆞ,
一百把,　　[現]머리 깎는 칼이 일백 자루,
　　　　　　◇◇◇
　　　　　　갓다[동]: 깎다.
剪子一百　　[諺]ᄀᆞ애 일빅 ᄌᆞᄅᆞ,
把,　　　　[現]가위가 일백 자루,
　　　　　　◇◇◇
　　　　　　ᄀᆞ애[명]: 가위.
[62b]錐兒　　[諺]송곳 일빅 낫,
一百箇,　　[現]송곳이 일백 개,
秤三十連,　　[諺]큰 저울 셜흔 ᄆᆞᄅᆞ,
　　　　　　[現]큰 저울이 서른 개,
　　　　　　◇◇◇
　　　　　　ᄆᆞᄅᆞ[의]: 개, 자루(저울의 수효를 세는 단위).
等子十連,　　[諺]효근 저울 열 ᄆᆞᄅᆞ,
　　　　　　[現]작은 저울이 열 개,
那秤等子都　　[諺]뎌 큰 저울 져근 저울이 다 구의예셔 밍근 이오,
是官做的,　　[現]저 큰 저울 작은 저울들이 다 관청에서 만든 것이고
秤竿秤錘,　　[諺]저울대, 저울튜,
　　　　　　[現]저울대와 저울추,
　　　　　　◇◇◇
　　　　　　저울튜[명]: 저울추.

毫星秤鉤	[諺]저울눈, 저울갈구리,
子,	[現]저울눈과 저울의 갈고리가
	◇◇◇
	저울갈구리[명]: 저울의 갈고리.
都有。	[諺]다 잇다.
	[現]다 있습니다.

105. 再買些麤木綿一百疋

再買些麤木	[諺]쏘 굴근 목면 일빅 필과,
綿一百匹,	[現]또 성긴 무명 일백 필과
	◇◇◇
	목면[명]: 목면(木綿), 무명.
織金和素段子	[諺]금으로 쭈니와 믠비단 일빅 필과,
一百匹,	[現]금실로 짠 비단과 무늬가 없는 비단 일백 필과
	◇◇◇
	믠비단[명]: 무늬가 없는 비단.
花樣段子一百	[諺]화문 비단 일빅 필과,
匹,	[現]꽃무늬가 있는 비단 일백 필과
更有小孩兒	[諺]쏘 아히들희,
們,	[現]또 아이들의
[63a]小鈴兒	[諺]효근 방올 일빅 낫과,
一百箇,	[現]작은 방울 일백 개와
馬纓一百	[諺]몰 손동 일빅 낫과,
顆,	[現]말의 가슴걸이 일백 개와
	◇◇◇
	손동[명]: (말의) 가슴걸이.

減鐵條環一百箇。	[諺]쇠예 입ᄉᆞᄒᆞᆫ 됴환 일빅 낫츨 사고, [現]쇠에 입사한 띠고리 일백 개를 사고 ◇◇◇ 됴환[명]: 끈목으로 된 띠의 띠고리. 낫ᄎ[의]: 낱, 개.
更買些文書一部，	[諺]또 칙 ᄒᆞᆫ 불을 사되, [現]또 책 한 벌을 사되 ◇◇◇ 칙[명]: 책.
四書都是晦庵集註；	[諺]四書란 다 晦庵註 낸 이를 ᄒᆞ쟈. [現]<사서(四書)>는 다 회암주(晦庵註)를 낸 것을 삽시다.
又買一部毛詩尚書周易禮記五子書；	[諺]또 ᄒᆞᆫ 불 毛詩, 尚書, 周易, 禮記, 五子書과, [現]또 한 벌의 <모시(毛詩)>, <상서(尚書)>, <주역(周易)>, <예기(禮記)>, <오자서(五子書)>와,
韓文柳文東坡詩詩學大成押韻君臣故事，	[諺]韓文柳文, 東坡詩, 詩學大成押韻, 君臣故事과, [現]<한문유문(韓文柳文)>, <동파시(東坡詩)>, <시학대성압운(詩學大成押韻)>, <군신고사(君臣故事)>와,
[63b]資治通鑑翰院新書標題小學貞觀政要三國誌評話。	[諺]資治通鑑, 翰院新書, 標題小學, 貞觀政要, 三國誌評話를 사쟈. [現] <자치통감(資治通鑑)>, <한원신서(翰院新書)>, <표제소학(標題小學)>, <정관정요(貞觀政要)>, <삼국지평화(三國誌評話)>를 삽시다.
這些貨物，	[諺]이 황호들, [現]이 물품들을

都買了也。　　[諺]다 사다.
　　　　　　　[現]모두 샀습니다.

106. 我揀箇好日頭迴去

我揀箇好日　　[諺]우리 됴흔 날 골히여 도라가쟈.
頭迴去。　　　[現]우리는 좋은 날을 골라서 돌아갑시다.
我一發待第一　[諺]내 임의셔 음양ᄒ여 가고져 ᄒ노라.
卦去。　　　　[現]내가 곧 점치러 가고자 합니다.
　　　　　　　◇◇◇
　　　　　　　음양ᄒ다[동]: 점치다.
這裏有五虎　　[諺]여긔 五虎先生이 이시니,
先生，　　　　[現]여기 오호(五虎) 선생님이 계시니
最第的好，　　[諺]ᄀ장 츄명을 잘 ᄒᄂ니라.
　　　　　　　[現]점치기를 아주 잘 합니다.
　　　　　　　◇◇◇
　　　　　　　츄명ᄒ다[동]: 추명하다, 점치다.
咱們那裏第　　[諺]우리 뎌긔 츄명ᄒ라 가쟈.
去来。　　　　[現]우리는 저기에 점치러 갑시다.
到那卦鋪裏　　[諺]뎌 츄명ᄒᄂ 져제 가 안자셔,
坐之，　　　　[現]저 점치는 가게에 들어가 앉아서
[64a]問先　　　[諺]先生ᄃ려 무로되,
生，　　　　　[現]선생님한테 물으되
你與我看　　　[諺]네 날 위ᄒ여 팔(필)ᄌ 보고려.
命。　　　　　[現]당신이 나를 위해 팔자를 봐 주십시오.
　　　　　　　◇◇◇
　　　　　　　팔ᄌ[명]: 팔자.

你說將年月 日生時来。	[諺]네 난 히 둘 날 째(대)를 니ᄅ라. [現]당신이 출생한 연, 월, 일을 말해주십시오. ◇◇◇ 째[명]: 때.
我是屬牛兒 的，	[諺]내 쇼힁로니, [現]나는 소띠이니 ◇◇◇ 쇼힁[명]: 소해, 소띠.
今年四十 也，	[諺]올힁(히) 마은이오, [現]올해 마흔이고
七月十七日 寅時生。	[諺]칠월 열 닐웻(웟)날 인시에 낫노라. [現]칠월 열 이렛날 인시(寅時)에 태어났습니다. ◇◇◇ 닐웨[명]: 이레. 닐웻날[명]: 이렛날. 낫다[동]: 태어나다, 출생하다.
你這八字十 分好，	[諺]네 이 팔지 ᄀ장 됴타(라). [現]당신의 이 팔자가 아주 좋습니다.
一生不少衣 祿，	[諺]一生에 옷, 밥이 낫브디 아니ᄒ고, [現]일생에 입을 옷과 먹을 밥이 나쁘지 아니하고
不受貧。	[諺]가난티 아(야)니ᄒ려니와, [現]가난하지 아니하려니와
官星沒有，	[諺]官星이 업스니, [現]벼슬 누릴 운수는 없으니 ◇◇◇ 관셩[명]: 관성(官星), 관운, 벼슬을 누릴 운수, 고관(高官)이 될 사람은 천성(天星)이 감응한다는 설에서 비롯된 말.

只宜做買賣,	[諺]오직 買賣ᄒ기 맛당ᄒ고,
	[現]오직 장사하기가 마땅하고
出入通達。	[諺]츌(츄)입이 통달ᄒ다.
	[現]출입이 통달합니다.
[64b]今年交大運丙戌(戌),	[諺]올히 대운이 丙(兩)戌(戌)에 다ᄃ라시니,
	[現]올해는 대운이 병술(丙戌)에 다다랐으니
已後財帛大聚,	[諺]이후에ᄂ 쳔량이 만히 모다.
	[現]이후에는 재물이 많이 모읍니다.

◇◇◇

쳔량[명]: 돈, 재물.

強如已前數倍。	[諺]이젼 수도곤 나음이 빈ᄒ다.
	[現]이전 수보다 갑절이 됩니다.

◇◇◇

빈ᄒ다[동]: 배(倍)하다, 갑절이 되다.

這們時,	[諺]이러면,
	[現]이렇다면
我待近日迴程,	[諺]내 요ᄉ이 도로 가고져 ᄒ니,
	[現]내가 요사이 돌아가고자 하니
幾日好?	[諺]몃츤 날이 됴흔고?
	[現]며칠날이 좋습니까?
且住。	[諺]아직 날화라.
	[現]아직 기다리십시오.
我與你選箇好日頭。	[諺]내 너 위ᄒ여 됴흔 날 굴회쟈.
	[現]내가 당신을 위하여 좋은 날을 고릅시다.

甲乙丙丁戊   [諺]甲乙丙丁戊(戌)己(巳)庚辛壬癸논 이 텬간이
己(巳)庚   오,
辛壬癸是天   [現]갑을병정무기경신임계(甲乙丙丁戊己庚辛壬
干,   癸)는 천간(天干)이고
　　　　　　　◇◇◇
　　　　　　　텬간[명]: 천간(天干).

[65a]子丑寅   [諺]子丑寅卯辰巳午未申酉戌(戍)亥논 地支라.
卯辰巳午未   [現]자축인묘진사오미신유술해(子丑寅卯辰巳午未
申(未)酉   申酉戌亥)는 지지(地支)입니다.
戌(戍)亥   ◇◇◇
是地支,   지지[명]: 지지(地支).

建除滿平㝎   [諺]建除滿平㝎執破危成收開閉예,
執破危成收   [現]건제만평정집파위성수개폐(建除滿平定執破危
開閉。   成收開閉)에

你只這二十   [諺]네 이 스므 닷쐣날 나가되,
五日起去,   [現]당신은 이 스무 닷새 날에 나가되
　　　　　　　◇◇◇
　　　　　　　닷쐣날[명]: 닷샛날.

寅時往東迎   [諺]인시예 동향ᄒᆞ야 喜神을 마자 가면,
喜神去,   [現]인시(寅時)에 동쪽으로 향하여 희신(神)을 맞
　　　　　　　아서 가면

大吉利。   [諺]대길리ᄒᆞ리라.
　　　　　　　[現]대길할 것입니다.

五分卦錢留   [諺]음양 갑 五分을 두라.
下着。   [現]점치는 값은 닷 푼을 두십시오.

各自散了。   [諺]각각 흐터디쟈.
　　　　　　　[現]각각 헤어집시다.

107. 辭別那漢兒火伴

到二十五日起程，	[諺]	스므 닷쇗날 다드르면 起程ᄒ리니,
	[現]	스무 닷새 날에 다다르면 출발할 것이니

◇◇◇
기정ᄒ다[동]: 기정(起程)하다, 떠나다, 출발하다.

辭別那漢兒火伴，	[諺]	뎌 漢ㅅ 벗의게 하딕ᄒ쟈,
	[現]	저 중국인 벗한테 하직합시다.
[65b]已前盤纏了的火帳，	[諺]	이젼(젼)의 쓰고 뎌근 것들,
	[現]	이전에 쓰고 적은 것들
都筭計明白。	[諺]	다 혜기를 明白히 ᄒ쟈.
	[現]	다 명백히 계산합시다.
大哥我們迴去也，	[諺]	큰형아! 우리 도라가노라.
	[現]	큰 형님! 우리는 돌아가겠습니다.
你好坐的着。	[諺]	네 됴히 안자 잇거라.
	[現]	당신은 잘 계십시오.
我多多的乞害你，	[諺]	우리 네게 만히 해자ᄒ과라.
	[現]	우리는 당신한테 폐를 많이 끼쳤습니다.

◇◇◇
해자ᄒ다[동]: 폐를 끼치다, 손해를 입히다.

你休恠。	[諺]	네 허믈 말라.
	[現]	당신은 허물 마십시오.
咱們為人，	[諺]	우리 사름이 도여셔,
	[現]	우리가 사람이 되어서

四海皆兄弟。	[諺]四海 다 형뎨어니ᄯ녀? [現]사해(四海)가 도무 형제가 아니곘는가요? ◇◇◇ 형뎨[명]: 형제.
咱們這般做了數月火伴,	[諺]우리 이러트시 두어 둘 벗 지어셔, [現]우리는 이렇듯이 두어 달 동안 벗을 삼아서
不曾面赤。	[諺]ᄂᆺ 블키디 아니ᄒᆞ엿더니, [現]얼굴 붉히지도 아니하였는데
如今辭別了,	[諺]이제 ᄉᆞ별ᄒᆞ거니와, [現]이제 사별(辭別)하거니와 ◇◇◇ ᄉᆞ별ᄒᆞ다[동]: 사별(辭別)하다, 고별하다, 이별하다.
休說後頭再不厮見。	[諺]후에 다시 서르 보디 못ᄒᆞ리라 니로디 말라. [現]후에 다시 서로 보지 못할 것이라고 말하지 마십시오.
山也有相逢(逢)的日頭!	[諺]뫼도 서르 맛나는 날이 잇ᄂᆞ니, [現]산도 서로 만나는 날이 있으니 ◇◇◇ 뫼[명]: 산. 맛나다[동]: 만나다.
今後再厮見時,	[諺]일록 후에 다시 서르 보면, [現]이로부터 후에 다시 서로 보면 ◇◇◇ 일록[부]: 이로부터.
不是好弟兄那甚麼!	[諺]됴(흉)흔(됴) 형뎨 아니랴 므서시리오? [現]좋은 형제가 아니면 무엇이겠습니까?

詞彙及語法索引

ㄱ

가개	上 36b	-게 4	下 47b	관인	下 40b	기돌오다	下 18b
가라물	下 8a	겨을	下 47b	관쟝	下 41b	기드리다	上 22a
가라간쟈ㅅ족빗이물	下 8a	겨울	下 45b	관졈	上 60a	기돌오다	下 1b
가르빠다	下 47a	겨집	下 3b	광조리	下 32a	기력	下 39a
가리운물	下 8a	겨틧	上 25b	-괴야	下 28a	기르마	上 62a
가문뵈	上 12b	견듸다	上 35a	괴오다	下 32b	기르마	上 34b
가슴	下 48b	견식	上 44b	괴이호다	下 4a	기르마가지	下 27a
가슴거리	下 27a	견조다	上 35a	교토	上 19b	기우로	下 33a
가온대	下 38b	견집호다	上 58a	구디	上 34a	기울다	下 8b
가옴여다	上 29a	결	上 61a	구러디다	上 26b	기졍호다	下 65a
가지	下 49b	겻고다	下 57a	구렁물	下 8a	기조치	下 32b
가치	下 4a	겻ㅌ	上 60b	구레	下 27a	기즈피	下 47b
가틔다	上 27b	졍미	上 8b	구례	下 16a	기황호다	上 24a
가히	下 44a	계요	上 23b	구르티다	上 32a	긴호다	上 37b
각각	上 4b	계즈	下 34b	구무	下 32b	길ㅅ	上 25b
각산호다	下 34a	고	下 48a	구셜	下 42b	길흘 조차셔	上 15a
간	上 60b	고돌개	下 27a	구슬	下 60b	긿	上 1b
간대로	上 36b	고뷘물	下 8a	구의	上 25b	집	上 11b
간쟈물	下 8a	고호다	上 26b	구의나기	下 23a	집프다	上 32b
간활호다	下 39a	고구	下 5a	구의만	下 42b	집픠	上 32b
갈구리	下 46a	고구의게셔 난 형	下 5a	구의ㅅ나기	下 23b	깃게이다	上 50a
감다	下 53b	-고나	上 11a	구졔호다	下 5b	깃다 1	上 28b
감즈	下 35a	고도리	下 29b	구즈	下 46b	깃다 2	下 40b
감찰빗ㅊ	下 22b	고디시기	下 24a	구틔야	下 18b	ᄀ	下 12a

갑	上 20b	고디식ᄒᆞ다	下 10b	구틔여	上 50b	ᄀᆞ는 이	下 53a
갑다	上 57a	고라ᄆᆞᆯ	下 8a	구틔여	下 25a	ᄀᆞ놀게	上 17b
갑프다	下 20a	-고려	上 7a	굴근 이	下 53b	ᄀᆞ놀다	上 33a
갓갑다	上 10a	-고야	下 28b	굿다	上 35a	ᄀᆞ득이	下 58a
갓고로	下 47b	고의	下 46a	궁디동개	下 29b	ᄀᆞ독ᄒᆞ다	下 25b
갓긴	下 60b	고재	下 28b	궁병	上 26b	ᄀᆞ래는 ᄆᆞᆯ	下 8b
갓다	下 62a	-고져	上 7b	굿다	下 40a	ᄀᆞ래다	上 6b
갓어치	下 27b	고티다	上 23b	권당	上 14a	ᄀᆞ리다	下 8b
갸품	下 47b	곡도송	下 46a	그릇	上 39a	ᄀᆞᄅᆞ치다	上 6a
-거니와	上 4b	곤다	下 12b	그려도	上 37b	ᄀᆞᄅᆞ다	下 48a
-거놀	上 25b	골 1	上 31a	그르다	上 25b	ᄀᆞᄆᆞᆯ다	上 24a
-거다	上 20a	골 2	上 44a	그리어니	上 6b	ᄀᆞᆳ	下 46b
-거든	上 15a	골 3	下 7b	그몸	上 1b	ᄀᆞ애	下 62a
-거ᄃᆞᆫ	上 1a	골치	上 25b	그음ᄒᆞ다	下 52a	ᄀᆞᆶ	上 48b
거리살	下 29a	골프다	上 35b	그이다	下 40a	ᄀᆞᆷ알다	下 46a
거름	上 11a	골회눈ᄆᆞᆯ	下 8b	근드기다	下 33b	ᄀᆞ장	上 6a
거스리다	上 58a	곳 1	上 4b	글란	上 61b	ᄀᆞ지다	下 35a
거즛	下 20a	-곳 2	上 4b	글월 벗길 쌉	下 16a	굴다	上 51b
거티다	下 8b	곳 3	上 11a	글월 1	上 43b	굴ᄅᆞ	上 8b
건디다	上 21b	곳 4	上 23b	글월 2	下 13a	굴틴젹	上 18b
-건마ᄂᆞᆫ	上 48b	곳티다	下 36b	긁싯다	上 19b	굴여내다	下 49b
걸리끼다	上 24b	공	上 4b	금션	下 47b	굴히다	上 22b
겁지운	下 35a	공골ᄆᆞᆯ	下 8a	금툐환	下 46a	굼초다	下 40a
것	下 24a	공부	上 61a	굿	下 55b	又	上 1b
것ᄀ다	下 38b	과	上 4b	굿ᄐ	上 62b	又곰	上 48a
것구리티다	上 32a	과갈이	下 56a	긔	上 1b	又다	上 10a
것다	下 8b	과그르다	上 37a	긔걸ᄒᆞ다	下 59b	又바ᄒᆞ다	上 22a
것티다	上 21b	관사	上 27b	긔명	下 49b	又티	上 17b

詞彙及語法索引 403

게 1	上 10a	관셩	下 64a	긔수ᄒ다	下 50a	ᄌᆞᆮ다	下 11a
- 게 2	上 27a	관원	下 38a	긧긧ᄒ다	下 56a		
- 게 3	下 10a	관은	下 13a	기갈ᄒ다	上 39b		

ㄴ

- ㄴ고	上 3b	넘다	下 56a	놋져	下 30a	닙피다	下 28a
- ㄴ다	上 1a	네 1	上 1a	놓	上 33a	닛딥ㅍ	上 16a
- ㄴ동 - ㄴ동	下 58a	네 2	上 5b	놓다 1	上 2b	닛뷔	上 62a
- ㄴ들	上 28a	- 네 3	上 18a	놓다 2	上 19b	낮다	上 28a
- ㄴ디	上 43b	녱	上 20b	놓다 3	上 35b	- ᄂᆞ냐	上 20a
나그니	上 18a	녀긔	下 44a	- 뇨	上 1b	- ᄂᆞ뇨	上 2a
- 나놀	下 59a	녀기다	上 37b	누	上 31a	- ᄂᆞ니 1	上 4a
- 나다	上 22b	녀느	上 37a	누고	下 5a	- ᄂᆞ니 2	上 8a
- 나든	上 40a	녀름	上 47b	눈망올	下 34b	- ᄂᆞ니 3	上 60b
나든니다	上 37b	녀지	下 34b	눌	下 13b	- ᄂᆞ니라	上 3b
- 나마나	下 28a	년구ᄒ다	上 2b	뉴	上 15a	ᄂᆞ려다	上 27a
나모	上 25a	년근칙	下 34a	뉴쳥	下 45a	ᄂᆞᆯ	上 46a
나종	下 42b	념발지	上 19a	ᄂᆞ추다	上 35b	ᄂᆞᆺ	下 32b
나죵애	下 21a	념팔치	下 35a	늘그니	上 31a	ᄂᆞᄆᆞ새	上 37a
나타ᄒ다	上 39a	넣다	上 18a	늘근이	下 44a	ᄂᆞᆺ	下 62a
나히다	下 14a	예 1	上 57b	늣다	上 53b	ᄂᆞ즈기	下 33b
난폐권ᄒ니	下 34a	예 2	下 4b	능	上 11b	ᄂᆞ즉ᄒ다	下 53b
날호여	上 1b	예다	上 1b	능히	上 46b	- 눈 1	上 2a
남	下 46a	노	下 45a	니	下 7b	- 눈 2	上 5a
남기	下 29b	노고	下 29b	니기	上 7a	- 눈가	上 16a
남녀마작	上 44a	노고자리	上 61b	- 니라	上 1b	- 눈고나	上 24a
남즉ᄒ다	上 5b	- 노니	上 7a	니르다	上 25a	- 눈다 1	上 1a
낫	上 16b	노닐우다	上 48a	니ᄅᆞ다	上 2a	- 눈다 2	下 9b
낫계다	上 59b	노다	上 8b	니쳔	上 11b	- 눈디 1	上 44b

낫다	下 64a	- 노라	上 1a	닉다	上 31a	- 논딘 2	上 54a
낫브다	上 51b	노롯호다	下 44a	닐굽	上 32b	눈호다	下 53a
낫ㅊ	下 63a	노롯바치	下 48b	닐넘즉호다	上 47b	- 눌	上 62b
낯	上 56a	노른빗ㅊ	下 22a	닐다	上 2b	눌이오다	下 36b
낳	上 6a	노른다	下 22b	닐오다	上 10a	눔	上 30b
내 1	上 1a	노비	下 31b	닐웨	下 64a	눗	上 55a
내 2	下 14b	노소	上 47a	닐웻날	下 64a	눗갓ㅊ	下 41b
내 3	下 13a	노의	上 41a	닐으다	下 12b	눗설다	上 43a
내력	上 46b	노의여	下 50a	넑다	上 2b	눗ㅊ	下 58b
냉물	下 36a	노호다	下 18a	님자	上 62b	눗다	下 12b
너르다	上 23b	놀라는 물	下 8b	님쟈	下 56a	눛	上 37a
너모	上 17b	놀애	下 49a	닙	上 23a	- 늬	上 62b
너출	下 22a	놀이호다	下 48b	닙다 1	上 4b	늬일	上 9b
널	上 35a	놉다	上 23b	닙다 2	下 23a		
널이다	上 40a	놉즈기	下 33b	닙다 3	下 59b		

				ㄷ							
- 다가	上 4b	- 더라	上 8a	돗	上 62a	디나다	上 5a
다고	上 38a	더러온 말	上 15a	- 돗더	上 27a	디나오다	下 19b
다드르다	上 54b	더러이다	下 43b	동녁	上 60b	디다 1	上 8a
다드라다	下 21a	더브러	下 40a	동녁ㅋ	上 43b	디다 2	上 44b
다둘다	上 27a	더블다	上 26b	동화	下 34b	디다 3	上 35a
다듯다	上 3a	- 던가	上 8a	동희	上 33b	디우다	下 21a
다목	下 61a	던다	下 33a	되찌야나다	上 26b	디위	上 18a
다문	下 9a	덥다	上 18a	되야기	下 4a	디위호다	上 44b
다못	下 5b	데이다	下 42b	됴쿠즘	下 15a	디죵호다	上 27a
다숨	下 14b	더	上 4b	됴홈구즘	下 17b	디쳐호다	上 63a
다소마	下 34b	더긔	上 9a	동다	上 7b	딕녕	下 26a
다숯	上 6a	더대도록	下 57b	- 두	上 20b	딕일	上 3b

-다이	上24a	더러	上52a	두어라	下60a	딥	上10b
다홈	下11b	뎌르다	下46a	둔박ᄒ다	下29a	딥지즘	上23a
다흔혁	下27a	뎌른다	下28b	둘우다	下40a	딥프	上16a
달다	上38a	덕다	上21b	둛	上60a	딥ᄒ	上17a
달달	上45a	던디	下43b	둥울	下27a	딩즛	下47a
달호다	上61a	뎐염ᄒ다	下17a	뒤보다	上33b	딜다	下22a
달히다	上42a	뎐ᄒ다	上40a	뒤잊다	上19b	ᄃ라나다	上25b
닳다	下32a	덤1	上9b	뒷간	上33b	-ᄃ려	上23b
담박ᄒ다	下31b	덤2	上44a	뒷티다	上29a	ᄃ뢰다	下27b
닷	上8a	덤고ᄒ다	下34a	뙬	上26a	ᄃ리	上23b
닷개	下62a	덥시	上38b	등	上4a	ᄃ리다	上7a
닷무우	下34a	뎨1	上10a	등간	下49a	ᄃ릿보	上35a
닷쇄	上9b	뎨2	上17b	등품	下51a	ᄃ릭다	下28a
닷샛날	下65a	-도곤	上39a	등ᄒ다	上37a	ᄃ기다	下40a
당ᄒ다	上39a	-도다	上7b	드듸여	上14a	ᄃ니다	上7a
당시론	上38a	도도다	上63a	드레1	上28b	ᄃ	上1a
당시롱	上9b	도로혀	上24b	드레2	上31b	ᄃ다1	上20b
대1	下26a	도리	下32b	드려오다	下32a	ᄃ다2	下47a
대2	下29a	도마	上18b	드르	下47a	ᄃ려가다	上27a
대가ᄒ디	上51b	도셔	上4a	드리다	上62a	ᄃ마기	下47a
대뇌	上10b	도와다	上38b	드리오다	下52a	ᄃ애	下27a
-대로	上28a	도적1	上24b	드라우다	下47b	돍	上22b
대폭	上3b	도적2	上30b	-든1	上21b	돍탕	下34a
대육	下35b	도적ᄒ기	下39a	-든2	上35a	-듧	上10b
대이다	下32a	도화잠불믈	下8a	-든가	上8b	듯ᄒ다	上18b
대쵸	上26a	독별이	上24a	들다	上17a	-듸1	上4a
댓무우	上37a	돈1	上8b	-듫	上10b	듸2	上10b
댜륵다	下24a	돈2	下46b	듯다	上58a	-듸3	上11a

댱	下27b	돈피	下46b	듯보다	上49b	-딕 4	上25a
댱단	下55b	돌귀요	上28b	등잔쌜	上51a	딕 5	上49a
더그레	下45a	돌리다	上22b	등피	下27a	딕골	下36a
더뎌두다	下33b	돌셩	下28a	디	上5b		
더듸다	上1b	돎	上25a	디나가다	上31a		

ㄹ							
-ㄹ가	上1b	-라 2	上7b	로	下22b	류쳥빗ㅊ	下21b
-ㄹ고	上10a	-라 3	上17a	-로괴야	上15b	-리니	上9b
-ㄹ다	上4b	-락	下36a	-로되	下39a	-리라 1	上8a
-ㄹ샤	下32b	-란	上3a	-로라	上7a	-리라 2	上42b
-ㄹ손	上3b	랏	上20b	-로셔브터	上1a	-리라 3	上44b
-ㄹ식	上46b	-랴	上18a	-로소니	上21a	-리로다	上2a
-ㄹ까	下25b	-러니	上35a	-롯더라	上45b	-리로소냐	上5b
-ㄹ짜	上59b	-러라	下7a	-롸	上1a	-리오	上2a
-ㄹ젼대	下43a	-려뇨	上47b	-료	上9a	리쳔	下54a
-ㄹ쟉시면	上5a	-려니와 1	上22a	룡안	下34b	-룰	上4b
-랴 1	上5a	-려니와 2	上49a	류엽	下29b		

ㅁ							
-마	上4b	-며셔	下49a	문호	上23b	밋 2	上25a
마놀	下34b	면듀	下45b	믈다	上13a	밋다	上17a
마다	上33b	면분	下61a	뭇다	上14a	밋디다	上59b
마모로다	上13a	면텹	上3a	믈	下39b	밋마기	下27a
마솔	上25b	면합즈	下61a	므긔	下51b	밋쌍	上12a
마은	上21a	면호다	上4a	므더니	下17a	밋ㅊ다	上27a
마지	下6a	멷	上9b	므던ㅎ다	上12a	밋쳐	上19a
마최옴	下30b	명셩	下43a	므르다 1	下8b	및다 1	上1b
-마춤	上43b	메오다	上49a	므르다 2	下15b	및다 2	上41a
마함	上35b	모다	上16a	므르다 1	下17b	ᄆᆞᆯ	下62b

막다	下 21a	모도다	上 56a	므르다 2	下 28a	므르다	上 54b
막대	上 29b	모딜다	上 49b	므섯	上 28a	므른 감	下 34b
-만	上 19b	모로다	上 45a	므스	上 24b	므른 보도	下 34b
만히	上 31a	모로매	上 40b	므스것	上 14a	므쇼	上 9b
-만ᄒ다 1	上 9b	모로미	上 7a	므슴 1	上 2b	므음	上 5b
만ᄒ다 2	上 16a	모롱이	下 1a	므슴 2	下 1a	므음놓다	上 24a
말다 1	上 29a	모시뵈	上 7b	므슴아라	上 27b	믈	上 7b
말다 2	上 30a	모호다	上 13a	므슴	下 2a	믈ᄌ	下 32a
맛나다	下 65b	목당쌔	下 35a	므슴아라	上 36a	믓-	上 23a
맛드다	下 15b	목면	下 62b	므엇	上 24b	믓누의	下 3b
맛다	下 29a	몬져	上 20a	믄드림잔	下 31b	믓누의남진	下 3b
맛당ᄒ다	上 30a	몬졋번	上 23b	믄득	上 4a	믓아줌아	上 23a
맛받다	上 32a	몸얼굴	下 26a	믈셜	下 45b	믓아자븨겨집	下 3b
맛치	上 10a	못드라오다	上 14a	믈값	上 12b	믓아자비	下 3b
-매	上 1b	못ᄒ다 1	上 5a	믈으다	下 17b	믓ᄎ다	上 20a
매등빗ᄎ	下 22b	못ᄒ다 2	下 15b	믈읫	上 10b	믓다	上 38b
머물다	上 30a	몽	下 1b	믈허디다	上 23b	미다	上 25a
머므로다	上 61a	뫼	下 65b	몱다	下 37b	미이	上 17b
머믈다	上 13b	뫼쏠	上 27a	몱고기	下 34b	미화	下 22a
머믈오다	上 52b	무들기	下 7a	믜여ᄇ리다	下 18a	민-	上 23a
머믈우다	下 24b	무릅도리	上 21b	믠-	下 45b	민글다	下 47a
머오다	下 32b	무으다	上 32a	믠비단	下 62b	민믈	下 48b
머흐다	上 24a	무지	下 44a	미실ᄒ다	上 52b	민밥	上 36b
머흘다	上 27b	무휘우다	下 32a	미좃다	上 26a	민훍구들	上 23a
먹엄즉ᄒ다	下 36b	문	下 21b	미침	下 29b	밋다	下 47a
먹키다	上 63a	문그으다	上 54a	밀	下 61b	밍글다	上 18b
멀즈시	上 34a	문괴	下 15b	밋 1-	上 12b		

ㅂ

바	下 32b	베다	下 8b	블	上 18a	떠디다 2	下 15a
바구레	下 27a	보드랍다	下 47b	-븟터	上 24a	떠디다 3	下 33b
바느질	下 26a	보람	下 13a	블다 1	上 19a	떼구룸	下 22a
바독	下 62b	보상화	下 21b	블다 2	下 44b	뙈로	上 38b
바즈문	下 1b	보석	下 46b	비게	下 46a	쁘다	下 26a
박	上 33a	보술히다	上 52b	비르	下 9a	쁨	上 43b
박회	下 32b	보숢피다	上 23b	비르먹다	下 9a	쁫	上 10a
반	下 30a	보피롭다	下 44a	비흐다	上 23b	쁴우다 1	上 32b
반당	下 35b	보흐다	下 37a	빌	下 10b	쁴우다 2	上 34a
반문흐다	上 46a	본듸	上 13b	빌다	上 17b	쁘로다	下 22a
발마보다	下 26a	볼모드리다	下 50a	빗나다	上 22b	쁘르다	上 27a
밤쏨	上 51a	봇	下 27b	빗쓰다	下 4a	쁜 1	上 29a
밥갑	上 56a	붓ㄱ다	上 19a	빗츠	下 21b	쁜 2	下 7a
밧	上 13a	뵈다	上 58b	부라다	上 54a	쁜 3	下 12a
밧ㄱ	上 37b	뵈젹삼	上 29b	부리다	上 63b	빵	下 47b
밧고다	上 35b	부러	上 36a	부름 1	上 18b	뽀다	上 26b
밧괴다	上 48b	부리	下 32b	부름 2	下 11b	뾔이다 1	上 26b
밧다	下 42b	부쳐	下 34b	부름놀	上 17b	뾔이다 2	下 11b
밧도리	下 32b	부흐다	下 36a	부름 쓰잇집	上 18b	쭉빗ㅊ	下 22b
밧브다	上 27b	분변흐다	下 51b	블	下 45a	쁘다	上 5a
밧줍다	下 31b	분외	下 48b	블셔	上 23b	쎠눌ㅎ	下 23a
배읍흐다	上 15b	불티다	下 7b	븕다	上 22b	쁫다	下 30a
배티다	上 32a	붓곳	下 22b	빈 1	上 13b	쁜	下 30a
버므리다 1	上 22b	붓그업게	下 42a	빈 2	上 35b	쁠	上 35b
버므리다 2	上 45b	뷔다	上 60b	빈 3	下 35a	쁨	下 61a
버히다	下 55b	브르다	下 49a	빈골파다	上 47b	싸다	下 55b
번드시	上 43b	브리다	下 31b	빋다 1	下 8b	쁘다	下 22a

번들시	下 54a	브리오다 1	上 15b	빈다 2	下 61b	뿐	下 22a
번ᄃ시	上 27b	브리오다 2	下 28b	빈브로	上 38b	떠다	下 8a
벌ᄒ다	下 15b	브리우다	上 10a	빈호다	上 2a	빠다	上 19b
법다이	上 24a	브즈러니	上 22b	빈ᄒ다	下 64b	뜬다	下 49a
벗기다	下 16a	브티다	下 47a	때	上 39b		
-벼	下 29b	븍녁	上 42a	떠나다	上 1a		
벽드르ᇰ	下 21b	븍녁ᄏ	上 15b	떠디다 1	上 1b		

ㅅ

-ㅅ	上 2a	셕뉴	下 35a	슈례ᄒ다	上 57b	써리다	上 58b
사	下 22b	션븨	上 3b	슈박	下 34b	썻	上 33b
사기다	下 46b	셜아몰	下 8a	슈습ᄒ다	下 41b	-쎄	上 7b
사당	下 35a	셜흔	上 6a	슈쓰다	下 61b	쇼오다	下 53b
사돈짓 아비	下 31b	셜흔	下 36b	슈졍	下 60b	쇠오다	下 9b
사돈짓 아자비	下 31b	셟다	下 11b	슈폐ᄒ다	上 39a	쑤미다	下 46b
사돈짓 어믜 겨집 동ᄉᆡᇰ	下 31b	셧녁	上 62a	스면	下 34a	쑤지람	上 34a
사돈짓 어믜 오라비	下 31b	셩 1	上 6a	스므	上 18b	쑤짖다	下 42a
사돈짓 어미	下 31b	셩 2	上 7a	스믈	下 25b	쒜나들다	下 44a
사슬	上 3a	셩녕	下 30a	스믜다	下 22b	쑬	下 35a
사오납다	上 24a	셩ᄉᆡᆫᄅ다	下 21a	스민문	下 22b	싫다	上 18a
사회	下 31a	셰간	上 5a	스스로	上 30b	-ᄭᅴ 1	上 1b
사후ᄒ다	下 41b	-셰라	上 28a	슬허ᄒ다	下 43b	-ᄭᅴ 2	上 2b
삭삭ᄒ다	下 34b	셰침	下 61a	숣다	下 21a	-ᄭᅴ 3	上 13b
산초림	上 26a	소	下 35a	습겁다	上 20b	씨	上 47b
살대	下 29a	소견	上 12a	숫다	上 55a	씨다	下 22b
살울일	下 44a	소곰	上 19b	시방	上 45b	씨이다	上 48b
삿ㄱ	上 23a	소리	下 39b	시근치	下 34b	씰	上 52b
삿기 빈 물	下 8b	소병	上 55a	시기다	上 27a	신다	下 52b

샹언	上 29a	소옴	上 11b	시르	下 30a	신	下 28b
샹화	下 34a	소옴티양	下 20a	시욺	下 27b	실다 1	上 23a
새배	上 2b	소홍	上 12b	시욺쳥	下 47b	실다 2	上 35a
새별	上 52b	손	上 38b	시으갓	下 61a	실다 3	下 28b
-샤	上 2a	-손디 1	上 2a	시졀	上 40b	싀다	上 52a
샤례ᄒ다	下 37a	-손디 2	下 21a	시직	上 15a	싀오다	上 48b
샤의	下 49a	손조	上 19a	시톄	下 45a	쌓 1	上 5a
샤향빗ᄎ	下 22b	손동	下 63a	-식	上 10b	쌓 2	上 9a
샹녜	下 46b	솔	下 33a	심	下 51a	째	下 64a
샹모	下 60b	숫술	下 30a	십푼은	上 15a	쏭	下 37b
샹샹에	下 39a	솽가플	下 61b	싯고다	上 44b	쓰다	下 8b
샹샹의	上 30b	솽륙	下 62a	싯구다	上 59a	쓴 믈	下 8b
샹언	下 39a	쇠	下 32b	싯다 1	上 26a	씌	下 46a
샹화	下 35a	쇠ᄂ래브튼믈	下 8a	싯다 2	上 55a	씌다	下 46a
샹ᄒ다 1	上 27b	쇼디	上 43a	스견	下 45a	씯다	上 18a
샹ᄒ다 2	下 36a	쇼홍	上 12b	스계화	下 22b	쓰다	下 56b
셔	上 49a	쇼희	下 64a	스나희	上 33a	쓴	下 56b
셔럿다	上 22b	속졀업시	上 25b	스랑ᄒ다	下 38b	쏠	下 4a
셔번련	下 22a	쇠거름	下 8b	스별ᄒ다	下 65b	쏨어치	下 27a
셔우니	上 62b	쇠샐	下 61a	스스	下 17b	쎄ᄉ	下 34b
셜엇다	上 39a	수목	上 21b	스운	下 22b	쎄히다	上 3a
셜픠다	下 46b	수습ᄒ다	上 28b	스졀	下 45a	쎠	上 35a
셥셥ᄒ다	下 39a	수양	下 19b	슬고	下 34b	샌롯ᄒ다	下 61a
셧다	上 19b	술	上 51b	슬릭야	下 11b	쌴	下 35b
셧돌	下 32a	술위	上 60b	슬이여	上 47a	쌀	下 28b
셰사	上 58b	술윗방	上 47a	슬지다	上 19b	쎌	上 13a
셰샹	下 43a	술윗통	下 32b	슬피다	下 44b	샌르다	下 21a
솅	上 3b	술윗방	上 42b	슘다	上 18a	샐리	上 18b

詞彙及語法索引

셔다	下 10a	쉬무우	下 34b	솗다	上 6b	싸홀다	上 17b	
셔보즈	下 29a	쉬오다	上 56b	슴셩	上 52a	싸홀다	上 17a	
셔울	上 7b	쉬우다	上 9b	싱각ᄒ다	上 10a	쓴다	上 8a	
셔편	上 23b	슈고ᄒ다	上 31a	싱깁	下 23b	쓴이	上 18b	
셔품	上 2b	슈구ᄒ다	上 63a	싱션탕	下 34a			
셔피	下 61b	슈놓다	下 45b	싱심	上 37a			

○

아귀	下 8b	-야다	上 41b	여ᄋ	下 44a	-을딘대	下 47b	
아귀 므른 몰	下 8b	-야도	上 63a	여토다	下 30b	-을러라	上 13b	
아귀 센 몰	下 8b	-야든	上 28a	여희다	下 18b	옮기	上 3a	
아니ᄒ다 1	上 6a	-야셔	下 58b	연뉴황빗ᄎ	下 22a	음양ᄒ다	下 63b	
아니 ᄒ다 2	上 15a	-야시니	上 60a	연야토록빗ᄎ	下 22a	읍ᄒ다	下 1a	
아니ᄒ다 3	上 33b	야쳥	上 12b	연쟝	上 27a	-의 1	上 2b	
아니완ᄒ다	上 24b	야토로	下 45b	엱다	下 27b	-의 2	下 30b	
-아다	上 52a	-얏-	上 20a	열라믄	下 35b	의눈ᄒ다	上 25a	
-아든	上 2b	양 1	上 38b	열아믄	上 49a	의빙ᄒ다	下 14b	
아래우	下 7b	양 2	下 34b	엷다	下 23a	-의셔	上 1a	
아롱디즈	下 62a	양이	下 5a	엹	上 21a	-의손디	上 2a	
아름져울	下 51b	양이의게셔 난 아이	下 5a	염쇼삿기	下 19b	의원	下 36a	
아리쇠	下 30a	어귀	上 46a	엿	上 12b	의졍ᄒ다	下 15a	
아리	上 35a	어늬	上 43b	엿트다	上 28b	-읫	上 10a	
아모제	下 13b	-어니	上 2a	예 1	上 9b	-ㅣ	上 6b	
아뫼	下 14b	-어니ᄯ냐	上 59a	-예 2	上 15a	이	上 6a	
아므라나	上 49b	-어니ᄯ녀	上 36b	예슌	下 10b	이긔다	下 33b	
아므란	上 23a	어드러	上 1a	-옛	上 25a	이넉ㅋ	下 5b	
아므려나	上 36a	-어든	上 5a	-오 1	上 8b	이대	上 16a	
아믜	上 5a	어딋	上 43a	-오 2	下 23a	이대도록	下 57b	
아므라나	上 44b	어딜다	上 6b	-오니	上 10a	이란	下 36a	
아ᄇᆡ	上 14a	-어라 1	上 1b	-오디 1	下 30b	이러툿	上 8b	

아븨누의 어믜 오라븨게 난 형	上14a	-어라 2	上59a	-오딕 2	上40a	이러트시	下46a
아븨누이	上14a	어레빗	下61b	-오딕 3	上49b	이만	上37b
-아셔	上36b	어리다	下37b	-오라	上2b	이만콴	下20a
아亽	下31a	어리우다	下44a	오라다	上5b	이믜	上1a
아ᅌ누의	下3b	어믜	上14a	오랑	上35b	이믜셔	上7b
아ᅌ아자븨겨집	下3b	어믜동싱	上14b	오류마	下8a	이바	下20b
아ᅌ아자비	下3b	어믜동싱의게 난 아이	上14b	오리	下38b	이바디	下33b
-아지라	上32a	어미오라비	上14a	-오마	下20b	이밧다	下6b
아질게몰	下8a	어버이	上5b	오븐	上58a	이삭딕녕	下45a
아질게양	下19b	어즐ᄒ다	上26b	오셔각	下46b	이셔	上1b
아쳐ᄒ다	上47a	-어지라	上36a	옥식빗ㅊ	下22a	이엄	下46b
아춤	上36a	어피다	上3b	온닉	下28b	이우지	上14b
아히	上6b	언머 1	上5b	올	上47b	이툿날	下37a
악대몰	下8a	언머 2	上20b	올쏨	下7b	인	上43b
악대양	下19b	언멋	上12a	올ᄒ다	上5b	인가	上9a
안동ᄒ다	下58a	언메나	上10b	옮	上49a	인신	下17b
안락ᄒ다	下4a	얼믜다	下23b	-옴	上21b	일	上9b
안롱	下41a	얼운	下49a	옴기다	上62a	일즉기	上24a
안마	下48b	얼키다	上34a	옷칠ᄒ다	下30a	일다 1	上9a
안집	上12b	엄근ᄒ다	上44b	왕년	上8a	일다 2	下9b
안쥬	下34a	업다	上23a	외	上37a	일뎡	上4b
안ᄒ	上7b	업엇게	下35a	외방	上37b	일뎡ᄒ다	下51b
앏프다	下35b	없다	上4b	외얏	下35a	일록	下65b
앎	下8b	-엇-	上21b	외오다	上3a	일오다	下44a
앎프 1	上3a	엇게	下22a	원녁	上27b	일우다	下10a
앎프 2	上35a	엇다	上29a	-요딕 1	上9a	일즉	上8a

詞彙及語法索引 413

앏ㅍ 3	下 52a	엇더ᄒ다	上 8a	-요디 2	上 43a	일즙	上 27b
앏ᄒ	上 9a	엇던	上 6a	요ᄉ이	上 8a	일편되이	上 37b
암글다	下 4b	엇디	上 1b	우믈	上 28b	일홈	上 3b
암믈	下 8a	엇디ᄒ다	上 3b	우흐로	上 8a	임의	上 41a
압두록빗ㅊ	下 21b	엇일다	下 41b	운	下 53a	임의셔	上 62a
앗가	上 31b	에돌다	下 42b	운문ᄒ다	下 21b	입ᄉᄒ다	下 45a
앗갑다	下 32b	에엿비	上 37b	욿	上 4a	입힐홈	上 59a
앗기다	上 37b	에우다	上 27a	워젼즈런니	下 46b	잇글다	上 30b
앗ᄭ	下 4b	-엣	上 39b	유무	下 3a	잇긋	上 28a
앗춤	上 59a	여긔	上 1b	육흥빗ㅊ	下 22a	잇ᄀ져ᄒ다	上 50b
-애 1	上 3b	여돏	下 11a	-으나	上 9a	잇다 1	上 8b
애 2	上 15b	여둛	上 32b	-으니라	上 9a	잇다 2	上 23b
애엽	下 29b	-여라 1	上 39a	-으란	上 53a	잇쓸다	上 33b
-야 1	上 1a	-여라 2	下 18b	-으리오	上 17b	-ᄋ면	上 30b
-야 2	上 3a	여믈	上 29a	-으마	下 20b	익	下 42a
-야 3	上 15a	여샹ᄒ다	下 2a	-으매	上 36a		
-야늘	上 40b	여숫	上 10b	-은디	上 50b		

				ㅈ			
자 1	上 32b	젓다	下 33a	조샹	下 43a	즘게	上 9b
자 2	上 64a	정제ᄒ다	上 29a	-조차	下 17a	즘승	上 15b
자븐것	上 53a	젇다	上 6b	좀	下 28a	즘싱	上 17b
잠깐	下 6a	제 1	上 8b	좃딥ㅍ	上 16b	증편	下 34a
잠깐덧	上 56b	제 2	上 22a	종구무	下 46b	지달쓰다	上 41a
잡은것	下 32b	제믈엣집	下 23b	종나모	下 47a	지즘	上 23a
잡하	下 62a	져	上 19b	좇다	上 1b	지지	下 65a
잡황호젼	上 44a	져그나	上 11b	죠고만	下 1b	지폐디다	下 9a
잣	上 7b	져긔	上 2a	죠곰	下 26b	직금	下 24a
장부	下 37a	져년	上 10b	죠나다	下 42a	진짓 1	上 25b

쟝한	上 27a	져므니	上 31a	죠집게	下 61a	진짓 2	下 37b
쟝	上 23b	져믈다	上 47b	죠히	上 25a	질긔다	下 23a
쟤다 1	上 11a	져재	下 1b	죵	下 40b	짓	上 53a
쟤다 2	上 42a	져제	上 10a	주검	上 25b	짓괴다	下 33a
쟤전	上 23b	져주다	上 25b	주젼	上 4b	짓궤다	下 11b
-쟈	上 7a	젹다	下 4a	줄	上 42a	짓다 1	上 7a
쟈랑ᄒ다	下 39b	젹삼	下 45b	줄드레	上 28b	짓다 2	上 34b
쟉	上 5a	젼 1	下 47a	줄옴	下 45a	짓다 3	上 35b
쟉다 1	上 31b	젼 2	下 51a	줄풍뉴	下 49a	짓다 4	下 25b
쟉다 2	上 32b	젼년	上 12a	줏다	下 32a	짓다 5	下 44a
쟉도	上 17a	젼대	上 25a	즁인	下 15a	ᄌ가미	下 27a
쟝	上 37a	젼동	下 33a	쥬당ᄒ다	下 37b	ᄌ괴덥시	下 29b
쟝긔	下 62a	젼메우다	下 46b	쥬리올	下 27a	ᄌ디	下 62a
쟝만ᄒ다	下 18b	젼츄	上 1b	쥬인	上 17a	ᄌ라다	下 56b
쟝믈	上 19b	젼혀	下 6a	쥭	上 48a	ᄌ래	下 25b
쟝ᄎ	上 20a	젼ᄒ다	下 34b	즈늑즈늑ᄒ다	上 11a	ᄌ르	下 62a
저울갈구리	下 62b	졀다믈	下 8a	즈름	下 7a	ᄌ셔ᄒ다	下 3b
저울튜	下 62b	졈글다	上 42b	즈름갑	下 16a	ᄌ셔히	下 26a
저프다	上 28a	졈다	下 7b	즈음	上 15a	ᄌ셰히	上 46a
적시다	上 47b	졈졈	下 49b	즈음ᄒ다	上 44a	ᄌ식	下 38a
젼년	上 8b	졍졔ᄒ다	下 34a	즉재	下 9b	ᄌ애	上 28b
젼믈	上 25a	졍졔히	下 41a	즉졔	上 22b	ᄌ칙음ᄒ다	下 4a
젼화	上 24a	졍히	上 22b	즐다	上 54b	준둥	下 48b
젼후	上 13a	졔오도리	下 29b	즐음	下 12b	줌	上 51b
졀로	上 45b	조블	上 8b	즐음값	上 13a	줌기다	上 29a
				ᄎ			
차반	上 37a	쳔ᄒ다	上 63b	춤	下 42b	ᄎ다 2	上 47a
차할빗ᄎ	下 22b	쳥	下 47b	츄마믈	下 8a	ᄎ다 3	下 33b

창	下 48a	쳥ᄒᆞ다	下 3a	츄명ᄒᆞ다	下 63b	촌믈	上 21b
챵ᄌᆞ	下 34b	초댱	上 50b	츄심ᄒᆞ다	上 45b	츌히다	上 58a
처엄	下 18a	초료	下 5b	취ᄒᆞ다	上 37b	춤기름	上 19b
쳔화봉	下 22a	초싱	下 3a	치	下 14a	춤빗	下 61b
쳥수	下 26b	초ᄒᆞ른날	上 1a	치다	下 49b	춤외	下 34b
쳬례	上 15a	총	下 61a	침ᄒᆞ다	下 36a	춫다	上 40b
쳔	上 24b	총갓	下 61a	칩다	下 32a	치소	下 34a
쳔량	下 64b	총이물	下 7b	츠다1	上 26a	칙	下 63a
				ㅋ			
- 커늘	上 17b	- 컨대	上 17a	코	下 17a	쾌ᄒᆞ다	上 17b
커든	上 42b	켜다	下 53a	콩	下 17a		
				ㅌ			
탕	下 42b	텬화	下 22a	통ᄒᆞ다	上 10b	티다3	下 33a
탕권	上 39a	털갓	下 47a	툐ᄋᆞ	下 62a	티다4	下 48a
텅	上 34a	털릭	下 45a	툐환	下 63a	팀받다	上 59a
텬간	下 64b	털쳥총이	下 8a	티다1	上 35a	ᄐᆞ다	上 26a
텬쳥빗ᄎ	下 21b	톄ᄒᆞ다	下 49a	티다2	上 43b	투투멋	下 34a
				ㅍ			
팔셩은	上 58b	포도관	上 26b	푼ᄌᆞ	下 23a	ᄑᆞᆯ2	下 2a
ᄑᆞᆯᄌᆞ	下 64a	포쟝	下 41a	프다	上 30a	ᄑᆞ져	下 44a
패ᄒᆞ다	下 39a	포진	下 41a	픈	下 18a	ᄑᆞᆯ다	上 7b
편당ᄒᆞ다	上 10b	포필	下 18b	픈ᄌᆞ의	下 25a	ᄑᆞᆯ독	上 27b
평인	上 25b	푸ᄌᆞ	下 21b	ᄑᆞᆯ	上 35b	ᄑᆞ리	上 56a
포ᄃᆡ	下 13a	푼	上 8b	ᄑᆡᆯ1		上 12b	
				ㅎ			
하1	上 44a	허믈	上 34b	혹다	下 60b	ᄒᆞ마	上 34b
하2	上 48b	혜너러디다	下 29a	홋ᄌᆞ식	下 43b	ᄒᆞ야	上 5b
하놇	上 24a	혜왓다	上 56b	휘	下 47b	ᄒᆞ여	上 3b

하나비	下 30b	헤티다		上 22a	훔븨		下 21b	ᄒ여곰		下 32a
하나한	上 17a	허다 1		上 21b	흑림		上 54a	ᄒ여ᄇ리다		下 43a
하다	上 57b	허다 2		下 28a	혼 -		下 28a	ᄒ오다		下 16b
하딕ᄒ다	上 34b	허커오다		上 13b	혼나므라다		下 28a	혼가지		上 8a
학장	上 6b	혁		下 27a	혼ᄒ다		上 8b	흔낭		上 10b
한말	上 5a	형뎨		下 65b	훗터디다		下 18b	흔틱 1		上 5b
한삼	下 46a	형의 겨집		下 3b	홍똥이다		下 44a	흔틱 2		下 8a
함담	上 20a	혜다 1		上 10b	홍졍		下 9b	흔번의		上 64a
핫어치	下 27b	혜다 2		上 13a	홍졍바치		下 24b	훌ㄴ		下 32a
핫옷	下 45b	혜다 3		上 44b	홍졍ᄒ다		上 46b	훍		上 23a
해	下 12b	혜아리다		下 7b	회나므라ᄒ다		下 56a	훔의		上 21b
해야디다 1	上 17a	호다		下 47b	힐후다		上 47a	희 1		上 5b
해야디다 2	下 32b	호도		下 34b	힘		下 28b	희 2		上 35a
해여ᄇ리다 1	上 4a	혹		上 9a	힘힘이		下 21b	희마		下 22b
해여ᄇ리다 2	上 17b	화동ᄒ다		下 42a	힘힘히		下 12a	희여		下 28b
해자ᄒ다	下 65b	화물		上 13b	ᄒ냥		上 3a	희여곰		上 51a
햐쳐	上 52b	황양목		下 61b	ᄒ다가		上 3a	희오다		上 20b
향쥬	下 60b	황호		下 50a	ᄒ릭		下 37b	힝혀		上 40b
허ᄒ다	下 15b	홰		上 34b	ᄒ룻밤		上 43a			

參考文獻

[1] 高永根,南基心.補訂版中世語資料講解[M].首爾:集文堂,2014.
[2] 韓國國立國語院.訓民正音[M].韓梅,譯.北京:世界圖書出版公司,2008.
[3] 胡明揚.《老乞大諺解》和《朴通事諺解》中所見的漢語、朝鮮語對音[J].中國語文,1963,(3):185-192.
[4] 老乞大諺解[M].首爾:朝鮮印刷株式會社,1944.
[5] 梁伍鎮.漢學書老乞大朴通事研究[M].首爾:JNC,2008.
[6] 劉沛霖.朝漢大詞典[M].北京:商務印書館,2007.
[7] 朴成勳.老乞大諺解辭典[M].首爾:太學社,2009.
[8] 朴通事諺解[M].首爾:朝鮮印刷株式會社,1943.
[9] 楊裕國.漢字的諺文注音[J].文字改革,1963,(9):10-12.
[10] 照那斯圖,楊耐思.八思巴字[J].中國民族古文字,1982:115-119.
[11] 朱煒.諺譯《老朴》與近代漢語語音系統研究——《翻譯老朴》聲母系統[D].華中科技大學博士學位論文,2012.
[12] 朱煒.一種諺文數據庫的構建方法及諺文數據庫檢索系統:ZL201310597535.7[P].2015-07-29.
[13] 朱煒."㷿"、"烤"音義考[J].語言研究,2016,(3):92-98.
[14] 朱煒."爩"字音義考——《老乞大》《朴通事》詞彙研究之二[J].語言研究,2017,(4):110-112.
[15] 朱煒.《翻譯老乞大》《翻譯朴通事》反映的近代漢語聲母系統研究[M].武漢:武漢大學出版社,2018.

[16] 朱煒. "独"字源流考——《老乞大》《朴通事》詞彙研究之三[J]. 語言研究, 2023, (4):109-114.

[17] 朱煒.《翻譯老乞大》諺文研究[M]. 武漢：華中科技大學出版社, 2024.